THE
LEADER'S TEACHING

당신을 바꿀
리더의 가르침

TO
CHANGE YOU

- 최재혁 지음 -

가나북스

✷ 국내·외 최정상 CEO ✷

이병철 삼성그룹 창업주

정주영 현대그룹 창업회장

이건희 삼성그룹 선대회장

구인회 LG그룹 창업주

신격호 롯데그룹 창업주, 명예회장

조중훈 한진그룹 창업주

박태준 포스코 창업주

신용호 교보생명그룹 창립자

김우중 대우그룹 창업주

유일한 유한양행 창업주

정몽구 현대자동차그룹 명예회장

정의선 현대자동차그룹 회장

최태원 SK그룹 회장

구광모 LG그룹 회장

김승연 한화그룹 회장

김범석 쿠팡Inc 의장 겸 창업주

허영인 SPC그룹 회장

이명희 신세계 총괄회장

김범수 카카오 창업자

박현주 미래에셋그룹 회장

김봉진 우아한형제들 창업주

서정진 셀트리온 회장

서경배 아모레퍼시픽 회장

송치형 두나무 창업주

방시혁 하이브 의장

강병규 크래프톤 의상 겸 창업수

조만호 무신사 창업주

이승건 비바리퍼블리카 대표

김슬아 컬리 대표

김정수 삼양식품 부회장

헨리 포드 포드 모터 컴퍼니 창업주

토머스 에디슨
에디슨 제너럴 일렉트릭 설립자

월트 디즈니 디즈니 창업주

스티브 잡스 애플 공동 창업주

존 D. 록펠러 스탠더드오일 창업주

앤드류 카네기 카네기스틸 창업주

J. P. 모건 JP모간 코퍼레이션 창업주

아키오 모리타 소니 창업주

티에리 에르메스 에르메스 창업주

앨런 록히드, 말콤 록히드
록히드마틴 창업주

워렌 버핏 버크셔 해서웨이 전 회장

빌 게이츠 마이크로소프트 공동창업주

일론 머스크 테슬라 CEO

베르나르 아르노 LVMH 회장

제프 베이조스 아마존 CEO

손정의 소프트뱅크그룹 회장

마크 주커버그 메타 CEO

젠슨 황 엔비디아 CEO

래리 페이지 & 세르게이 브린
구글 창업주

무케시 암바니
릴라이언스 인더스트리스 의장

샘 올트먼 오픈AI CEO

피터 틸
팔란티어 테크놀로지스 의장

리드 헤이스팅스 넷플릭스 의장

래리 엘리슨 오라클 CEO

마화텅 텐센트 회장

장이밍, 량루보 바이트댄스 창업주

장중머우 TSMC 회장

파벨 두로프 텔레그램 CEO

**조 게비아, 브라이언 체스키,
네이선 블레차르지크**
에어비앤비 창업주

트래비스 캘러닉, 개럿 캠프
우버 창업주

✳

THE
LEADER'S TEACHING
당신을 바꿀
리더의
가르침
TO
CHANGE YOU

✳

CONTENTS

리더들의사진 모음   3
저자소개   13
추천사   14
책을 시작하며   23

1장.

대한민국을 세운 10인의 창업주

· 27

30	**정주영**	현대그룹 창업회장
35	**이병철**	삼성그룹 창업주
40	**이건희**	삼성그룹 선대회장
45	**구인회**	LG그룹 창업주
49	**신격호**	롯데그룹 창업주, 명예회장
55	*쉬어가기 1*	
59	**김우중**	대우그룹 창업주
64	**조중훈**	한진그룹 창업주
69	**박태준**	포스코 창업주
73	**신용호**	교보생명그룹 창립자
78	**유일한**	유한양행 창업주

2장.

대한민국 경제를 이끄는 현재진행형 리더

· 83

85	**정몽구**	현대자동차그룹 명예회장
88	**정의선**	현대자동차그룹 회장
92	**최태원**	SK그룹 회장
96	**구광모**	LG그룹 회장
100	**김승연**	한화그룹 회장
103	*쉬어가기 2*	
106	**김범석**	쿠팡Inc 의장 겸 창업주
111	**허영인**	SPC그룹 회장
116	**이명희**	신세계 총괄회장
120	**김범수**	카카오 창업자
124	**박현주**	미래에셋그룹 회장

당신을 바꿀 리더의 가르침
국내·외 최정상 CEO를 통해 내 삶을 바꾸다

3장.
최정상을 노리는
대한민국 CEO
·
129

132　**김봉진**　우아한형제들 창업주
136　**서정진**　셀트리온 회장
139　**서경배**　아모레퍼시픽 회장
143　**송치형**　두나무 창업주
147　**방시혁**　하이브 의장
151　**쉬어가기 3** ─────────
155　**장병규**　크래프톤 의장 겸 창업주
159　**조만호**　무신사 창업주
164　**이승건**　비바리퍼블리카 대표
169　**김슬아**　컬리 대표
174　**김정수**　삼양식품 부회장

4장.
역사에 이름을 남긴
세계적 리더
·
179

183　**헨리 포드**　포드 모터 컴퍼니 창업주
188　**토머스 에디슨**　에디슨 제너럴 일렉트릭 설립자
192　**월트 디즈니**　디즈니 창업주
196　**스티브 잡스**　애플 공동 창업주
200　**쉬어가기 4** ─────────
204　**존 D. 록펠러**　스탠더드오일 창업주
209　**앤드류 카네기**　카네기스틸 창업주
213　**J. P. 모건**　JP모간 코퍼레이션 창업주
217　**아키오 모리타**　소니 창업주
221　**티에리 에르메스**　에르메스 창업주
225　**앨런 록히드, 말콤 록히드**　록히드마틴 창업주

CONTENTS

5장.

세계를 장악한 현재진행형 CEO

· 229

231 빌 게이츠 마이크로소프트 공동창업주
235 워렌 버핏 버크셔 해서웨이 전 회장
239 일론 머스크 테슬라 CEO
243 베르나르 아르노 LVMH 회장
247 제프 베이조스 아마존 CEO
251 쉬어가기 5 ──────────
255 손정의 소프트뱅크그룹 회장
259 마크 주커버그 메타 CEO
263 래리 페이지 & 세르게이 브린 구글 창업주
267 젠슨 황 엔비디아 CEO
271 무케시 암바니 릴라이언스 인더스트리스 의장

6장.

세계 최정상을 향해가는 CEO

· 275

279 샘 올트먼 오픈AI CEO
284 피터 틸 팔란티어 테크놀로지스 의장
288 리드 헤이스팅스 넷플릭스 의장
292 래리 엘리슨 오라클 CEO
297 마화텅 텐센트 회장
301 장이밍, 량루보 바이트댄스 창업주
306 장중머우 TSMC 회장
311 쉬어가기 6 ──────────
315 조 게비아, 브라이언 체스키 에어비앤비 창업주
319 파벨 두로프 텔레그램 CEO
323 트래비스 캘러닉, 개럿 캠프 우버 창업주

끝맺으며   327

저자 소개

CEO 전문 기자의 삶은 정말 뜻하지 않게 이뤄졌다. 좋은 기회가 왔고, 그 기회를 냉큼 잡았을 뿐이다. 이 기회를 놓쳤다면 나는 지금쯤 어떤 삶을 살고 있을까?

살면서 누구나 기회가 3번은 찾아온다고 한다. 하지만 누군가는 기회가 한 번도 오지 않았다고 한다. 왜 차이가 나는 걸까? 아마 기회를 포착하거나 기회를 기다렸던 사람에게 3번의 기회가 오는 게 아닐까 싶다.

성공한 사람들은 당연히 기회를 잡은 사람이다. 어쩌다 한 번 오는 기회를 냉큼 잡거나, 기회가 너무 안 온다 싶으면 자신이 직접 기회를 창출했다. 그렇다. 성공한 사람들은 기회를 만들고, 활용하는 사람들이다.

CEO 전문 기자로 살면서 '성공한 사람과 성공하지 못한 사람'을 비교 분석하게 됐다. 왜냐면, 내가 성공하지 못한 사람이었기에, 성공한 사람의 비밀을 탐구하고 싶었다. 이 모든 과정이 쌓여 60인의 CEO를 탐구한 〈당신을 바꿀 리더의 가르침〉을 집필하게 됐다.

학력

- 신진자동차고등학교 졸업(2013)
- 한국폴리텍대학 인천캠퍼스 메카트로닉스과 졸업(2015)
- 동아대학교 교육대학원 기계교육과 석사 졸업(2024)

이력, 경력

- OBS 사회부 인천지국(2018~2020)
- 월간지 CEONEWS(2021~2025)
- CEONEWS 편집국장 취임(2024)
- 언론사 CEO저널 창업(2022~)

추천사

최종원 前 프랜차이즈 대표이사

　CEO 전문 기자로서 활동하는 최재혁 CEO저널 편집장은 불현 듯 내게 "국내외 최고의 CEO들에 대한 책을 써야 하지 않겠어요?"라고 말했다. 그와 처음 만난 2020년부터 꾸준히 CEO에 대한 기사를 써왔고, 그들을 잘 아는 최 편집장이기에 "잘 써보라"고 격려했다. 그 책이 〈당신을 바꿀 리더의 가르침〉인 것은 이번 서평을 부탁받으면서였다.

　CEO에 관한 잡지를 40여 권 발행한 그는, 잡지의 한계를 체감했다. 이제는 대중과 멀어진 잡지, 고착화된 잡지 형식에 아쉬움을 드러냈다. 기존 언론을 혁파하겠다는 듯이 자신의 언론사를 차린 그는, 기존처럼 CEO에 대한 기사를 쓰기 보다 '인터뷰'에 초점을 맞췄다.

　인터뷰에 집중한 최재혁 편집장은 만날 때마다 '괄목상대(刮目相對)'했다. 아는 것이 많아짐은 당연하고, 세상을 보는 시야가 넓어졌다. 처음 본 그가 CEO를 상대로 한 기사를 보면 단지 '성과' 중심이거나, 아쉬움에 대한 시각만이 다뤄질 때가 있었다. 최근 그와 세계 경제에 대해 논한 적이 있는데, 너무도 넓은 시야로 깜짝 놀라기도 했다. 그런 최 편집장이 CEO에 대한 책을 쓴다니 더욱 기대가 된다.

　최 편집장은 60인의 CEO를 정했다. 그에게 왜 60명이나 되는 CEO를 썼는지 넌지시 물었더니, 그는 "과거와 현재, 미래를 모두 다루려면 60명은 필요합니다. 또, 국내-외를 모두 다뤄야 하니까요"라고 단언했다.

그의 설명을 들으면 들을수록 나쁘지 않다는 생각이 들었다. 먼저 대한민국 최고의 창업 리더 10명을 담은 점은 무척 매력적이었다. 우리는 이미 정주영, 이병철, 구인회 등의 스토리를 잘 알고 있지만, 최 편집장의 시선에 따라 새롭게 각색했다. 단순히 라이프 스토리만 구성하는 것이 아닌, 그들에게 배울점을 콕 집어서 어필한 점이 매우 인상적이었다. 창업 리더 중 이미 사망한 CEO들을 주로 묶은 점도, 인상적이었다.

그다음은 대한민국 최고의 CEO들이었다. 이재용, 최태원, 정의선, 구광모 등 굴지의 CEO들의 이름을 모르는 대한민국 시민은 거의 없을 것이다. 하지만 그들이 재벌 2세로서 어떻게 자랐고, 자신의 경영관을 어떻게 투척시켰는지는 자세히 알지 못할 것이다. 최 편집장은 그들의 공과를 정확히 나눠 냉철한 시선으로 분석해 평가했다.

대한민국의 미래를 책임질 CEO들의 이야기도 빼놓지 않았다. 개인적으로 가장 인상적인 인물은 삼양의 김정수 부회장이다. 재벌가의 며느리로서 집안일만 해왔지만, 삼양의 위기를 돌파한 여장부다. 그는 딸과 맛있는 음식을 먹기 위해 나선 자리에서 인생을 바꿀 아이디어를 얻었고, 위기에 처한 삼양이 국내 최고 식품 기업으로 발돋움하게끔 했다.

최 편집장은 해외 CEO들에 대해서도 낱낱이 적었다. 100년 전 사람이라도 이름은 모두 다 알고 있는 에디슨부터 시작해서, 록펠러와 포드 등 10명의 기인을 기록했다. 자라나는 청소년들이 읽어도 아주 바람직할 것이다.

국내와 마찬가지로 현재 최고의 주가를 달리는 CEO와 미래를 책임질 CEO도 잘 정리했다. 특히 성공한 외국 CEO라 하면 보통 미국의 사업가만을 다루기 마련인데, 최 편집장은 중화권 CEO를 빼놓지 않았다. 절대 무시할 수 없는 중화권 기업의 파괴력을 차분히 기록하고 정리했다.

뉴스에서 CEO에 대한 이야기를 많이 하지만, 그들의 라이프 스토리를 알아보기는 힘들다. 단순 이슈에 대한, 그가 이끄는 기업에 대한 분석이 주를 이룬다. 아마 최 편집장은 이슈와 분석에 대한 기사로 그치기에는 아쉬움을 느꼈던 것이 아닐까?

이제 그가 이끄는 창업스토리, 성공스토리로 빠져볼 시간이다. 타인의 성공은 내 인생의 잣대가 될 것이다.

심준섭 법무법인 심 대표변호사

기업 CEO들의 생생한 통찰과 경험담은 비즈니스 세계를 넘어 모든 이들에게 귀중한 교훈을 주고 있다. 〈당신을 위한 리더의 가르침〉은 국내외 60인의 CEO들이 어떠한 인생 역정과 터닝 포인트를 거쳐 오늘에 이르렀는지 조명하며, 그 과정에서 얻은 지혜와 명언들을 한 권에 담아낸 책이다. 오랜 기간 CEO 전문 기자로 활약해 온 저자가 각 인물의 핵심 가치와 교훈을 정제하여 소개한 만큼, 이 책은 성장을 꿈꾸는 모든 사회인들에게 미래를 설계할 나침반이 되어 줄 것으로 판단된다.

대형 로펌을 거쳐 내 이름을 건 법무법인을 설립한 변호사로서, 본인 역시 이 책에 담긴 리더들의 가르침에 깊이 공감한다. 다양한 분야의 성공한 리더들이 몸소 보여준 원칙과 통찰은 제 전문 분야인 법률 업계에서도 똑같이 유효하다. 실제로 찰리 멍거와 같은 거인의 통찰이 법률가인 변호사로서 사는 삶에 큰 울림을 주었는데, 투자 세계의 지혜가 전문 직업인으로서의 삶에도 그대로 통용됨을 깨달았기 때문이다.

또한 함께 일하는 동료와 파트너를 선택할 때 저는 실력만큼이나 정직성과 상호 존중을 중시해왔다. 능력만 뛰어난 사람보다 믿을 수 있는 사람과 일할 때 더 좋은 결과가 나오고, 가치관을 공유하는 파트너들과 오래 함께할 때 일시적 이익을 넘어서는 큰 성취와 행복을 얻을 수 있다는 것을 제 경험을 통해 확신하고 있다.

특히 〈당신을 위한 리더의 가르침〉에서 만난 위대한 리더들의 이야기는 평소 중요하게 여기는 교훈을 다시금 일깨웠다. 성공한 CEO들은 신뢰를 성공의 필수 자산으로 꼽는다. 워렌 버핏은 "평판을 쌓는 데 20년이 걸리지만 무너지는 데는 5분도 안 걸린다"고 말한 바 있듯이, 단 한 순간의 부정이나 오판이 수십 년간 쌓은 신뢰를 허물 수 있음을 경고한다. 현대그룹 창업자 정주영 회장 역시 "사업은 망해도 다시 일어설 수 있지만 인간은 한 번 신용을 잃으면 그것으로 끝장"이라는 신념 아래 막대한 손해를 감수하면서도 약속을 지켰던 일화가 유명하지 않은가. 결국 정직함으로 평판을 지키는 것이 장기적으로 가장 큰 성공 전략임을 이 책의 여러 사례들이 보여주고 있다.

탁월한 리더들은 어떤 역경에도 좌절하지 않고 끝내 돌파하는 의지를 가지고 있다. 정주영 회장은 "어떤 일이 있어도 극복하고 넘어가 한 과정의 시련으로 만들어야지 그대로 손 들고 주저앉아 영원한 실패로 기록되게 할 수는 없다"며 실패를 거부하는 도전 정신을 강조했다. 실제로 그는 큰 적자를 본 사업조차 "이것은 시련이지 실패가 아니다. 내가 실패라고 생각하지 않는 한 실패는 없다"는 확고한 마음가짐으로 밀어붙여 끝내 성과를 이루어냈다. 이러한 끈기와 긍정적 태도가 있었기에 수많은 리더들이 고난을 발판으로 삼아 세계적인 업적을 남길 수 있지 않을까?

평생 학습은 시대와 분야를 막론하고 위대한 리더들의 공통된 특징이다. 마이크로소프트 창립자 빌 게이츠는 1년에 약 50권의 책을 읽을 만큼 독서광으로 유명하고, 워런 버핏 역시 일상의 대부분을 독서와 탐구에 할애한다고 알려져 있다. 그의 일화에서 끊임없이 지식을 쌓고 호기심을 유지하는 습관이 남다른 혁신과 통찰의 원천이었다. 새로운 것을 배우기를 두려워하지 않고 매일

어제보다 조금 더 현명해지려는 태도가 결국 남들과 다른 길을 개척하는 힘임을 이 책 속 리더들이 증명하고 있다.

원칙을 지키며 먼 미래를 내다보는 안목은 지속적인 성공에 필수 요소다. 워런 버핏과 그의 파트너 찰리 멍거는 눈앞의 유행이나 단기 이익에 흔들리지 않고 수십 년을 내다보는 투자를 실천해 왔으며, 그들의 눈부신 성공은 인내심과 장기적 안목의 승리라 해도 과언이 아니다. 실제로 많은 리더가 단기 성과를 좇기보다 장기 비전을 세우고 묵묵히 추진함으로써 자신이 개척한 분야를 세계 정상에 올려놓았다. 이 책에 등장하는 여러 거인들의 발자취 역시 원칙을 지키는 끈기와 미래를 향한 통찰이야말로 남다른 성취의 원동력이었음을 보여준다.

이렇듯 〈당신을 위한 리더의 가르침〉은 세상을 움직인 리더들이 건네는 '지혜의 보고(寶庫)'다. 여기 담긴 이야기들을 통해 독자 여러분은 거인의 어깨에 올라 세상을 바라보는 법을 배우게 될 것이다. 선배 격인 리더들의 성공과 실패에서 우러나온 통찰은 우리가 앞으로 맞닥뜨릴 선택의 순간마다 든든한 참고서가 되어 줄 것이다. 미래를 준비하는 모든 분께 이 책을 자신 있게 추천한다.

정경호 前 미래에셋생명 지점장 '리더의 질문력' 저자

한 사람의 말과 선택이 한 시대의 미래를 바꿨다. 책 〈당신을 위한 리더의 가르침〉은 대한민국과 세계의 위대한 경영자 60인의 삶에서 길어 올린 통찰을 담고 있다.

화려한 성공담이 아니라, 전환점마다 보여준 고뇌와 결단이 오늘을 사는 우리에게 생생한 길잡이가 될 것이며 리더를 꿈꾸는 청년부터, 변화 앞에서 다시 도약을 준비하는 사회인까지 모두에게 영감을 줄 것이다. 열정적인 미래를 설계하려는 이들에게 이 책을 권한다.

임예슬 잉글리시랩 대표, 감정영어 학습법 창시자

정주영 현대그룹 창업회장은 '시련은 있어도 실패는 없다'라는 말로 우리에게 도전의 본질을 일깨워 주었고, 엔비디아 CEO 젠슨 황은 '오늘의 기적은 어제의 불가능에서 시작됐다'며 혁신의 태도를 강조했다. 〈당신을 바꿀 리더의 가르침〉에 담긴 리더들의 전환점은 바로 그런 도전과 혁신의 순간들을 보여준다.

오랜 기간 영어를 교육하며, 언어와 리더십 모두 결국 삶을 대하는 태도에서 비롯된다는 것을 배워왔다. 〈당신을 바꿀 리더의 가르침〉은 독자들에게 불가능을 넘어서는 용기와 새로운 길을 개척하는 힘을 전해줄 것이다. 그래서 본인은 기꺼이 이 책을 추천한다.
최범수 작가 〈내일을 걷는 용기〉〈상처와 불안 이렇게 극복해!〉

대기업 비중이 미국과 유럽 대비 상대적으로 낮은 곳이 우리나라이다. 그럼에도 불구하고 선구자적 혜안, 실행력, 창의적, 도전적인 모습으로 국가 발전에 지대한 영향을 끼친 분들이 있다.

개인적으로도 그동안 국내 굴지의 기업 창업자나 CEO 십여 분은 나에게도 관심의 대상이었다. 그분들의 책, 업적과 기업을 일군 배경에 관심을 갖곤 했다. 외국 기업가 역시 마찬가지이다. 항공, 우주, 유통, 전기차, AI, 컴퓨터, 인터넷, 글로벌 네트워킹 등 각종 분야의 기업을 이룬 외국 CEO들에게서도 자극을 받는다.

그들이 쌓은 경지에 이르기까지 독서, 생활 습관, 사고력, 창조적 응용력, 삶에서 영향을 받은 배경을 이해하고 배우게 된다. 이 책은 국내외 CEO들의 다양한 사례를 접하고 배울 좋은 기회를 제공한다.

안영은 비쥬에듀 대표, 취업·기업 교육 코칭 전문가

　회사에 처음 입사했을 때도, 창업을 시작했을 때도 내게는 멘토가 없었다. 삶의 매 순간은 직접 부딪히고 경험한 후에야 그 의미를 알 수 있었다. 그리고 그 경험을 온몸으로 받아들일 때마다 생각했다. '이럴 땐 이렇게 하는 게 좋을 거야'라고 조언해 줄 멘토가 단 한 명이라도 있었다면, 나는 더 나은 선택을 할 수 있지 않았을까? 혹은 그 순간을 덜 긴장하며 받아들일 수 있지 않았을까?

　우리 삶에는 가끔 나침반이 필요하다. 누군가의 한마디 조언이 절실할 때가 있다. 바로 그럴 때 이 책, 〈당신을 위한 리더의 가르침〉을 펼쳐보자. 이 책은 세상을 움직인 거인들의 삶과 깨달음을 담아, 비록 시간과 공간은 달라도 우리 모두의 마음속에서 끊임없이 던져지는 '인생의 본질'에 대해 다시 생각하게 만든다.

　이 책을 읽으며 나는, 그때의 두려움과 긴장조차도 결국은 성장의 일부였음을 깨닫게 되었다. 그리고 그들의 이야기를 통해 앞으로는 조금 더 담담하게, 그리고 용기를 가지고 나의 길을 걸어갈 수 있으리라는 믿음이 생겼다.

　리더들의 삶이 한 줄 한 줄 담긴 이 책을 읽다 보면, 어느새 우리 안에도 '다시 시작할 수 있는 1%의 용기'가 차오르게 될 것이다.

김민승 에스앤비즈 대표, 영상 마케팅 전문가

　경영의 세계는 빠르게 변하지만, 탁월한 리더십의 본질은 변하지 않는다. 〈당신을 위한 리더의 가르침〉은 국내외 60인의 CEO가 겪은 인생의 전환점과 통찰을 생생히 담아낸 책이다.

　CEO 전문 기자의 시선으로 포착한 그들의 결정적 순간들은 우리 모두가 맞닥뜨리는 고민과 닮아 있다.

이 책은 리더뿐 아니라 미래의 리더를 꿈꾸는 모든 사회인들에게 든든한 길잡이가 될 것이다. 오늘의 고민이 내일의 선택으로 이어지는 순간마다 이 책이 나침반이 되어 주길 권한다.

책을 시작하며

왜 어떤 사람은 위기를 기회로 바꾸고, 어떤 사람은 기회 앞에서도 주저앉는가? 왜 어떤 이들은 평범한 현실을 뚫고 세상을 바꾸고, 또 어떤 이들은 그저 세상의 흐름에 밀려 흔적 없이 사라지는가? 나는 기자로서 수많은 리더를 만났다. 그들은 각자의 방식으로 길을 만들고, 사람을 이끌며, 시대를 움직였다. 그리고 나는 그들의 공통점에서, 리더란 단순히 회사를 경영하는 사람이 아니라 '인생을 통찰하고 움직 사람'이라는 사실을 깨달았다.

『당신을 바꿀 리더의 가르침』은 이와 같은 고민에서 시작됐다. 이 책은 단순히 성공한 기업인의 일대기를 소개하려는 것이 아니다. 이 책은 '당신'을 위한 책이다. 지금의 삶을 되돌아보고, 앞으로 어떻게 살아가야 할지, 어떤 선택을 해야 할지를 함께 고민하고자 했다. 그래서 나는 세계와 대한민국을 대표하는 기업인 60명의 생애에서 교훈을 추출해냈다. 그들의 명언에서 방향을 찾고, 그들의 생애에서 선택의 무게를 배우고, 터닝 포인트에서 두려움과 결단을 엿보고, 배울 점을 통해 삶의 기준을 다시 생각하고, 때로는 웃긴 에피소드에서 인간적인 위로를 얻길 바랐다.

사실 나 역시 흔들리는 시기가 있었다. "기자는 객관을 써야지, 왜 삶의 방향을 말하느냐"는 질문도 들었다. 하지만 나는 확신했다. 경제를 움직인 것은 결국 사람이요, 사람을 움직인 것은 가치와 태도라는 것을. 그들이 회사를 키운 방식은 결국 그들의 삶의 철학이 고스란히 반영된 결과였다. 그래서 나는 기자의 눈으로 그들의 성공을 기록하고, 한 명의 인생 선배로서 그들의 결단과 실수를 따라가 봤다.

이 책의 가장 큰 특징은 '생각의 전환'이다. 기업인의 업적을 단순히 외적인 성공으로 보지 않았다. 나는 그들의 유년기부터 사업을 준비하던 시기, 사업이 성장한 결정적 순간, 그리고 은퇴나 죽음 이후까지, 모든 삶의 궤적을 입체적으로 들여다봤다. 그들이 어떤 환경에서 자랐고, 어떤 선택 앞에서 머뭇거렸으며, 어떤 실패를 딛고 다시 일어섰는지 알게 된다면, 지금의 우리 삶에도 어떤 힌트가 될 수 있으리라 믿었다.

이 책에는 '성공의 공식'은 없다. 하지만 '결정적인 순간에 어떻게 행동해야 하는가'에 대한 사례는 가득하다. 정주영 현대그룹 창업주의 뚝심, 스티브 잡스의 미친 집착, 월트 디즈니의 무한한 상상력, 서정진 셀트리온 회장이 걸었던 배수의 진 전략, 젠슨 황의 기술적 통찰,

손정의의 광속 투자감각, 김범수 의장의 통찰력과 내면 성찰까지. 그들은 각자 다른 길을 걸었지만, 한 가지는 같았다. '자기 자신을 믿고, 끝까지 밀어붙였다'는 점이다.

나는 이 책을 통해 독자들이 자신만의 나침반을 찾길 바란다. 지금 이 순간에도 누군가는 방향을 잃고 있다. 취업이 막막하고, 사업은 어렵고, 관계는 버겁다. 하지만 리더들도 처음엔 우리와 다르지 않았다. 중요한 건 어느 순간 '내가 세상을 바꿀 수도 있다'는 믿음을 갖고, 한 발을 내딛는 용기다.

『당신을 바꿀 리더의 가르침』은 성공의 이야기가 아니다. 방향의 이야기다. 당신이 인생의 길목에서 어떤 결정을 내려야 할 때, 이 책이 작지만 단단한 길잡이가 되길 소망한다. 나는 지금도 새로운 리더들을 만나고 있다. 그들의 이야기를 다시 세상에 전하고 싶다. 그 이야기가 당신의 인생을 바꿀 수도 있다는 믿음으로 이 책을 시작한다.

1장.
대한민국을 세운 10인의 창업주

대한민국은 전쟁의 폐허 위에서 산업 국가로 도약한 드문 사례를 만들어냈다. 세계는 이 놀라운 부흥을 '한강의 기적'이라 불렀고, 그 중심에는 산업화를 이끈 창업주들의 용기와 집념이 자리했다.

그중 위대한 창업주 10인으로 정주영 현대그룹 창업회장, 이병철 삼성그룹 창업주, 이건희 삼성그룹 선대회장, 구인회 LG그룹 창업주, 신격호 롯데그룹 창업주, 김우중 대우그룹 창업주, 조중훈 한진그룹 창업주, 박태준 포스코 창업주, 신용호 교보생명 창립자, 유일한 유한양행 창업주가 대한민국 산업의 역사를 써내리고 있다.

이들은 기업을 세우는 데 그치지 않고, 대한민국 산업의 근간을 세웠다. 그들의 결정 하나하나가 도로와 공장, 수출 항로와 기술혁신의 토대를 만들었다. 창업주들의 도전은 고용을 창출했고, 기술을 발전시켰으며, 국가 브랜드를 세계에 알리는 데 기여했다.

정주영 회장은 '해보자'는 신념으로 뚝심 있게 불가능을 돌파해냈다. 삽과 포클레인으로 도로를 열고, 조선소를 세워 바다를 정복했으며, 중동에 진출해 건설 붐을 일으켰다. 이병철, 이건희 회장은 삼성의 이름으로 반도체와 전자산업을 개척해 세계 중심으로 대한민국을 이끌었다.

구인회 회장도 화학과 전자에서 선구자적 시도를 했고, 신격호 회장은 식품과 유통의 제국을 일구었다. 김우중 회장까지 '세계를 무대로'라는 철학으로 신흥국 시장을 누비며 글로벌화를 앞당겼다. 여기에 조중훈 회장은 대한항공을 통해 하늘길을 열었고, 박태준 회장도 포항의 벌판에 제철소를 세워 산업의 기둥을 만들었다. 신용호 회장은 보험을 통해 국민의 미래를 설계했고, 유일한 회장 또한 투명한 경영과 사회 환원을 통해 윤리적 기업의 본보기를 남겼다.

이들 덕분에 대한민국은 공장에서 빌딩으로, 개도국에서 산업 강국으로 도약했다. 한 사람의 비전이 국가를 바꿀 수 있음을 증명해냈다. 이들이 없었다면, 지금의 대한민국은 없었을 것이다.

이제 우리는 이들의 발자취를 따라가며, 어떻게 위대한 리더가 만들어지는지를 배워야 한다. 이 장은 단순한 성공담이 아니라, 리더십과 판단력, 도전정신이 어떻게 미래를 만들어냈는지를 보여주는 이야기로 구성했다.

'할 수 있다'는 믿음으로 불가능을 현실로 바꾼 사람들, 그들이 바로 대한민국의 미래를 세운 리더들이었다.

*리더의 목차 순서는 우선순위가 아님을 안내합니다.

실패를 두려워 않는 '승부사'

정주영
현대그룹 창업회장

"시련은 있어도 실패는 없다"

정주영 회장이 울산 조선소 건설을 추진할 당시, 주변의 만류와 회의에도 굴하지 않고 밀어붙이며 남긴 말이다. 끝내 '조선소 없는 조선소 수주'라는 전무후무한 방식으로 성공을 이뤄냈다.

세계를 뒤흔든 리더의 생애

정주영 현대그룹 창업회장은 1915년 강원도 통천군 송전면 아산리에서 태어났다. 가난한 농가의 장남으로 자란 그는 소를 팔아 서울로 몰래 상경할 정도로 강한 독립심과 실행력을 지녔다. 고향을 떠나며 남긴 "죽으면 죽었지, 다시는 돌아오지 않겠다"는 말은 평생을 관통한 신념이 되었다.

서울에서 쌀가게 배달원, 정비공, 회계원 등 다양한 일자리를 전전하며 생계를 이어갔다. 일제강점기라는 억압적인 시대 환경 속에서 그는 '머리보다 몸이 먼저 움직여야 산다'는 철학을 체득했다.

1937년, 그는 자동차 정비업체 '아도서비스'를 창업했지만, 1938년 일제의 전시통제경제에 따라 폐업했다. 이후 운수업에 뛰어들어 기반을 마련했고, 한국전쟁 이후 물자 운송 수요가 증가하면서 사업 전환의 기회를 잡았다.

1947년, 정 회장은 '현대토건사'를 설립하며 건설업에 본격 진출한다. 경부고속도로, 한강 철교, 국회의사당, 서산 방조제 등 주요 인프라 공사를 잇달아 수주하며 대한민국 재건의 일등공신으로 부상한다. 1970년대에는 한국 기업으로는 처음 중동 건설시장에 진출해 사우디아라비아, 리비아 등에서 대규모 공사를 수주했다. '중동 건설 신화'의 서막이 되었다.

현대그룹의 대표작은 단연 울산 조선소다. 기술, 인력, 설비 모두 부족한 상황에서 그는 선박을 먼저 팔고, 수주 자금으로 조선소를 건설하는 전대미문의 전략을 감행했다. 이 '조선소 없는 조선소 수주'는 현대중공업을 낳았고, 한국은 세계 조선 강국으로 도약했다.

그는 이후 현대자동차, 현대전자, 현대상선 등 주요 계열사를 설립하며 현대를 '산업 왕국'으로 키웠다. 1980년대 후반, 현대그룹은 재계 1위에 올라섰고, "현대가 한국 GDP의 10%를 차지한다"는 말이 회자될 정도였다.

1992년, 그는 정치에 도전해 제14대 대통령 선거에 출마했지만 낙선한다. 정치 실패 이후에도 민간 외교의 선봉에 섰으며, 1998년에는 소 1,001마리를 몰고 군사분계선을 넘는 '소떼 방북'을 실현했다. 남북경협의 상징적 장면으로 남았다. 이후 금강산 관광 사업 실현에도 기여하며 한반도 평화에 상징적 행보를 보였다.

2001년 3월, 정주영 회장은 87세를 일기로 타계했다. 하지만 그의 기업가 정신과 실행력은 오늘날에도 한국 산업화의 상징으로 남아 있다.

리더의 인생을 바꾼 터닝 포인트

1972년, 정 회장은 조선업에 뛰어들겠다는 계획을 발표한다. 당시 한국에는 조선소는커녕 조선공학도, 설계도, 기술자도 전무했다. 정부와 재계 모두 회의적이었지만, 그는 확신에 차 있었다.

그는 영국 바버조선사와 선박 2척의 계약을 체결한다. 문제는 조선소가 없었다는 점이다. 도면 하나 없이 수주한 뒤, 그 계약금을 바탕으로 울산의 황무지에 조선소를 짓기 시작한다. 착공 후 불과 3년 만에 조선소를 완공했고, 약속했던 선박을 제때 인도했다. 세계 해운업계가 놀란 이 사건은, 단순한 계약이 아니라 '한국은 할 수 없다'는 국제사회의 인식을 뒤집은 사건이었다.

정 회장은 훗날 "남이 못한다고 내가 못할 이유 없다. 우리는 기회조차 없었을 뿐이다"라고 회고했다. 상식 밖의 판단과 행동은 늘 그를 새로운 기회의 중심에 세웠다.

거인의 어깨와 나란히 하려면

정주영에게서 배워야 할 핵심 자질은 '실행 중심의 낙관주의'다. 그는 현실을 정확히 보되, 그 현실에 갇히지 않았다. 많은 사람이 리스크를 회피하는 사이, 그는 '될 수도 있다'는 가능성에 베팅했다.

정 회장은 현장을 중시했다. 남들이 보고서를 읽을 때 그는 직접 현장을 답사했고, 남들이 회의를 할 때는 먼저 계약서에 사인했다. 이 실행력은 결국 그를 '불가능을 가능으로 만든 사람'으로 자리매김했다.

불확실성이 일상화된 시대일수록, 생각보다 행동이 빠른 사람이 기회를 잡는다. 거대한 결단이 아니더라도, 독자 역시 지금 할 수 있는 행동을 선택하는 용기를 가져야 한다. 계획은 짧게, 실행은 빠르게. 그 리듬이 익숙해질 때, 리더십도 따라온다.

리더도 사람이다?!

중동 건설 현장을 방문한 정 회장은 현지 관계자로부터 "한국인은 정말 성실하다"는 말을 들었다. 그는 이에 유쾌하게 "예, 우리는 술도 안

마시고, 담배도 안 피우고, 여자도 안 좋아합니다"라고 농담을 건넸다. 당황한 통역사에게는 "그냥 '예'라고만 해"라고 말했고, 그 자리는 웃음바다가 됐다. 회담 분위기는 단숨에 풀렸고, 협상도 성공적으로 마무리됐다.

이 일화는 정주영이라는 리더가 얼마나 현장 중심이었고, 또 얼마나 인간적인 리더였는지를 보여준다. 실행력과 낙관주의, 그리고 사람을 향한 따뜻한 유머가 바로 거인의 리더십이다.

인재경영의 화신

이병철
삼성그룹 창업주

"사업이란 한 마디로 사람 장사다"

이병철 삼성그룹 창업주가 삼성의 인재경영 철학을 설명하며 자주 한 명언이다. 기술도 자본도 결국 사람이 한다는 선대회장의 신념이 담겨 있다.

세계를 뒤흔든 리더의 생애

이병철 삼성그룹 창업주는 1910년 2월 12일 경상남도 의령군 정곡면 중교리에서 태어났다. 다른 기업가들과 달리, 그는 유년 시절부터 비교적 풍족한 지주 집안 환경에서 자랐다. 조기 유학과 독서에 몰두하며 사고의 깊이를 키웠다.

이 회장은 와세다대학교 정치경제학과에 입학했으나 1934년에 중퇴하고 귀국했다. 귀국 후 가업을 도우며 쌀·밀가루 유통 사업을 경험했고, 이후 1938년 대구에서 '삼성상회'를 설립했다. 설탕, 건어물 등을 중국으로 수출하는 무역업체로, 6명의 직원, 자본금 3만 원으로 시작된 이 사업은 곧 식료품 가공과 운송업까지 확장됐다.

한국전쟁 발발 이후엔 본사를 부산으로 옮기고, 피난지에서도 사업을 지속했다. 위기 속에서도 '이제부터 진짜 기업을 시작해야 한다'는 결심을 굳혔다. 물류와 제조, 금융 등 다양한 분야에 진출하며 미래형 사업구조를 그려나갔다.

1950~60년대는 본격적인 제조업 진출기였다. 제일제당, 제일모직을 차례로 설립하며 삼성은 유통기업에서 산업 자본으로 탈바꿈한다. 제일모직의 성공은 한국 섬유산업의 초석이 됐고, 제일제당은 식품산업의 새로운 표준을 제시한다. 이어 삼성물산, 삼성전관(후에 삼성전자), 삼성생명 등을 설립하며 그룹의 외형과 산업구조를 다각화한다. 전자산업 진출은 그 자체가 모험이었다. "전자제품은 일본만의 전유물이 아니다"라는 이 회장의 선언 아래, 삼성은 컬러TV, 반도체 생산에 박차를 가한다.

이 회장은 단순히 회사의 규모만 키운 것이 아니라, 철저한 품질경영과 인재 중심 경영으로 삼성의 조직문화를 확립한다. '사람이 곧 자산'이라는 인식으로 삼성맨 선발과 교육을 중시했으며, 사내 윤리의식과 책임감을 강조한다. 이 창업회장의 철학은 훗날 이건희 선대회장으로까지 이어져 '프랑크푸르트 선언'의 기반 중 하나가 된다. 재계 상위권으로 성장하는 과정에서도 이 회장은 "자본주의는 도덕

위에 서야 한다"는 말을 반복한다. 기업의 사회적 책임과 윤리를 일찍이 고민한 드문 창업주였다.

1987년, 이 회장은 77세로 타계한다. 유언 대신 남긴 것은 방대한 육필 노트와 경영 철학, 그리고 '사업보다 사람이 먼저다'라는 신념이다.

리더의 인생을 바꾼 터닝 포인트
이병철 회장의 삶에서 가장 극적인 전환점은 한국반도체 인수와 반도체 사업 진출 선언이다. 당시 한국은 가전조차 일본에 의존하던 시기였고, 반도체는 미국과 일본이 주도하던 산업이었다. 내부에서는 반대 목소리도 컸지만, 그는 "우리가 2류로 만족하면, 영원히 2류에서 벗어날 수 없다"고 말하며 강하게 밀어붙인다.

1974년 12월, 삼성은 한국반도체의 지분 50%를 인수함으로써 반도체 사업에 본격 진입한다. 기술력과 인재가 부족했기에 그는 국내외 엔지니어를 영입하고 삼성식 교육 시스템을 가동한다. 기술을 단순히 수입하는 데 만족하지 않았다. "기술은 사오는 것이 아니라, 키우는 것이다"라는 말을 입버릇처럼 말했다. R&D 중심 조직 문화가 이 시기에 확립된다.

그의 판단은 단순한 사업 확장이 아니라 미래 포트폴리오 구축이었다. 반도체는 그중 핵심 축이었다. 이 회장은 장기 전략 속에 리스크를 감수했다. 이 결정이 삼성전자가 전자공룡으로 거듭나는 시발점이 된다.

또 하나의 전환점은 1983년 '도쿄 선언'이다. 일본 도쿄에서 반도체사업 진출을 공식 발표한 이 선언은 삼성의 반도체 사업을 대내외에 알리는 계기가 된다.

거인의 어깨와 나란히 하려면

이 창업회장에게서 배워야 할 핵심은 '사고의 구조화 능력'이다. 그는 어떤 사안이든 구조적으로 접근한다. 단기 이익보다는 장기 전략, 현상보다는 본질, 감정보다 원칙을 중시한다. 결과적으로 삼성이 기회가 있을 때 과감히 투자하고, 위기일 때 질서 있게 대응하는 판단 체계를 갖게 된다.

체계적인 구조화 능력은 단순한 분석력과 다르다. 경영 환경을 정리하고 우선순위를 분명히 하며, 조직 전체에 공유하고 실행하는 힘이다. 오늘날처럼 정보 과잉과 변덕이 잦은 시대에는 사고의 질서가 없으면 우왕좌왕하기 쉽다. 독자들도 이 회장처럼 사안을 여러 층위에서 나눠 보고, 큰 그림 속에서 판단하는 습관을 기르길 권한다.

예컨대 업무 중 문제가 생길 때 감정으로 반응하지 말고 "이 문제의 본질은 무엇인가?", "단기 대응과 장기 구조는 어떻게 다른가?", "내가 지금 간과하고 있는 전제는 무엇인가?"를 스스로에게 물어보아야 한다. 이 회장의 리더십은 말보다 체계에서 나왔다.

리더도 사람이다?!

한 번은 신입사원 교육장을 불시에 방문한 적이 있다. 직원들이 긴장하자 그는 갑자기 "요즘 젊은 담배도 안 피우나?"라고 묻는다. 누군가 "건강에 나빠서 안 핍니다!"라고 큰 소리로 답하자, 그는 웃으며 "그래도 회장 앞에서는 한 대쯤 피워주는 센스가 있어야지"라고 말하며 분위기를 풀었다. 직원들은 그 말에 웃음을 터뜨리며 교육장이 웃음바다가 된다.

개혁을 두려워하지 않는 혁명가

이건희
삼성그룹 선대회장

"마누라와 자식 빼고 다 바꿔라"

1993년, 이건희 회장이 독일 프랑크푸르트에서 삼성 임원들과 가진 전략 회의에서 남긴 이 말은 한국 기업사의 패러다임을 뒤흔든 한마디였다. 변화에 대한 두려움을 깨뜨리지 않으면 생존할 수 없다는 절박함이 응축된 선언이었다.

세계를 뒤흔든 리더의 생애

이건희 선대회장은 1942년 경남 의령에서 삼성 창업주 이병철의 셋째 아들로 태어났다. 일본 와세다대학교 정치경제학부에서 수학했으며, 이후 미국 조지워싱턴대학교 대학원에서 경제학을 공부했다. 유복한 환경에서 성장했지만, 내성적이고 조용한 성격으로 독서와 사색을 즐겼다. 스스로를 '말보다 생각이 많은 사람'이라 표현하며 내면의 깊이를 강조했다.

그는 귀국 후 삼성물산 무역부에서 실무를 익히며 경영 수업을 받았고, 삼성전자의 창립과정에도 참여했다. 본격적인 경영 전면에 나선 것은 1987년, 이병철 회장의 타계 이후였다. 당시 삼성은 재계 1위의 거대 그룹이었지만, 글로벌 시장에서는 저가 제품 생산 기업이라는 이미지가 강했다. 이 회장은 그 틀을 깨기 위해 본질적인 혁신을 예고했다.

1993년, 그는 독일 프랑크푸르트에서 열린 임원회의에서 '신경영'을 선언하며 삼성을 뿌리부터 바꾸겠다고 밝혔다. "마누라와 자식 빼고 다 바꾸라"는 직설적인 발언은 선언의 강도를 상징했다. 이후 삼성은 불량품을 전량 소각하는 품질 혁신 운동을 벌였고, 디자인, 브랜드, 감성 품질, 소프트웨어 역량 강화에 전사적 노력을 기울였다. 이 회장은 "기술은 따라올 수 있어도 감성은 못 따라온다"고 강조하며, 제품의 '보이지 않는 품질'까지 챙겼다.

그의 전략은 성공했다. 2000년대 들어 삼성전자는 반도체, 휴대폰, TV 시장에서 세계 1위를 차지했고, 삼성은 세계적 브랜드로 도약했다. 그는 기술, 디자인, 브랜드, 글로벌 경영 네 가지를 균형 있게 추진했으며, 무엇보다 '사람'의 중요성을 강조했다. '경영은 결국 사람의 문제'라는 철학은 인재 발굴과 육성에 반영되었고, 삼성만의 인재 시스템을 구축하는 기반이 되었다.

2014년 5월, 심근경색으로 쓰러진 이 회장은 이후 경영 일선에서 물러났고, 2020년 10월 25일, 향년 78세를 일기로 별세했다. 그는 말을 아끼는 대신, 시스템과 행동으로 변화의 메시지를 남긴 리더였다. 그가 남긴 유산은 단순한 기업이 아닌, '변화하지 않으면 죽는다'는 시대정신이었다.

리더의 인생을 바꾼 터닝 포인트

이건희 회장의 인생에서 가장 결정적인 전환점은 1993년의 '프랑크푸르트 선언'이었다. 당시 삼성은 국내에서는 최고 기업이었지만, 해외에서는 품질 경쟁력이 떨어지는 '싼 제품'의 이미지에 갇혀 있었다. 그는 미국 출장 중 백화점에서 삼성 TV가 창고 한구석에서 먼지를 뒤집어쓰고 있는 모습을 보고 큰 충격을 받았다고 한다. 그 장면은 신경영 선언의 기폭제가 되었다.

프랑크푸르트 회의에서 이 회장은 불량률 제로, 디자인 혁신, 감성 품질, 브랜드 철학 구축이라는 구체적 목표를 제시하며 "단지 물건을 만드는 기업이 아니라 문화를 만드는 기업이 되어야 한다"고 강조했다. 약 20만 명에 달하는 삼성 임직원이 근본적으로 변화해야 했고, 이 회장은 이를 주도했다.

그는 직접 품질 회의에 참석하고, 디자인센터를 수시로 방문했으며, 해외 전시회에서 직접 제품을 들고 와 개선을 지시했다. 제품 외관의 곡선, 버튼의 감도, 글꼴의 굵기까지 챙길 정도로 디테일에 강했다. 그의 개입은 단순한 간섭이 아닌, 브랜드 철학을 체화시키는 방식이었다.

이와 함께 인사제도의 혁신도 이뤄졌다. 그는 "이제는 공장에서 손만 움직 시대가 아니라, 머리로 기획하고 창조하는 시대"라고 강조하며 삼성의 인재 육성 시스템을 전면 개편했다. 수십억 원 상당의 완제품을 소각하는 '불량품 화형식'은 상징적인 장면으로 남았고, 이 회장의 의지를 대내외에 각인시켰다.

이러한 변화는 단순히 삼성만의 변화가 아니었다. 이후 국내 대기업 전반에 걸쳐 '품질', '브랜드', '글로벌'이라는 키워드가 경영 중심어로 부상하게 만들었다. 한국 산업계 전체가 한 단계 진화하게 된 결정적 계기였다.

거인의 어깨와 나란히 하려면

이 회장에게서 배워야 할 핵심은 '변화를 두려워하지 않는 통찰'이다. 그는 '현상 유지'를 가장 위험한 경영으로 보았다. 변화는 혼란을 수반하며, 조직 내부의 반발을 부르기 마련이지만, 그는 그 불편함을 '진짜 혁신의 신호'로 받아들였다. 그는 "불편해야 조직이 깨어 있고, 혼란이 있어야 진짜 혁신이 나온다"고 말했다.

그의 통찰은 오늘날 개인에게도 적용 가능하다. 반복되는 루틴에 안주하거나 익숙한 방식에만 머물고 있다면, 이건희 회장이 스스로에게 던졌던 질문을 따라 해보자. "이 방식은 과연 최선인가?" 그는 늘 기존의 사고방식을 의심하며 스스로를 경계했고, 그 결과 삼성을 '따라가는 기업'에서 '이끄는 기업'으로 이끌었다.

리더십이란 거창한 선언이 아니라, 매일의 작은 결정을 통해 드러나는 태도다. 이 회장이 보여준 리더십은 조직의 변화를 끌어내는 힘이자, 시대의 흐름을 주도하는 힘이었다. 우리가 그의 어깨 위에 서고 싶다면, 먼저 자신이 만든 익숙함에서 벗어나는 용기를 가져야 한다.

리더도 사람이다?!

한 번은 이 회장이 삼성 디자인팀이 개발한 리모컨을 살펴보다가 "버튼이 왜 이렇게 많아?"라고 질문했다. 한 임원이 다양한 기능을 설명하자, 이 회장은 잠시 고개를 끄덕이고는 이렇게 말했다. "그래도 자네 어머니가 쓰실 수 있을 정도로 만들자." 이후 삼성 리모컨의 버튼 수는 절반 가까이 줄었고, 사용성 중심의 디자인이 본격적으로 도입되었다.

목에 칼이 들어와도 굽히지 않는 '신뢰'

구인회
LG그룹 창업주

> "기업은 사회의 공기와 같다.
> 맑으면 모두가 편안하고, 흐리면 누구도 숨 쉴 수 없다"

구 회장이 기업의 역할을 묻는 질문에 답한 말이다.
기업은 반드시 사회에 유익해야 한다는 '기업 시민 정신'을 강조했다.

세계를 뒤흔든 리더의 생애

구인회 LG그룹 창업주는 '질서'와 '신뢰'로 기업 문화를 정립한 인물이다. 그는 1907년 경상남도 진주에서 태어나 어려서부터 책임감과 규율에 익숙했으며, 가족과 마을 공동체를 중시하는 전통적 가치관 속에서 성장했다. 유년기부터 장부와 숫자에 관심이 많았고, 무엇이든 꼼꼼히 기록하는 습관이 그의 경영 스타일에 큰 영향을 미쳤다.

청년기 구 회장은 중앙고등보통학교를 수료하고, 귀국 후 가족이 운영하던 사업에 참여하며 유통과 무역 실무를 익혔으며, 해방 전후의 격동기에도 '정직과 신용'을 핵심으로 삼아 사업을 설계했다. 그는 제조업으로 방향을 전환해 나갔고, 1947년 부산에서 락희화학공업사(현 LG화학)를 설립하며 본격적인 사업 기반을 마련했다.

구 회장은 제품 하나에도 철학을 담았다. 외국 제품이 대세였던 생활용품 시장에서 국산 비누를 정면으로 내세웠다. 외제품에 비해 품질이 떨어진다는 인식이 있었지만, 그는 품질 개선과 브랜드 신뢰를 통해 그것을 극복했다. 1958년 금성사(현 LG전자)를 설립함으로써 라디오 생산을 시작했고, 국산 전자산업의 초석이 되었다. 금성사 창립 이후 국산 라디오 A-501, 라디오 외에도 선풍기·자동전화기 등을 국내 최초로 생산해 내며 제품과 기술, 브랜드 역량을 쌓았다.

그는 고객의 삶을 바꾸는 기술과 믿고 맡길 수 있는 제품을 경영 지침으로 삼았다. 1960년대 초부터 고객 A/S 체계를 도입하고 문서 중심의 투명경영 시스템을 일부 정착시켰다. 구 회장은 속도보다 정직함을, 규모보다 신뢰를, 브랜드보다 약속을 우선했다.

구 회장이 경영 일선에서 물러난 것은 1969년 12월 31일 사망하면서다. 그때까지 그는 기업 윤리와 시스템 중심의 조직 문화를 강조하며, '기업은 신뢰'라는 말을 자주 반복하였다. 구 회장이 남긴 유산은 단순한 재벌의 축적이 아니라, 한국 기업 경영의 철학적 기반이었다.

리더의 인생을 바꾼 터닝 포인트

구 회장의 인생에서 가장 결정적인 순간은 전자산업 진출이다. 당시 한국은 전자산업이 거의 전무했고, 수입품 우세의 시장이었다. 하지만 구 회장은 1958년 금성사를 설립하고 라디오 생산에 나서며 완전한 국산 제품 생산을 지향했다. 국산 첫 라디오 A-501은 외산 제품 우위 인식이 강한 시장에서 불신과 경쟁을 무릅쓰고 출시되었다.

초반 품질에 대한 불신, 유통망 부족 등이 겹쳐 어려움이 많았지만 그는 포기하지 않았다. 그는 기술 개발과 품질 개선에 지속적으로 투자했고, "시간은 소비자를 설득한다. 우리는 신뢰를 쌓고 있다"고 말하며 장기적 관점으로 사업을 밀어붙였다. 이후 라디오를 시작으로 냉장고, 세탁기, 텔레비전 등 다양한 제품에서 국내 최초 기록을 세우며 LG 전자는 전자제품 분야의 선두주자로 떠올랐다.

그의 전환점은 단지 제품의 변화만이 아니었다. 기업 경영의 기준 자체를 바꾸는 것이었다. 그는 고객 중심, 품질 중심, 브랜드 신뢰 중심 경영 철학을 조직 전체에 주입함으로써 LG가 단순한 제조업체를 넘어 삶의 일부가 되는 브랜드로 자리 잡는 기반을 마련했다.

거인의 어깨와 나란히 하려면

구 회장에게서 배워야 할 큰 자질은 '신뢰를 자산으로 만드는 능력' 이다. 그는 숫자보다 약속을, 속도보다 정직함을, 눈앞의 이윤보다 지속가능한 신용을 우선했다. 그의 경영은 단지 기업의 이익을 추구하는 것이 아니라, 사람과 사람 사이의 믿음을 어떻게 유지할 것인가에 초점이 맞춰졌다.

단기적 성과에 목메는 시대이지만, 소비자는 점점 더 신뢰 가능성과 윤리성을 요구한다. 독자들이 창업가 정신을 발휘해 사업하거나 팀을 이끌 때, 구 회장처럼 '한 번의 약속 이행이 더 오래 간다'는 원칙을 적용하길 권한다. 실수는 수정 가능하지만, 신뢰는 회복이 어렵다.

구 회장은 경영을 인간관계의 연장선으로 보았다. 고객은 이익의 대상이 아니라, 함께 오래 갈 동반자라고 여겼다. 그 철학은 '믿을 수 있는 제품', '지속 가능한 조직문화'라는 LG의 브랜드로 이어졌다. 믿음을 중시하는 경영은 오래 걸리지만, 오래 간다.

리더도 사람이다?!

한번은 구 회장이 생산된 라디오 중 품질 문제가 발생하자, 이미 출고된 제품까지 회수하라고 지시한 적이 있다. 직원들이 손해를 우려해 주저하자 그는 "손해는 회사가 보면 될 일이지, 고객이 보면 안 되지 않겠는가?"라고 말하며 회의실 분위기를 단번에 정리했다.

매섭고 냉철한 시선으로 판단하는 사업가

신격호
롯데그룹 창업주, 명예회장

"기업은 이익보다 신용이 먼저다"

신격호 롯데그룹 창업주가 일본에서 사업을 시작할 당시, 부도 위기를 넘기며 신뢰 회복을 위해 사재를 털어 대금을 결제한 후 남긴 말이다. 이후 그는 평생 '신용'을 기업 경영의 핵심으로 삼았다.

세계를 뒤흔든 리더의 생애

신격호 롯데그룹 창업주는 1921년 울산군 하북면의 가난한 농가에서 태어났다. 그는 소작농의 아들로 태어나 어려서부터 물자와 돈의 소중함을 절실히 체득했고, '공짜는 없다'는 인생관을 아주 어린 시절부터 품게 됐다. 유년기에는 소달구지를 끌며 농사일을 도우면서도 책을 손에서 놓지 않았다.

1936년, 일본으로 밀항하듯 건너간 것이 아니라 정식 여권을 발급받아 건너갔으며, 와세다 전문학교에서 화학을 공부하며 공업 기술을 익혔다. 당시 일본 사회는 조선인을 차별했지만, 그는 악착같이 버텨가며 돈을 벌고 학업을 병행했다. 제2차 세계대전 중에는 공장 설립 허가를 받아 합성수지 원료 관련 공장을 운영했고, 이후 풍선껌 사업에 진출했다. 전후 혼란 속에서도 '씹는 재미와 달콤한 위로'를 제공하는 껌의 가능성을 직감한 그는 롯데를 설립하고 본격적으로 식품 사업에 뛰어들었다.

당시 '일본 제품은 일본 브랜드여야 팔린다'는 고정관념을 깨고, 독일 작가 괴테의 소설 『젊은 베르테르의 슬픔』의 여주인공 이름인 '샤를로테'에서 따온 '롯데(Lotte)'라는 이름을 브랜드로 정했다. 향후 한국 진출의 명분이 되었다.

1948년 일본 도쿄에 '롯데'라는 이름의 제과회사를 창립한 후, 신 회장은 1967년 한국으로 귀국해 롯데제과를 세우며 국내 사업을 본격화했다. 당시 국내에는 산업 기반이 부족했지만, 그는 일본에서 쌓은 기술과 자본, 그리고 글로벌 유통 노하우를 바탕으로 빠르게 내수 시장을 장악했다. 껌, 초콜릿, 사탕, 아이스크림까지 이어지는 제품군 확장은 당시로서는 매우 혁신적이었다. 그는 단순한 식품업을 넘어서 '종합생활문화 기업'을 꿈꿨고, 롯데호텔, 롯데쇼핑, 롯데백화점 등으로 사업 영역을 확장했다.

1979년에는 롯데월드를 기획하며 "한국에도 가족이 함께 즐길 수 있는 공간이 필요하다"고 강조했다. 이후 잠실 롯데월드, 잠실 롯데호텔, 롯데시네마, 롯데마트 등이 연계된 복합 개발로 이어졌고, 현재 한국 유통업의 표준 모델이 됐다. 제조업과 유통, 관광, 금융, 건설을 아우르는 '복합 대기업 모델'은 신 회장의 통찰에서 비롯된 것이다.

그에게 롯데는 '신중하지만 확실하게 커지는 기업'이어야 했다. 그는 모든 사업계획서에 직접 붉은 펜으로 수정 의견을 남겼고, "이익보다도 시장 점유율을 확보하라"는 지시를 자주 내렸다. 90세가 넘은 시점까지도 업무를 보고했으며, 경영 일선에서 물러난 뒤에도 '롯데는 소비자 곁에 있어야 한다'는 철학을 흔들림 없이 유지했다.

2020년 1월 19일, 향년 99세로 별세한 신 회장은 한일 양국에서 '식품·유통 산업의 신화'로 기억된다. 그의 발자취는 단순한 기업 확장을 넘어, 전후 한·일 경제사의 중요한 연결 고리로 남아 있다.

리더의 인생을 바꾼 터닝 포인트

신 회장의 인생에서 가장 극적인 전환점은 1967년 한국 사업 진출이었다. 일본에서 롯데껌으로 성공을 거둔 그는 모든 사업 기반이 이미 일본에 있었다. 일본 정부와 재계는 그가 한국으로 진출하는 것을 경계했고, 당시 한일 간 민감한 정세 속에서 정치적 반대도 있었다. 그러나 그는 "내가 조선 사람이니, 내 고향에 사업을 해야 한다"고 단언했다.

한국은 전쟁의 상처에서 회복 중이었고, 인프라도 열악했다. 그는 서울 영등포에 롯데제과를 세우며 국내 시장을 개척했다. 공장이 완공되기도 전에 껌부터 만들어 유통망을 구축했고, 일본에서 배운 품질 관리와 원가 절감 기술을 한국에 그대로 이식했다. 당시 국산 껌은 품질이 낮고 유통이 엉망이었지만, 롯데는 다른 길을 갔다. 청결한 포장, 균일한 맛, 그리고 TV 광고를 동원한 브랜드 마케팅은 식품 산업의 판을 바꿔놓았다.

그가 껌에서 시작한 이유는 단순했다. '국민 모두가 살 수 있는 제품으로 신뢰를 얻자'는 전략이었다. 사람들은 껌을 씹으며 '롯데'라는 브랜드를 기억하게 되었고, 그 브랜드는 초콜릿, 사탕, 과자로 확장됐다. 이후 롯데는 유통업으로 방향을 튼다. 백화점과 호텔을 연계한 '종합상업시설' 모델을 구상했고, 1979년 롯데쇼핑을 설립하면서 국내 최초의 복합쇼핑몰 개념을 도입했다.

신 회장은 철저히 숫자 중심의 경영을 고수했다. 회의 자료는 모두 숫자 중심, 계획은 분기별 손익과 투자 수익률 중심이었다. 그러나 그는 수치 너머에서 '고객의 움직임'을 보려 했다. 매장 동선, 패키지 디자인, 광고 카피까지 직접 챙기며 "작은 디테일이 신뢰를 만든다"고 강조했다.

롯데의 고속성장은 바로 이 '고국 귀환'의 결단에서 시작됐다. 기업인의 감각과 애국심, 전략적 통찰이 맞물린 선택은 롯데를 한국 대표 브랜드로 탈바꿈시켰다.

거인의 어깨와 나란히 하려면

신 회장에게서 배워야 할 핵심은 '시장을 읽는 눈과 실행의 끈기'다. 그는 조용했지만, 시장의 흐름을 누구보다 날카롭게 꿰뚫었다. 남들이 보지 못한 틈새를 찾아내고 그것을 끝까지 밀어붙인 힘은 롯데의 성장 그 자체였다. "껌이 팔리면 백화점이 필요하고, 백화점이 있으면 호텔이 필요하다"는 그의 말은 단순한 사업 확장의 논리가 아닌, 고객의 경험을 따라가는 경영 철학이었다.

사업하는 사람은 고객의 경험을 쫓아야 한다. 모든 정보가 넘쳐나는 시대에 진짜 필요한 건 '고객의 움직임을 읽는 눈'이다. 독자들이 창업하든, 조직에서 일하든, 시장의 흐름을 현장에서 체감하는 감각을 키우는 것이 중요하다. 신 회장은 "가장 중요한 건 매장 앞에서 고객이 어디를 먼저 보는가"라고 말했다. 디지털 시대에도 변하지 않는 진리다.

그는 조용하지만 단호했고, 한번 시작한 사업은 끝장을 봤다. 불확실한 시대일수록 방향을 잡고 밀고 나가는 '묵직한 끈기'가 중요하다. 조용한 리더가 더 강한 이유를, 신 회장은 생애로 증명했다.

리더도 사람이다?!

롯데월드 개장 전날, 담당 임원이 놀이기구 고장 걱정을 하자, 신 회장은 태연하게 말했다. "놀이기구보다 더 무서운 건 놀이공원 없는 서울이다." 정색한 말투에 모두 긴장했지만, 이내 신 회장이 씩 웃으며 "놀이기구는 수리하면 되지만, 신뢰는 하루도 쉬면 안 되지"라고 덧붙이자 모두 웃음을 터뜨렸다.

쉬어가기 1

와세다 대학은 어떤 곳인가?

한때, 대한민국 재계를 주름잡던 네 명의 창업주는 모두 일본의 같은 대학교에서 학업을 이어갔다. 그곳은 바로 와세다 대학이다. 삼성 창업주 이병철, 그의 아들 이건희 회장, 롯데그룹 창업주 신격호, 포스코 창업주 박태준은 모두 와세다에서 학업을 수학한 것으로 알려져 있다. 지금 시대에는 미국의 하버드, 스탠퍼드 같은 대학이 글로벌 경영인을 배출하는 상징이라면, 20세기 중반 아시아에서는 단연 와세다 대학이 그 자리에 있었다고 할 수 있다.

와세다 대학은 1882년 일본 도쿄에 설립된 사립 명문대학으로, 자유주의와 실용주의를 바탕으로 한 교육 철학을 지닌 학교다. 메이지 유신 이후 일본이 근대화를 본격적으로 추진하던 시기에 설립된 이 대학은 일본 국내는 물론 아시아 전역의 엘리트들을 길러내는 요람이 되었다.

특히 정치, 경제, 문학, 언론, 경영 등 인문사회계열에 강점을 가진 와세다는 실무 중심 커리큘럼과 국제적 시야를 강조한 교육으로 명성을 쌓았다. 제2차 세계대전 이후 일본이 경제 재건에 박차를 가하는 과정에서도 와세다는 유능한 경제·경영 인재들을 배출하며 전후 아시아 경제 재편에 중요한 역할을 했다.

이러한 시기에 유학을 떠난 한국의 젊은이들 가운데, 훗날 한국을 대표하는 재벌 창업주들이 있었다. 먼저 삼성 창업주 이병철은 와세다 대학 정치경제학과에서 수학하며 일본의 자본주의 구조와 재벌 시스템을 체계적으로 익혔다. 이후 그는 1938년 대구에서 '삼성상회'를 창업하고, 와세다에서 배운 실용 경영의 틀을 현실에 적용하기 시작한다.

　이건희 회장 역시 아버지의 유학 경로를 따라 와세다 대학 정치경제학과에 입학해 학업을 수료했다. 그는 일본 기업의 품질관리, 혁신 전략, 마케팅 분석 등 실무 중심 교육을 통해 후일 '신경영 선언'에 이르는 사상적 기반을 마련했다. 특히 그는 일본의 가전 시장과 유통망을 체계적으로 관찰하며 삼성전자의 글로벌화 전략에 필요한 인사이트를 축적했다.

　신격호 회장은 와세다 대학 고등공업학교에서 화학을 수학한 뒤 제2차 세계대전 중 화학 공장을 운영했고, 전후에는 껌 사업으로 롯데의 기반을 다졌다. 그는 와세다에서 배운 기술 기반과 제조공정 이해를 바탕으로 일본과 한국 양국에서 식품산업을 일으켰다. 신 회장은 와세다에서의 경험을 "시장과 고객을 읽는 눈을 키운 시기"라고 회고했다.

　박태준 회장은 와세다 대학에서 수학한 것으로 알려져 있으며, 이후 군인의 길을 거쳐 포스코 창업으로 이어지는 인생의 전환을 맞는다. 그는 와세다에서 익힌 산업 구조와 자본 축적 방식의 개념을 바탕으로 '제철 보국'이라는 기치를 내걸고 대한민국 중화학공업의 초석을 다졌다. 포항제철 창립은 단순한 기업 창업이 아니라 국가 산업 전략과 궤를 같이한 선택이었다.

이 네 명의 리더에게 와세다는 단순한 학위 기관이 아니었다. 그들에게 와세다는 '세계를 이해하는 창문'이자 '경제를 해석하는 도구', 그리고 '실천을 위한 무기'였다. 졸업장보다 더 중요한 것은 성실한 학습과 실행의 힘이었다. 이들은 배운 것을 곧장 현장으로 옮겼고, 그 실행력은 결국 한국 산업을 일으킨 동력이 되었다.

하지만 시간이 흐르며 한국 경영자들의 학벌 지형도 변화하기 시작한다. 오늘날 주요 대기업 CEO 다수는 서울대 경영학과, 고려대 경영대학, 연세대 경제학과, 카이스트 산업공학과, 포항공대 전자공학과 등을 졸업한 이공계·경영계열 출신이 중심을 이루고 있다. 21세기의 경영 환경은 데이터 분석, 인공지능, ESG, 글로벌 전략 등 다양한 역량을 요구하며, 대학 역시 다원적 방식으로 인재를 육성하고 있다.

이제는 와세다보다 하버드, 스탠퍼드, MIT, 그리고 국내 최고 이공계 대학들이 새로운 경영 리더의 산실로 떠오르고 있다. 기술 창업과 소프트웨어 기반 기업들이 주목받는 시대, 혁신과 실행이 무엇보다 중요한 역량이 되었기 때문이다. 과거엔 상업을 배워야 했지만, 지금은 혁신을 배워야 하는 시대가 도래한 것이다.

   그럼에도 와세다가 지닌 역사적 상징성은 지금도 의미가 깊다. 그것은 단지 명문 대학이라는 이유가 아니라, '변화를 준비한 자가 기회를 잡는다'는 진리를 증명한 리더들이 그곳에서 출발했기 때문이다. 이병철, 이건희, 신격호, 박태준이 보여준 공통점은 '학습의 힘'이 시대를 관통한다는 사실이다. 배움은 단지 지식을 축적하는 것이 아니라, 시대를 읽고 미래를 준비하는 가장 현실적인 도구다.

   오늘날 학창 시절을 보내는 청년들이 이 사실을 기억하길 바란다. 위대한 창업주들이 와세다에서 배운 것은 '실행 가능한 지식'이었다. 그것은 지금도 어디에서든 배울 수 있는 힘이며, 우리는 각자의 방식으로 또 다른 '와세다'를 찾아야 한다.

발 닿는 곳마다 사업이 된 개척자

김우중
대우그룹 창업주

"세계는 넓고 할 일은 많다"

김우중 대우그룹 창업주가 임직원들에게 해외 진출을 독려하며 자주 했던 말이다. 1970~80년대 한국 청년들에게 '세계 시장'을 꿈꾸게 만든, 시대를 초월한 선언이었다.

세계를 뒤흔든 리더의 생애

김우중 창업주는 1936년 대구에서 태어났다. 아버지는 판사, 어머니는 교사로, 그는 엘리트 가정에서 성장했으나 한국전쟁으로 집안은 몰락했고 가족은 부산으로 피란을 떠나야 했다. 어린 시절, 그는 돈 한 푼 없이 거리에서 책을 팔아 학비를 벌었고, 정리정돈과 계획을 중시하는 성격으로 변해갔다. 가난과 몰락을 누구보다 뼈저리게 경험한 유년이었다.

경기고와 연세대학교 경제학과를 졸업한 그는 삼성물산에서 직장생활을 시작했다. 하지만 기업가적 본능은 그를 직장인의 삶에 오래 머물게 하지 않았다. 29세에 대학 친구들과 함께 '대우실업'을 창업하며 사업가의 길에 들어섰다. 자본금은 고작 500만 원이었다. 그는 '기민한 무역', '빠른 회전율', '현장 중심 의사결정'을 전략으로 삼았고, 주변에서는 '무역 천재'로 불렸다. 1970년대 오일쇼크와 국제 정세 불안 속에서도 그는 동남아시아, 아프리카, 중동 등 누구도 가지 않던 시장으로 먼저 달려갔다. 현지에서 직접 땀을 흘리며 사람들과 어깨를 나란히 해가며 거래를 성사시켰다.

대우는 정부의 중화학공업 육성정책과 맞물리며 급격히 성장했다. 1976년 대우중공업, 1978년 대우자동차를 설립하며 제조업으로 사업을 확장했고, 철강, 조선, 건설, 금융, 전자, 가전 등 손대지 않은 분야가 없을 정도로 사업을 넓혀갔다. 특히 정부의 개발원조정책에 따라 해외에서 사업권을 따내는 데 강점을 보였으며, '대우맨'이라 불리는 주재원들은 130개국 이상에 진출했다. 그는 "본사는 명동에 있지만 심장은 아프리카에 있다"고 말하며 세계를 무대로 기업을 성장시켰다.

1980~90년대, 대우그룹은 현대, 삼성, LG에 이어 '4대 그룹' 반열에 올랐다. 계열사 수 41개, 종업원 25만 명, 수출 비중 70% 이상을 자랑했다. 김 회장은 임직원 가족을 위해 해외에 '대우주택'과 '대우학교'를 세우고 가족 동반 근무를 장려했으며, 신속한 의사결정과 자율경영 문화를 확산시켰다. 다른 그룹이 내수에 집중할 때, 그는 철저히 수출과

세계화를 추구했다. 그의 말은 한 세대의 청년들에게 좌우명이 되었다.

1999년 외환위기 이후 대우그룹은 과도한 차입경영과 환율 급변, 유동성 위기를 견디지 못하고 해체됐다. 하지만 김 회장은 도피하지 않았다. 해외 체류 중이던 그는 자진 귀국해 조사를 받았고, 법적 책임을 졌다. "나는 실패한 것이 아니라, 멈췄을 뿐이다"라는 말을 남기고, 2019년 향년 82세로 별세했다. 그는 '실패를 두려워하지 않는 기업가'의 상징으로 남았다.

리더의 인생을 바꾼 터닝 포인트

그의 인생에서 가장 결정적인 전환점은 1980년대 후반, 글로벌 확장을 본격화한 시기였다. 대부분의 한국 기업들이 내수와 선진국 수출에 집중하던 시기에, 그는 "앞으로의 시장은 아프리카, 남미, 동유럽"이라며 남들이 꺼리는 시장으로 과감히 진출했다.

그의 전략은 신흥국에 제조 기반을 세우고 판매와 재투자를 동시에 실행하는 구조였다. 폴란드, 우즈베키스탄, 베트남, 리비아 등에 자동차, 전자, 가전 공장을 설립했고, 현지 브랜드로 생산과 판매를 주도했다. 특히 우즈베키스탄의 '우즈대우'는 현지 최초의 자동차공장으로, 국산차가 국경을 넘어 브랜드로 정착한 사례가 되었다. 그는 각국 정상들과 직접 협상했고, 주재원들에게 "10년 살 각오로 일하라"며 철저한 현지화를 강조했다.

폭발적인 성장 전략은 폭발적인 수출 증가로 이어졌고, 대우는 수출의 70% 이상을 비주류 국가에서 올렸다. 그러나 확장을 위해 차입에 지나치게 의존했고, 통제보다 속도와 자율에 집중한 결과 리스크 관리에 취약해졌다.

IMF 외환위기 후 환율 급등과 자산 가치 하락이 겹치며 대우는 유동성 위기에 빠졌다. 자구안을 제출하고 계열사 매각을 추진했지만 신뢰를 회복하지 못했다. 결국 1999년 대우그룹은 역사 속으로 해체되었고, 김 회장은 분식회계 등으로 유죄 판결을 받았다.

하지만 그의 터닝 포인트는 단순한 몰락의 역사로만 남지 않았다. 수많은 경제학자들이 대우의 실패를 '탐욕의 결과'가 아닌 '시스템 한계에서 비롯된 실패한 혁신'으로 해석했다. 그는 무대가 세계임을 설파했고, 도전정신과 세계관은 여전히 후배 기업가들의 나침반이 되었다. 그것이 '김우중'이라는 이름이 회자되는 이유다.

거인의 어깨와 나란히 하려면

김 회장에서 배워야 할 가장 중요한 자질은 '시야의 확장'이다. 그는 "왜 서울만 보느냐, 왜 한국만 보느냐"고 늘 되물었다. 국내 시장에 몰두하던 시대에 그는 전 세계 지도를 펴고 전략을 구상했다. 이러한 글로벌 시야는 대우를 단기간에 세계적 기업으로 만든 핵심 무기였다.

오늘날 디지털과 물리적 경계가 허물어진 시대에도 그의 자질은 유효하다. 창업을 준비하거나 전략을 세우는 사람이라면, 지역 중심에서 벗어나 글로벌 가치사슬 중심으로 관점을 전환해야 한다. 그는 언어도 다르고 제도도 다른 곳에서 공장을 세우고 제품을 팔았고, 시야가 없었다면 불가능한 일이었다.

그는 "우물 안에서 최고가 되는 것보다, 바다에서 살아남는 것이 중요하다"고 강조했다. 독자들도 업의 본질을 고민할 때 세계 시장의 흐름을 기준으로 삼아야 한다. 그의 성공과 실패는 모두 세계라는 배경에서 비롯되었고, 오늘날에도 유효한 교훈을 준다. 도전은 실패할 수 있지만, 시야는 사람을 키운다.

리더도 사람이다?!

어느 날 김 회장이 해외 출장 중 현지 직원에게 "이 동네 맛있는 집 어딨나?"라고 묻자, 직원은 "여긴 인터넷도 안 되고 맛집도 없습니다"라고 답했다. 김 회장은 웃으며 "좋아, 우리가 여기서 제일 맛있는 라면집을 열자"고 말했다. 이 말은 즉석에서 실제 프로젝트로 이어졌고, 모두가 웃으며 실행에 옮겼다. 도전정신과 실행력은 그렇게 일상 속에서도 드러났다.

대한 하늘의 지배자

조중훈
한진그룹 창업주

"사람을 실어 나르는 것은 곧 신뢰를 실어 나르는 것이다"

조중훈 한진그룹 창업주가 대한항공을 맡은 뒤, 항공사의 존재 이유와 기업 철학을 묻는 말에 남긴 한마디다. '운송업은 곧 사람의 믿음을 운반하는 일'이라는 그의 관점을 보여준다.

세계를 뒤흔든 리더의 생애

조중훈 한진그룹 창업주는 1920년 경성부(현 서울시 서대문구)에서 태어났다. 집안 형편은 넉넉하지 않았지만, 그는 일찍부터 '사람은 발로 뛰어야 산다'는 신념을 품고 자랐다. 열 살 때 이미 친구들의 물건을 대신 배달하며 운송의 개념을 몸으로 익혔다. 어릴 적 꿈은 교통 경찰관이었고, 손으로 직접 무언가를 조율하고 움직이는 일에 큰 흥미를 느꼈다.

청년 시절, 그는 만주에서 일본인 무역상 밑에서 일을 배웠고, 1940년대에는 중국을 오가며 교통과 물류 현장을 체험했다. 해방 후 부산에 정착한 그는 군수물자 운송 수요가 급증한 틈새를 포착해 1945년 '한진상사'를 설립한다. 트럭 한 대로 시작한 운송업은 미군과의 계약을 기반으로 빠르게 성장했고, 그는 '정시에 도착하는 책임감'을 최우선으로 삼아 신뢰를 구축했다. 한국전쟁 당시에는 트럭 수십 대를 확보해 군수품과 인력을 실어 나르며 사업 기반을 확장했다.

1960년대에는 육상 운송에서 해상과 항공으로 사업을 확장했다. 1969년, 정부가 적자에 시달리던 대한항공공사를 민영화하기로 하자, 조 회장은 과감히 인수를 결단했다. 당시 항공 산업은 과도한 부채, 낙후된 인프라, 군대식 조직 문화 등 악조건이 겹쳐 있던 분야였지만, 그는 항공을 '운송의 연장선'으로 보고 미래를 내다봤다. 민영화 이후 대한항공은 기재 도입, 정비 역량 향상, 국제선 확대 등의 전략을 통해 빠르게 성장했고, 아시아를 대표하는 항공사로 자리 잡게 된다.

1970~80년대에 조 회장은 항공·해운·육상 물류를 연결하는 통합 운송망을 구축했다. 이른바 '삼각형 경영'으로 불린 이 체계는 한진해운, 한국통운, 대한항공 등을 수직 계열화해 시너지를 극대화했다. 그는 "삼각의 균형이 무너지면 고객 신뢰도 무너진다"고 강조하며, 글로벌 물류 산업에 새로운 패러다임을 제시했다. 대한항공은 아시아-미주 노선을 중심으로 수출입 물류의 중추가 되었고, 화물전용기 도입 등 선제적 투자로 세계 항공 화물 시장에서 존재감을 키웠다.

1990년대 중반부터는 인천국제공항 건설을 민간 차원에서 적극 지원하며, 한국이 동북아 물류 허브로 자리매김하는 데도 기여했다. 그는 한국이 '섬 아닌 섬나라'임을 지적하며, 물류야말로 국가 경쟁력의 핵심이라고 보았다. 2002년 타계할 때까지 그는 하늘과 바다, 도로를 연결한 운송 인프라 구축자로 기억되었다.

리더의 인생을 바꾼 터닝 포인트

조중훈 회장의 인생에서 가장 상징적인 전환점은 1969년 대한항공공사 인수다. 당시 적자에 시달리던 대한항공은 기업가들에게 외면 받고 있었지만, 국가 운송망의 마지막 퍼즐로 보았다. 육상과 해운 운송을 장악하고 있던 그는 항공을 통해 세계로 연결되는 종합 물류 네트워크를 완성하고자 했다.

항공은 고정비가 막대하고, 전문 인력과 노선 확보가 필수인 자본집약적 산업이었다. 그는 "비행기도 결국은 사람과 물건을 실어 나르는 운송수단"이라며 인수를 강행했고, 대한항공의 체질을 바꾸는 데 착수한다. '현장 중시' 원칙 아래 조종사, 정비사, 운영팀과 직접 소통했고, 초기에는 직접 정비 시간까지 점검하며 보고를 받았다.

그는 "앞으로는 시간을 파는 시대가 올 것"이라고 선언하며, 항공업을 단순한 교통 산업이 아닌 시간과 신뢰를 사고파는 산업으로 재정의했다. 이 철학은 국제선 확대, 화물전용기 운영, 글로벌 사무소 개설 등 실행 전략으로 이어졌고, 대한항공은 수출입 물류의 중추이자 국가 경쟁력의 기반이 되었다.

1983년 발생한 대한항공 007편 격추 사건은 기업의 존망을 위협하는 위기였지만, 조 회장은 책임자로서 고개를 숙이고 희생자 가족을 찾아가 사과했다. 이후 대한항공은 안전 시스템을 전면 개편하며 신뢰 회복에 나섰고, 오히려 세계적 수준의 항공 안전망을 구축하는 계기가 되었다.

조 회장의 대한항공 인수는 단순한 기업 경영을 넘어, 한국의 항공 산업과 물류 시스템 전반을 재편한 사건이었다. 국가 기반 산업의 구조와 방향을 읽는 통찰, 그리고 위기 앞에서 물러서지 않는 책임감이 그가 남긴 가장 큰 유산이었다.

거인의 어깨와 나란히 하려면
조 회장에서 배울 수 있는 가장 본질적인 자질은 '운송의 본질을 꿰뚫은 통찰력'이다. 그는 운송을 단순히 이동의 수단이 아닌, 신뢰를 연결하는 행위로 보았다. 고객이 약속한 시간에 원하는 서비스를 받지 못하면, 그것은 단순한 실패가 아니라 신뢰 상실이라고 여겼다.

고객과의 계약, 조직 내 약속, 브랜드와 시장 간의 관계 모두는 '신뢰 기반의 시간 거래'로 구성된다. 독자들이 조직을 운영하거나 새로운 사업을 시작할 때, '약속한 시간에 약속한 품질을 전달하는 것'이라는 원칙만 지켜도 지속 가능성이 크게 높아진다.

조 회장은 "시간은 고객의 것"이라며, 절대적으로 시간을 지켜야 한다고 강조했다. 빠른 속도보다 정확한 약속의 이행이 더 중요한 시대, 그의 철학은 다시금 주목받고 있다. 신뢰를 수송하는 것이 진짜 리더의 일이라는 조 회장의 메시지는, 오늘날에도 그대로 유효하다.

리더도 사람이다?!

한 번은 조 회장이 대한항공 기내식을 시식하던 중 "이 비빔밥, 하늘에서 먹어도 맛있을까?"라고 묻자, 직원이 "지상보다 덜할 겁니다"라고 답했다. 그러자 그는 "그럼 승객한테는 김치를 3배 더 주게"라고 지시했다. 이후 실제로 김치 제공량이 늘었다.

한국 제철의 아버지

박태준
포스코 창업주

"기적은 신이 만드는 게 아니라, 사람이 만드는 것이다"

박태준 포스코 창업주가 '한국에 제철소는 불가능하다'는 세간의 비웃음을 이겨내며, 포항제철 1기 준공을 앞두고 임직원들에게 남긴 말이다. 그는 산업화의 기적을 인간의 의지로 증명해냈다.

세계를 뒤흔든 리더의 생애

박태준 창업주는 1927년 부산 기장에서 태어났다. 일제강점기의 억압과 가난 속에서 자라며 생계를 위해 일본으로 건너가 중학교를 다녔다. 청년기에는 독서와 체육을 통해 체력을 기르고, '나라를 위해 무엇을 할 수 있을까'를 고민하던 성실한 학생이었다.

광복 이후 서울대학교 문리대를 거쳐 육군사관학교 1기로 입학했고,

6·25 전쟁 당시에는 야전사령부 참모로 활약하며 장교로 전역했다. 이후 국방부에서 군수담당으로 일하던 중 박정희 대통령과의 인연으로 경제 산업 프로젝트에 참여하게 된다. 산업화가 절실하던 1960년대, 박 대통령은 그에게 '불가능하다'는 제철소 건립을 맡겼고, 1968년 그는 제철소 건설 책임자로 포항에 발을 디딘다.

박 회장은 자본도 기술도 없던 맨손의 땅에 '포항종합제철(현 포스코)'을 세우기 위해 해외 차관 유치, 일본과의 협상, 부지 확보, 기술 인력 양성까지 모든 과제를 돌파해냈다. 1973년 포항제철 1기 준공은 한국 산업사에서 '기적'이라 불릴 만한 사건이었다. 이후 포스코는 2기, 3기, 4기를 거치며 세계적인 철강회사로 도약했고, 광양제철소 설립까지 주도하며 일본과 어깨를 나란히 했다.

박 회장은 직원들과 숙식하며 공장을 함께 짓고, 안전모를 벗지 않고 현장을 누비는 CEO였다. '부정부패 금지', '근검절약', '무노조'라는 경영 3원칙을 평생 고수하며, 공정·생산·기술·인재를 하나로 엮은 조직문화를 만들었다. 포스코는 1980년대 후반 세계 최고의 생산성과 품질, 수익성을 자랑했고, 수출 1위, 무차입 경영의 상징으로 자리 잡았다.

1993년 포스코 회장에서 물러난 이후에는 국회의장과 국무총리를 역임하며 국가 정책에 기여했으나, 정치적 갈등 속에서 포스코 명예회장직을 박탈당하기도 했다. 2011년 12월, 향년 84세로 타계했다. 창립 이래 한 번도 빠지지 않던 포스코 제철소 시무식, 그 빈자리는 그날 이후 비어 있다.

리더의 인생을 바꾼 터닝 포인트

박 회장의 인생에서 가장 극적인 전환점은 1968년 포항제철소 건설 책임을 맡은 순간이었다. 당시 세계은행은 "한국엔 제철소가 필요 없다"고 단언했고, 국내에서는 "중소기업부터 키워야 한다"는 비판이 거셌다. 그러나 박정희 대통령은 '제철보국'을 내세우며 중책을 맡겼고, 박 회장은 이를 '작전'으로 받아들였다.

일본과의 협상을 통해 기술과 자금을 유치했고, 미국 외교 채널을 통해 한국 산업화의 당위성을 알렸다. 일본의 기술지원을 이끌어내는 외교적 부담도 감수했다. 그는 현장에서 작업복을 입고 철야작업을 함께 하며 직원들의 사기를 끌어올렸다.

장마로 공장이 무너지거나 용광로 폭발사고, 자금 단절 등의 위기도 있었다. 그러나 그는 "기술이 없으면 사 오고, 사람이 없으면 키우면 된다. 핑계는 없다"고 말했다. 실제로 공장 설계부터 회계, 용광로 공정까지 모든 과정을 직접 챙겼다. 1973년 포항제철 1기 가동과 함께 국내 철강 자급률은 0%에서 30%로 뛰었고, 수출길도 열렸다.

거인의 어깨와 나란히 하려면

박 회장의 리더십은 단순한 경영의 차원을 넘어선다. 그것은 불가능을 가능으로 만든 '한국형 산업화'의 모델이었고, 지도자가 한 사회에 어떤 변화를 줄 수 있는지를 증명한 순간이었다. 그로 인해 이후 수많은 CEO들이 그를 '현장에서 뛰는 경영자'의 표본으로 삼았다.

박 회장에서 배울 수 있는 핵심 자질은 '현장 중심의 실행력'이다. 그는 결코 책상에서 결정을 내리지 않았다. 철강은 복잡한 공정과 위험을 수반하는 산업이며, 현장에서만 문제를 진단할 수 있다고 믿었다. 디지털 시대인 오늘날에도, 가장 강한 조직은 현장 감각을 잃지 않는 조직이다. 박 회장은 "현장은 거짓말을 하지 않는다"고 말했다.

독자 역시 자신의 삶과 비즈니스에서 현장을 중시해야 한다. 일의 정답은 보고서에 있는 것이 아니라 고객과 마주 앉는 자리, 제품이 만들어지는 현장에 존재한다. 박 회장이 철강으로 한국을 바꿨듯, 각자의 '현장'에서 해답을 찾을 수 있다면 누구든 리더가 될 수 있다.

리더도 사람이다?!

어느 날 박 회장이 점심시간에 작업자들과 식사를 같이 하자고 하자, 직원들이 "회장님, 오늘 반찬이 김치 하나뿐입니다"라고 말한다. 그러자 그는 김치 한 숟가락을 먹고는 "그래도 이 김치, 철 맛이 나네!"라며 웃었다. 그 말에 식당 전체가 웃음바다가 됐다. 현장의 리더는 그렇게, 사람의 마음까지 품는 유머를 지닌 사람이었다.

사업에 철학을 더한 위인

신용호
교보생명그룹 창립자

"기업은 이윤보다 사람을 남겨야 한다"

신용호 교보생명 창립자가 생전에 인재 철학과 교육사업의 의의를 설명하며 자주 인용한 말이다. 그는 이윤 중심의 경영을 넘어, 인재 양성과 교육이야말로 기업의 지속가능성을 담보하는 핵심 가치라고 보았다.

세계를 뒤흔든 리더의 생애

신용호 창립자는 1917년 8월 11일 전라남도 영암에서 태어났다. 가정형편과 병환으로 정규교육을 충분히 받지 못했으나 독학으로 학문을 익혔다. 청년기에 만주 등지에서 상업 활동을 경험한 뒤 해방 후 귀국해 금융·보험의 필요성을 모색했다. 1958년 8월 7일 '대한교육보험'을 창립해 생명보험의 원리를 교육비 마련에 접목하는 새로운 발상을 추진했다. 오늘날 교보생명의 모태가 되었고, 국내 생명보험 산업에 새로운 지평을 열었습니다.

그는 창립과 동시에 '진학보험'이라는 학자금 보장 상품을 선보여 교육에 보험을 접목하는 길을 열었다. 이어 1960년 '교육보험'을 출시해 소액 장기 적립 구조를 통해 서민과 중산층 가계에 교육자금 마련 수단을 제공했다. 이 교육보험은 당시로서는 세계적으로도 유례가 드물다는 평가를 받았고, 도입 이후 약 30년간 300만 명 수준의 학생에게 학자금이 지급된 것으로 집계된다.

보험 영업의 방식도 '장기 신뢰' 중심으로 재정립했다. 짧은 실적 경쟁보다 정직한 설명과 장기적 관계 유지를 강조했고, '교육을 통한 인재 양성'이라는 사회적 가치를 기업의 존재 이유로 내세웠다. 이러한 철학은 전후 사회에서 보험을 '가계의 미래를 준비하는 장치'로 인식하게 만드는데 기여했다.

출판·문화로의 확장은 이 철학의 자연스러운 연장선이었다. 1980년 12월 교보문고 법인을 설립하고, 1981년 6월 서울 종로 교보빌딩 지하에 광화문점을 열었다. 교보문고는 '도심 속 개방형 독서공간'이라는 새로운 서점 모델을 제시하며 대중의 독서 문화를 촉진했다. 개점 공간의 상징 문구가 시민들에게 널리 알려지며, 서점은 단순한 유통 채널을 넘어 하나의 문화 플랫폼으로 자리매김했다.

공익 활동은 별도 재단을 통해 제도화했다. 1991년 대산농촌재단(옛

대산농촌문화재단), 1992년 대산문화재단, 1997년 교보교육재단을 차례로 설립해 농업·문학·교육 분야의 장학, 번역·창작 지원, 청소년 문화교류 등을 지속해왔다. 교보생명 자체를 문화재단에 편입했다는 주장은 확인되지 않으므로 배제한다.

그의 공로는 국제적으로도 인정받았다. 1983년 국제보험학회(IIS) 'Founders' Award'를 한국인 최초로 수상했고, 1996년 '보험명예의 전당(Insurance Hall of Fame)'에 헌액되었다. 이러한 평가는 교육보험의 창안과 보험문화 혁신에 대한 세계적 인정으로 해석된다.

신용호는 2003년 9월 19일 향년 86세로 별세했다. 오늘날 그는 보험과 교육을 결합해 국민의 미래 준비 문화를 확산시킨 기업가로, 그리고 사회적 가치를 경영의 중심에 둔 선구적 리더로 기억된다.

리더의 인생을 바꾼 터닝 포인트

가장 큰 전환점은 1958년 대한교육보험 창립과 교육보험 구상의 구체화였다. 전쟁 직후의 빈곤과 낮은 보험 신뢰 속에서 그는 보험을 '위험 보장'에 한정하지 않고 '자녀 교육을 위한 미래 투자'로 재정의했다. 이때 제시된 '진학보험'은 보험이 가계의 교육 계획과 직접 연결될 수 있음을 실증했고, 이후 '교육보험'의 확산으로 이어졌다. 이러한 전환은 상품 혁신을 넘어 보험에 대한 사회적 인식을 바꾸는 계기가 되었다.

영업 방식과 조직 문화에서도 변화가 뒤따랐다. 단기 실적 중심의 영업을 지양하고, 정확한 정보 제공과 장기적 신뢰 형성에 초점을 맞췄다. 당시 생명보험에 대한 회의적 정서를 누그러뜨리는 역할을 했고, '교육을 돕는 공익적 금융'이라는 브랜드 이미지를 구축하게 했다. 결과적으로 교보생명은 중산층과 서민 가계의 교육 수요와 맞물려 폭넓은 고객층을 확보했다.

그렇게 1981년 교보문고 개점으로 생활문화의 차원까지 확장되었다. 도심 한복판의 핵심 부지에 대형 서점을 들 구상은 사내외 반대에도 부딪혔으나, 그는 '교육과 독서 문화의 사회적 파급효과'를 근거로 추진했다. 1958년 개업식에서 "25년 내 서울 한복판에 최고의 사옥을 짓겠다"는 약속을 남겼고, 1980년 종로 1가 교보빌딩 완공과 1981년 서점 개점으로 앞당겨 실현했다는 점이 상징적이다.

거인의 어깨와 나란히 하려면

사업 목적을 사회적 가치와 정렬한다. 그는 기업의 존재 이유를 '교육을 통한 인재 양성'으로 규정하고, 상품·채널·조직 문화 전반을 이에 맞춰 설계했다. 이러한 철학 일관성이 위기 속에서도 브랜드 신뢰를 지키는 기반이 된다.

문제 정의를 새로 한다. 교육비 마련이라는 구체적 과제를 보험이라는 금융 장치로 풀어낸 발상은 기존 산업의 경계를 확장한 사례다. 장기 관계를 설계한다. 단기 판매보다 정직한 설명과 장기 유지율을 중시하는 정책은 '고객 생애가치(LTV)'를 높 전형적 방법론이다. 그리고 철학을 제도화한다. 재단을 통한 장학·문학·농업 지원은 기업 철학을 일회성이 아닌 제도와 문화로 남기는 방식이다.

리더도 사람이다?!

'금싸라기 땅에 서점을?' 1980년 교보빌딩 지하 공간 활용을 두고 임직원 의견이 분분할 때, 그는 상업시설보다 '서점'을 고집했다. 당시 "도심에 큰 서점을 열어 시민이 자유롭게 드나들게 하자"는 취지가 회자되었고, 결과적으로 광화문 대형 서점의 풍경은 서울의 일상이 되었다. 핵심 부지에서 책을 택한 선택이, 뒤늦게 보면 가장 '영리한 고집'이었다고들 웃으며 말한다.

진정한 노블레스 오블리주

유일한
유한양행 창업주

"기업은 이윤보다 인간을 먼저 생각해야 한다"

유일한 유한양행 창업주는 기업 경영의 철학을 밝히며, 유한양행을 한국 최초의 공익기업으로 전환할 당시 이 같은 신념을 강조했다.
그는 '기업은 사회의 것'이라는 원칙을 행동으로 실천한 인물이었다.

세계를 뒤흔든 리더의 생애

유일한 창업주는 1895년 평양에서 태어났다. 청년기에 미국으로 유학을 떠나, 오하이오 웨슬리언 대학교를 졸업하고, 코넬대학교에서 박사학위를 받았다. 한국인 최초의 이학박사로 알려진 그는, 미국 체류 중 YMCA 활동과 재미 한인사회의 독립운동에도 참여했다.

귀국 후 교육사업에 뜻을 두고 연희전문학교 교수로 재직했으나,

교육만으로는 국민 생활을 변화시키기 어렵다는 판단 아래 1926년 서울 종로에서 '유한양행'을 설립한다. 설립 당시의 기조는 "좋은 약을 정직하게 만들어 국민 건강에 이바지하자"는 것이었다.

당시 조선 사회는 외국계 제약사가 장악하고 있었고, 품질 불량 약품이 만연해 있었다. 유 회장은 최신 설비를 갖춘 공장을 통해 품질 개선에 앞장섰고, 위생 교육과 정직한 유통을 통해 '신뢰받는 기업'의 초석을 다졌다.

그는 수익보다 '사람'을 먼저 생각하는 경영 방침을 실천했다. 직원 복지를 강화하고, 사내 장학금·의료 지원 제도를 도입했으며, 무엇보다 "회사는 여러분의 것"이라는 메시지를 직원들과 나누었다. 보란 듯이 약속을 지키려는 그는 1969년 자신의 지분을 '유한재단'에 전면 기부하며 절정에 달한다. 유한양행은 이후 이익을 사회에 환원하는 공익적 법인으로 전환된다. 한국 자본주의 역사에서 매우 이례적인 결정이었다.

유 회장의 철학은 제품과 조직 문화에도 반영되었다. 유한양행은 '삐콤씨', '유판씨' 등 대중에게 신뢰받는 의약품을 출시했고, 얻은 수익은 장학금 지급, 교육 사업, 도서 기부 등 사회 환원 활동으로 이어졌다. 그는 기업을 통해 사회 공동체의 기반을 강화하고자 했다.

1971년, 향년 76세로 별세한 유 회장은 "유한양행은 누구의 것도 아닌 국민의 것"이라는 유언을 남기며 기업가 정신의 새로운 기준을 제시했다. 그의 장례식은 조용히 치러졌으나, 남긴 철학은 오늘날까지 유한양행의 정신으로 이어지고 있다.

리더의 인생을 바꾼 터닝 포인트

1969년, 유일한 회장은 유한양행을 비상장 공익법인체제로 전환한다. 당시 유한양행은 안정적인 수익을 내는 제약회사로 성장해 있었고, 일반적이라면 후계자에게 회사를 물려줄 시기였다. 하지만 그는 오히려 '기업은 개인의 것이 아니라, 사회의 것'이라는 철학 아래 자신의 모든 주식을 유한재단에 귀속시켰다.

유한재단은 1951년 설립된 장학 재단으로, 그동안 별도로 운영되어 왔으나, 유 회장은 기업의 수익도 이 재단을 통해 사회에 환원되는 구조로 만들고자 했다. 이 결정은 자본주의 사회에서 거의 유례가 없는 '영속 가능한 사회 환원 구조'의 구현이었다.

기업을 사회에 기부한다는 그의 결정은 당시에도 놀라움과 의심을 동시에 불러일으켰다. 재단 내 일부 인사들의 반대와 외부의 비판이 이어졌지만, 그는 "회사는 사람들의 신뢰로 만들어진 것"이라며 물러서지 않았다. 이 발언 이후 사회적기업과 공익기업의 지침처럼 회자되었다.

그의 결정은 기업의 거버넌스와 철학에 실제로 반영되었다.

유한양행은 일정 이익을 유한재단을 통해 환원했고, 기업의 이윤 구조 자체가 사회적 목적에 종속되는 구조를 만들었다. 이러한 철학은 이후 유한양행의 장수 기업 문화와 국민적 신뢰를 가능하게 한 핵심 기반이 되었다.

거인의 어깨와 나란히 하려면

유 회장에서 우리가 배워야 할 가장 큰 자질은 '가치 중심의 경영 철학'이다. 그는 기업이 수익을 추구해야 한다는 사실을 부정하지 않았다. 그러나 그 수익이 '어디로 가는가', '어떤 사람을 돕는가'를 항상 먼저 고민했다.

존경받는 어른의 경영 철학은 오늘날 ESG, 지속가능경영, 사회적 책임 등의 형태로 재조명되고 있다. 그러나 유 회장은 반세기 전 이미 이를 실현한 선구자였다. 그는 "이윤은 목적이 아니라 수단"이라 강조했고, 이를 실제 기업 시스템에 반영했다.

독자가 조직을 운영하거나 창업을 준비할 때, 단기 수익을 넘어 '무엇을 위한 경영인가'를 자문해보자. 유 회장처럼 자신의 철학을 실천 가능한 조직 구조로 만들어낸다면, 기업은 단순한 시장 참여자가 아니라, 사회의 기둥이 될 수 있다.

그의 철학은 과장 없이 실천 중심이었다. 정직한 약을 만들고, 이를 통해 가난한 학생에게 장학금을 주는 일. 소박하지만 실질적 변화로 이어지는 방식이었다. 그는 기업 문화를 철학으로 만들었고, 철학은 유산이 되었다. 그것이 바로 지속가능한 리더십의 본질이다.

리더도 사람이다?!

어느 날, 병원비가 많이 나왔다며 걱정하는 직원을 본 유 회장은 웃으며 "괜찮네, 약은 우리 회사 거 썼을 테니까 병원이 우리한테 돈 돌려준 셈이네"라며 농담을 건넸다고 한다. 따뜻한 유머 한마디로 직원의 긴장을 풀어주는 그의 인간적인 면모는, 권위보다 신뢰를 중시한 리더십의 단면이었다.

2장.
대한민국 경제를 이끄는 현재진행형 리더

21세기에 접어든 지금, 대한민국은 더 이상 아시아의 '기적'으로만 불리지 않는다. IT, 자동차, 금융, 유통, 바이오, 우주항공, 모빌리티, 플랫폼 산업 등 전방위 산업을 선도하며 세계 10위권 경제 대국으로 우뚝 섰다. 이 중심에는 오늘날의 '현역 리더'들이 있다. 이들은 단순히 기업의 성장을 넘어서, 국가의 산업 방향을 주도하고, 수많은 일자리를 창출하며, 대한민국의 브랜드 가치를 세계에 알리는 중이다.

정몽구 현대자동차그룹 명예회장은 글로벌 자동차 산업의 지형을 뒤바꾸며 '메이드 인 코리아' 자동차를 세계인의 차로 만들었다. 정의선 현대자동차그룹 회장은 내연기관의 한계를 넘어 전기차, 수소차, 'UAM(도심항공모빌리티)', 로보틱스까지 미래 모빌리티 산업을 대한민국의 신성장 동력으로 키워냈다.

최태원 SK그룹 회장은 ESG 경영을 전면에 내세우며 SK를 석유화학 중심 기업에서 반도체, 바이오, 친환경 중심의 '딥체인지 그룹'으로 전환시켰다. 구광모 LG그룹 회장은 조용하지만 단단한 리더십으로 LG를 전통 제조업 중심 그룹에서 AI, 배터리, 바이오로 이끄는 첨단 기술 중심 기업으로 재편해냈다. 김승연 한화그룹 회장은 방산, 에너지, 우주항공 분야에서 글로벌 시장을 개척하며 한화를 '국가 전략 산업'의 선두주자로 만들었다.

김범석 쿠팡 Inc. 의장 겸 창업주는 미국 뉴욕 증시 상장을 성사시키며, 대한민국 이커머스를 글로벌 스케일로 확장시켰다. 허영인 SPC그룹 회장은 식품산업의 전통과 혁신을 동시에 지켜내며, 파리바게뜨를 세계 곳곳에 심는 데 성공했다.

이명희 신세계 총괄회장은 유통을 넘어 라이프스타일 전반을 설계하며, 백화점과 이마트, 스타필드 등을 통해 소비 문화를 고도화시켰다. 김범수 카카오 창업자는 모바일 플랫폼을 기반으로 대한민국의 일상 커뮤니케이션과 콘텐츠 소비 방식을 근본적으로 변화시켰다. 박현주 미래에셋그룹 회장은 '국내 최초의 독립계 자산운용사'를 넘어 전 세계 15개국에 투자 거점을 확보하며 대한민국 금융의 글로벌화를 주도했다.

이들이 있는 곳에 혁신이 있었고, 이들이 가는 곳에 시장의 변화가 있었으며, 이들이 존재하는 한 대한민국 경제는 '현재진행형'으로 진화하고 있다.

*리더의 목차 순서는 우선순위가 아님을 안내합니다.

우직한 현장경영의 재벌 2세

정몽구
<u>현대자동차그룹 명예회장</u>

"현장에 답이 있다"

정몽구 명예회장은 공장·서비스센터·해외 법인을 직접 찾아가 점검하는 '현장경영'을 일관되게 중시했다. 이러한 방식은 품질 중심의 경영 기조와 맞물려 현대차그룹 성장의 핵심 축이 되었다.

세계를 뒤흔든 리더의 생애

정몽구 명예회장은 1938년 강원도 통천군에서 태어났다. 경복고를 거쳐 한양대학교에서 공업경영학 학사 학위를 받았다.

1970년 현대자동차(서울사업소)에서 경력을 시작한 뒤 1974년부터 현대자동차써비스 대표이사 사장을 맡아 A/S 체계 고도화에 힘썼고, 현대정공·현대강관 등 계열사 경영을 두루 맡으며 현장 중심의 실행력을 축적했다.

1998년 외환위기 국면에서 기아자동차 인수 작업을 진두지휘했고, 2000년 현대자동차그룹 회장에 취임했다. 이후 '품질·현장'에 방점을 찍은 체질 개선과 글로벌 생산거점 확충으로 그룹의 도약을 이끌었다. 미국 앨라배마(2005, HMMA), 체코 노쇼비체(2008~2009, HMMC) 등 주요 공장이 가동되며 글로벌 생산 체제가 본격화됐다.

품질 측면에서도 성과가 뚜렷했다. 2015~2016년 J.D.파워 IQS에서 한국 브랜드가 산업 전반을 주도했으며, 2016년에는 기아가 비프리미엄 브랜드 최초로 전체 1위를 차지했고 현대차도 상위권에 올랐다.

현대차그룹은 2000년대 후반~2010년대 초 세계 '톱5' 완성차 그룹으로 도약했다. 고급 브랜드 '제네시스'는 2015년 별도 브랜드로 출범(당시 정의선 부회장 주도 발표)해 그룹의 고급화 전략을 상징했다.

2020년 10월 정의선 회장이 그룹 회장으로 선임되면서, 정몽구 회장은 명예회장으로 추대되어 일선에서 물러났다.

리더의 인생을 바꾼 터닝 포인트

가장 큰 전환점은 1998년 기아자동차 인수였다. 당시 기아는 법정관리 중이었고 인수에 대한 회의론이 컸지만, 정몽구 명예회장은 결단을 내렸다.

현대가 1998년 10월 우선협상대상자로 선정되었고, 1999년 인수 절차를 마무리했다. 이후 기아는 단기간 내 수익성 회복의 기반을 다졌고, 그룹의 포트폴리오와 생산·판매 네트워크가 크게 강화됐다.

거인의 어깨와 나란히 하려면

정몽구 명예회장의 리더십에서 배울 핵심은 '현장 중심의 집요함'과 '품질 최우선'이다. 그는 불시 점검과 품질리뷰, 보증정책 혁신 등을 통해 글로벌 시장에서 신뢰를 회복·확장하는 토대를 마련했다.

현대의 제2 전성기를 이끌게 한 그의 철학은 상품 개발·고객 서비스·조직 운영 전반에 원칙으로 작동하며, 위기 상황에서도 일관된 판단을 가능하게 했다.

리더도 사람이다?!

정 명예회장은 공장에 방문할 때면 늘 점심 메뉴를 사전에 묻지 않았다. 직원들과 똑같이 먹겠다는 주의였다. 그런데 어느 날 점심 반찬이 '멸치볶음과 김치'뿐이었다. 이를 본 정 명예회장은 "오늘은 고기도 휴가냐?"고 농담해 현장을 웃음바다로 만들었다. 이후 식단은 살짝 업그레이드되었다고 한다.

될성불렀던 자동차의 제왕

정의선
현대자동차그룹 회장

"모빌리티는 단순한 이동 수단이 아닌 삶의 질을 높이는
인프라가 되어야 한다"

2020년 그룹 회장 취임 직후 미래 모빌리티 청사진을 제시하며
강조한 말이다.

세계를 뒤흔든 리더의 생애

정의선 회장은 1970년 서울에서 태어났다. 창업주 정주영과 정몽구 명예회장으로 이어지는 현대가에서 성장한 3세 경영인으로, 일찍부터 산업 전반에 대한 감각을 체득했다. 고려대학교에서 경영학을 전공했고 미국 샌프란시스코 대학교(USF) 경영대학원에서 MBA를 받았다.

현대자동차그룹 입사 후 구매·마케팅·기획 등 핵심 보직을 거쳤고,

2005년 기아자동차 대표이사(사장)로 선임되며 경영 전면에 나섰다. 이 시기 '디자인 경영'을 내세워 2006년 독일 출신 디자이너 피터 슈라이어를 영입했고, 기아의 브랜드 이미지를 대대적으로 혁신했다. 2009년 현대자동차 부회장, 2018년 그룹 총괄 수석부회장을 거쳐 2020년 현대차그룹 회장에 올랐다.

회장 취임 전후로 그는 '미래 모빌리티 전환'을 총괄했다. 2020년 전용 전기차 브랜드 '아이오닉(IONIQ)'을 출범시켰고, 같은 해 12월 전기차 전용 플랫폼 E-GMP를 공개했다. 2021년 첫 전용 모델 '아이오닉 5'를 출시해 글로벌 호평을 받았으며, 2022년 '월드 카 어워즈'에서 '올해의 차·올해의 전기차·올해의 자동차 디자인' 3관왕을 차지했다.

사업 영역도 자동차를 넘어 확장했다. 2021년에는 로보틱스 기업 '보스턴 다이내믹스' 인수를 마무리하며 로보틱스 역량을 강화했고, UAM(도심항공모빌리티) 분야에서는 2020년 CES에서 에어택시 콘셉트와 파트너십을 발표하며 미래 교통 생태계 구상을 제시했다.

수소연료전지 분야에서는 2013년 세계 최초로 양산형 수소전기차 '투싼(ix35) FCEV'를 출시했고, 2018년 '넥쏘'로 라인업을 확장했다. 이 흐름은 승용·상용을 아우르는 수소 생태계 전략으로 이어지고 있다.

브랜드 가치 측면에서도 성과가 확인된다. 2024년 인터브랜드 '베스트 글로벌 브랜즈'에서 현대는 30위에 올랐다.

리더의 인생을 바꾼 터닝 포인트

정 회장의 결정적 전환점은 2018년 그룹 총괄 수석부회장 선임 이후 미래차 전환을 본격화한 시점이다. 내연기관 중심 전략에서 과감히 벗어나 전기차 전용 브랜드(아이오닉)와 전용 플랫폼(E-GMP)을 구축하고, 전동화 제품군을 속도감 있게 내놓았다. 이러한 선제 투자와 제품력 제고는 아이오닉 5의 글로벌 수상으로 가시화되었고, 그룹의 전동화 경쟁력을 한 단계 끌어올렸다.

동시에 수소·로보틱스·UAM 등 신사업 포트폴리오를 더하며 '스마트 모빌리티 솔루션 기업'으로의 정체성을 공고히 했다. 보스턴 다이내믹스 인수 완료와 CES 2020에서의 UAM 비전 공개가 그 이정표다.

거인의 어깨와 나란히 하려면

정 회장에게서 배울 핵심은 '과감한 전환력'과 '실행 중심의 리더십'이다. 그는 기존의 성공 공식을 답습하기보다 패러다임 변화를 앞서 읽고, 조직·제품·브랜드 전반을 미래에 맞게 재구성했다.

전용 플랫폼과 브랜드를 한 축으로, 수소·로보틱스·UAM을 다른 축으로 세워 리스크를 분산하면서도 성장 옵션을 넓혔다. 인터브랜드 순위 상승과 글로벌 품질·디자인 수상은 이러한 전환의 결과를 뒷받침한다.

리더도 사람이다?!

정 회장은 언론 인터뷰에서 "전기차 충전하는데 30분 걸리면 뭐하냐"고 물으며 "그 시간에 삼겹살이라도 구워 먹으면 된다"고 말했다. 업계에서는 이를 두고 '자동차 CEO 중 가장 고기 굽는 걸 좋아하는 사람'이라는 별명이 붙었는데, 그 진지한 얼굴로 던진 말이 업계와 소비자들 사이에서 폭소를 자아냈다.

인수·합병에 적극 도전하는 승부사

최태원
SK그룹 회장

"행복이 기업의 존재 이유입니다"

최 회장이 SK그룹의 새로운 경영 철학인 '행복 경영'을 선포하며 그룹 전체에 공유한 메시지다.

세계를 뒤흔든 리더의 생애

최 회장은 1960년 경기도 수원에서 태어났다. 부친은 선경(현 SK) 2대 경영인 최종현 회장이다. 그는 신일고를 거쳐 고려대학교 물리학과를 졸업했고, 이후 미국 시카고대학교 대학원에서 경제학을 수학했다(학위 취득으로 단정하지 않는다). 1991년 그룹에 입사해 SK아메리카스, 선경그룹 경영기획실, 유공(현 SK이노베이션) 등에서 실무를 거쳤고, 1998년 부친 별세 후 만 38세에 그룹 회장에 올랐다.

외환위기 전후로 그룹은 통신에 전략적 자원을 투입했다. 1994년 정부 민영화 정책에 따라 한국이동통신(후일 SK텔레콤)을 인수했고, 1997년 사명을 바꿔 본격 성장 기반을 다졌다. 이후 CDMA 상용화와 가입자 확대를 통해 통신 사업의 경쟁력을 강화했다. 반도체에서는 2011년 SK텔레콤이 하이닉스 지분 21.1%를 약 3.4조 원에 인수하는 거래가 성사되며 그룹 포트폴리오가 반도체로 확장됐다.

그는 '딥 체인지(Deep Change)'를 내세워 사업 구조를 고도화했다. 지주사(SK㈜) 차원의 핵심 축은 첨단소재·그린·바이오·디지털 4대 영역이며, 그룹 차원에서는 에너지·화학, 통신, 반도체를 포함해 미래 성장축을 강화했다. 사회적 가치를 화폐 단위로 측정·공시하는 'DBL(더블 바텀 라인)' 경영을 전사적으로 정착시킨 점도 특징이다. 2024년 SK그룹은 시가총액 기준 국내 2위 그룹으로 평가받았다.

2021년에는 대한상공회의소 회장에 선임되어 경제외교와 산업 현안을 대표하는 역할을 맡았다. 그룹 지배구조 측면에서는 '이사회 중심 경영'을 강화하며 사외이사가 이사회 의장을 맡는 체계를 확산했다. SK㈜ 이사회 의장은 사외이사가 맡아왔고(과거 염재호 전 고려대 총장, 2025년 김선희 부회장 등), 최 회장은 대표이사로서 이사회를 지원·감독받는 구조를 분명히 했다.

리더의 인생을 바꾼 터닝 포인트

결정적 전환점은 2011년 하이닉스 인수다. 당시 하이닉스는 재무 부담과 업황 악화로 흔들렸으나, 그룹은 장기 반도체 사이클과 기술 기반의 성장성을 보고 인수를 단행했다. 거래 규모는 약 3.4조 원이었고, 이후 체질 개선과 메모리 투자 확대로 하이닉스는 세계 메모리 2위 업체로 자리 잡았다. 그룹 차원에서도 반도체가 핵심 수익 축으로 부상했다.

또 다른 전환은 '행복·사회적 가치'의 경영 내재화다. 그는 재무성과와 더불어 사회·환경 성과를 함께 관리하는 DBL을 그룹 표준으로 정착시켜, 각 계열사가 사회적 가치 창출을 측정·공시하도록 만들었다. 이 접근은 ESG와 탄소 감축 전략, 구성원 행복지표 등으로 제도화되었다.

거인의 어깨와 나란히 하려면

핵심은 '철학이 있는 구조 전환'이다. 단기 이익보다 산업 패러다임 변화를 앞서 읽고, 포트폴리오를 미래 기준으로 재배치한다. 첨단소재·그린·바이오·디지털에 자본을 배분하고, 반도체·통신의 경쟁우위를 심화하는 방식이 그러하다.

동시에 사회적 가치 측정·공시를 통해 이해관계자 신뢰를 축적한다. 이러한 원칙은 독자에게도 유효하다. 목표 산업의 방향을 먼저 정의하고, 재무·조직·지배구조를 그 방향에 맞춰 재설계해야 지속 가능한 성장이 가능하다.

리더도 사람이다?!

최 회장이 직접 창업자처럼 기업을 이끌며 이사회에 '행복경영'이라는 단어를 붙이자, 한 외국인 이사가 "여긴 종교단체냐?"고 농담처럼 말했다고 한다. 이에 최 회장은 웃으며 "맞다, 행복교다. 근데 우리는 이윤도 남긴다"고 답해 회의장이 웃음바다가 됐다. 그의 진지한 철학과 유쾌함이 엿보 순간이었다.

그룹을 혁신한 40대 총수

구광모
LG그룹 회장

"고객을 위한 가치 창조는 선택이 아닌 필수입니다"

2018년 회장 취임 직후, LG그룹의 새 비전을 발표하며 한 말이다.

세계를 뒤흔든 리더의 생애

구광모 회장은 1978년 서울에서 태어났다. LG그룹 창업주 구인회의 증손자이자, 고(故) 구본무 전 회장의 양자다.(친부는 구본능) 어린 시절부터 가문의 기업가 정신 속에서 성장했다. 미국 로체스터 공과대학교(RIT)에서 컴퓨터과학을 전공했다.

귀국 후 2006년 LG전자 재경부문 금융팀 '대리'로 입사했다. 2007년 스탠퍼드대 MBA 과정에 입학했다가 중도에 학업을 중단했고, 2009년부터 2012년까지 LG전자 미국 뉴저지 법인에서 근무하며 현지 실무를 익혔다. 2014년에는 지주사 ㈜LG 시너지팀 부장으로 옮겨 그룹 차원의 협업·신사업 지원을 맡았고, 같은 해 말 상무로 승진했다. 2018년 구본무 회장 타계 이후 4세 경영인으로서 LG그룹 회장에 올랐다.

회장 취임 후 그는 '고객을 위한 가치 창조'와 '선택과 집중'을 바탕으로 포트폴리오를 재편했다. 2021년 LG전자의 스마트폰 사업 철수를 단행해 비수익 사업을 정리하고, 전장(자동차 부품)·AI·배터리·바이오 등 성장축에 자원을 집중했다.

특히 LG화학의 전지사업부를 2020년 물적분할해 LG에너지솔루션을 설립하고, 2022년 유가증권시장에 상장시키며 한국 배터리 산업의 대표 기업으로 부상시키는 기반을 마련했다. 또한 전장 경쟁력 강화를 위해 2018년 오스트리아 ZKW(차량용 조명) 인수, 2021년 마그나와의 합작법인(LG Magna e-Powertrain) 출범 등으로 글로벌 경쟁력을 키웠다.

구 회장은 권위보다 소통을 강조하고 수평적 문화를 확산하는 한편, 그룹의 디지털 전환(DX)과 오픈이노베이션을 주도해 '기술 기반의 프리미엄 브랜드' 이미지를 공고히 했다. ESG와 지속가능 성장 전략도 그룹 전반으로 강화했다.

현재도 활발하게 경영 전면에서 활동 중이다. '젊은 회장'으로서 LG의 정통성과 혁신을 함께 이끌고 있다.

리더의 인생을 바꾼 터닝 포인트

구 회장의 인생에서 가장 강력한 터닝 포인트는 단연 2018년 6월, 40세의 나이에 LG그룹 회장에 오른 순간이다. 아직 경험이 많지 않다는 평가도 있었지만, 구 회장은 조직 내 신뢰를 바탕으로 빠르게 '실행하는 리더'의 면모를 보였다.

가장 주목할 만한 사례는 LG전자의 스마트폰 사업 철수 결정이었다. 오랫동안 적자를 이어온 스마트폰 부문을 과감히 정리함으로써, 그룹의 경영 자원을 전장사업, 인공지능, 배터리, 헬스케어 등 미래 산업으로 집중시켰다. 이 판단은 단기 실적보다 장기 성장에 방점을 둔 것이며, 결과적으로 LG에너지솔루션과 같은 글로벌 기업을 탄생시키는 기반이 됐다.

그는 특히 '기존 질서에 연연하지 않는다'는 전략적 유연성을 보여줬다. 전통적인 가전 중심의 사업 구조를 흔들림 없이 재편하고, 디지털 전환과 ESG를 그룹 경영의 중심에 놓았다. 특히 ZKW, 마그나와의 합작은 글로벌 시장에서 전기차 부품 강자로 도약하는 디딤돌이 되었다.

무엇보다 중요한 건, 그는 이러한 모든 결정을 '소통' 중심의 리더십으로 이끌었다는 점이다. 무게감 있는 '장손 리더' 이미지 대신 젊고 열린 자세로 임직원들과 아이디어를 나누며 '실행력 있는 전략가'로 자리 잡았다. 이 터닝 포인트는 LG가 더 이상 '보수적이고 정적인 대기업'이 아닌, '미래지향적이고 과감한 혁신 집단'으로 재인식되도록 만든 결정적 계기가 되었다.

거인의 어깨와 나란히 하려면

구 회장에서 배울 수 있는 가장 중요한 덕목은 '용기 있는 결단력'이다. 많은 기업이 변화의 필요성을 인지하면서도 기존 사업을 정리하지 못해 침체의 길을 걷는다. 하지만 구 회장은 스마트폰처럼 상징성 있는 사업도 과감히 정리하고, 그 자원을 신성장 분야로 재배치하는 판단을 내렸다.

과감한 결단력은 데이터 기반의 분석과, 냉정한 현실 인식에서 비롯된다. 그는 감정이나 과거의 성과에 얽매이지 않고, 미래를 위한 최선의 선택을 내릴 줄 아는 냉철함을 보여줬다.

우리들에게도 유용한 능력이다. 개인의 커리어든 삶이든, '그동안 해왔던 방식'을 고수하는 대신 변화가 필요할 때는 과감히 정리하고 방향을 바꾸는 용기가 필요하다. 구 회장의 결단력을 자기 삶에도 적용해본다면, 더 나은 미래로 향하는 길이 열릴 것이다.

리더도 사람이다?!

구 회장이 회장직에 오른 직후, 직원들이 그를 '광모 형'이라 부르며 몰래 만든 이모티콘이 사내 메신저에 돌기 시작했다. '정중하고 말수 적은 리더' 이미지와 달리, 카톡 프사에는 귀여운 강아지 사진을 써서 반전 매력을 자아냈다는 후문이다.

의리로 가득한 상남자 회장

김승연
한화그룹 회장

"장수는 전쟁터에서 목숨을 걸지만, 기업은 신용을 걸어야 한다"

김 회장이 한화그룹의 성장 과정에서 신용과 의리를 강조하며 한 말로,
기업 경영에서 신뢰의 중요성을 강조한 것이다.

세계를 뒤흔든 리더의 생애

김 회장은 1952년 충청남도 천안에서 태어나, 서울 장충초등학교와 경기고등학교를 다녔다. 이후 미국 멘로대학에서 경영학을 전공하고, 드폴대학교에서 국제정치학 석사 학위를 받았다.

1981년 아버지이자 한화그룹 창업주인 김종희 회장의 갑작스러운 타계로 29세의 나이에 그룹 회장직을 맡게 되었다. 당시 그는 적극적인 인수와 구조 재편으로 성장 기반을 넓혔다. 취임 직후 한양화학(현 한화

솔루션 케미칼 부문)과 다우케미칼코리아를 인수해 석유화학에 본격 진출했고, 1983년에는 경인에너지 내국화를 단행해 외형 성장을 이끌었다. 이어 정아그룹(현 한화호텔앤드리조트)과 한양유통(현 한화갤러리아)을 인수하며 서비스·유통 영역으로 외연을 확장했다.

이후 대한생명(현 한화생명) 인수와 태양광 사업 진출로 포트폴리오를 다각화했다. 2002년 대한생명을 인수했고, 2010년 중국 솔라펀 지분 취득, 2012년 독일 큐셀(Q.CELLS) 인수를 통해 태양광 밸류체인을 강화했다.

김 회장은 현재까지도 한화그룹 회장으로서 방산과 미래사업의 글로벌 확장을 강조한다. 한화에어로스페이스 창원사업장을 찾아 임직원을 격려하고, 유럽·북미를 중심으로 한 해외 시장 확대 전략을 제시하는 등 현장 행보를 이어가고 있다.

리더의 인생을 바꾼 터닝 포인트

김 회장의 인생에서 가장 큰 터닝 포인트는 1981년 아버지의 갑작스러운 타계로 인해 29세의 젊은 나이에 한화그룹의 회장직을 맡게 된 것이다. 당시 그룹은 자산 규모 7,000억 원, 매출 1조 원 남짓의 중견 기업이었으며, 김 회장은 경영 경험이 부족한 상태였다.

그러나 탁월한 결단력과 추진력을 바탕으로 그룹의 체질을 개선하고, 다양한 산업 분야로의 진출을 통해 그룹의 외형을 확장시켰다. 특히, 석유화학 사업에의 진출과 3차 산업으로의 확장은 그룹의 성장에 큰 기여를 했다.

또한, IMF 외환위기 당시에는 혹독한 구조조정을 통해 그룹의 체질을 강화하고, 이후 대한생명 인수와 태양광 산업 진출 등을 통해 그룹의 중흥을 이끌었다.

거인의 어깨와 나란히 하려면

김 회장의 경영에서 배울 점은 결단력과 추진력이다. 그는 어려운 상황에서도 과감한 결정을 내리고, 이를 추진하여 그룹의 성장을 이끌었다. 예를 들어, 석유화학 사업에의 진출과 3차 산업으로의 확장, IMF 외환위기 당시의 구조조정 등은 그의 결단력과 추진력을 잘 보여준다.

김 회장의 능력은 기업 경영뿐만 아니라 개인의 삶에서도 중요한 덕목이다. 독자들은 자신의 삶에서 중요한 결정을 내릴 때, 김 회장의 결단력과 추진력을 본받아 과감하게 도전해보는 것이 좋을 것이다.

리더도 사람이다?!

김 회장은 한화 이글스의 투수였던 진정필 선수가 백혈병으로 사망하자 치료비와 장례비를 지원했고, 한화 이글스 2군 감독이었던 최동원이 별세했을 때도 치료비 지원과 그룹 차원의 장례식을 치렀다. 또한, 천안함 피격사건 때는 유가족을 한화그룹 계열사에 우선 채용하기도 했다. 눈물겨운 일화들은 김 회장의 따뜻한 성격과 의리를 잘 보여준다.

현재 가장 잘나가는 한화, 방산 – 태양광의 전설

방산과 특수선, 태양광에서 자신의 격을 드러내던 한화그룹이 드디어 주식시장에서도 실질적인 '파괴력'을 드러내기 시작한다는 평가가 강하게 들려온다. 오랫동안 탄탄한 사업 기반에도 불구하고 주식시장에서 빛을 크게 보지 못했던 한화는, 2025년 중반을 기점으로 상승세를 본격화한다는 인상을 준다.

2025년 8월 1일 기준, 한화(000880)의 주가는 약 83,400원 수준으로 거래된다. 1년 전과 비교하면 약 222% 상승한 수치로, 특히 한화에어로스페이스의 주가는 극적인 성장세를 보인다. 방산과 조선 부문에서의 압도적인 실적이 주가에 반영된 결과로 해석된다.

한화오션, 한화에어로스페이스, 한화솔루션 등 주요 상장 자회사들의 주가도 동반 상승하며 그룹 전체에 긍정적인 효과를 끌어낸다. 한화에어로스페이스의 경우 최근 5년 주가 상승률이 3,954%에 달하며, 연평균 수익률은 210%라는 기록을 남긴다. 한화오션과 한화시스템도 유상증자 이후 각각 108%, 94%의 상승률을 기록하며 투자자들의 기대감을 높인다.

한화솔루션은 전년 동기 대비 영업이익 흑자 전환에 성공했고, 한화에어로스페이스는 K9 자주포와 천무 다연장로켓의 수출 증대를 통해 안정적인 실적 개선을 이뤄낸다. 이 같은 실적과 사업 확장에 대한 기대는 곧바로 시장의 긍정적인 평가로 이어진다. 유안타증권은 한화의 목표주가를 기존 6만 3,000원에서 12만 2,000원으로 94% 상향 조정하며 'BUY' 의견을 유지한다.

실적 상승과 함께 시가총액 측면에서도 한화그룹은 큰 변화를 맞이한다. 2025년 기준, 한화 상장사들이 그룹 전체 시가총액 증가분의 12.9%를 견인한다는 분석도 나온다. 코스피 전체 상승분에서 한화가 차지하는 비중이 상당히 확대되었음을 의미하며, 시장의 관심과 기대가 집중되고 있음을 보여준다.

방산과 조선의 핵심 자회사들이 중심이 된 이 상승 모멘텀은 단발성이 아니다. 방산 부문 실적 개선과 글로벌 수주 확대, 특히 K9 자주포와 천무의 수출 증가, 해양 사업의 성장, 각 자회사들의 재무건전성 회복 등이 복합적으로 작동한 결과다.

물론 내부적으로는 "여전히 밸류에이션이 저평가 상태"라는 지적도 있다. 2025년 기준 PER 5.4배, PBR 0.8배 수준은 여전히 낮은 평가를 받고 있으며, 향후 주가의 추가 상승 여지가 있다는 뜻이기도 하다. 투자자들에게는 성장 기대와 함께 가치 재평가의 기회가 동시에 열려 있는 셈이다.

한화는 과거 삼성, LG, 현대에 비해 '격이 낮다'는 평가를 받던 기업이었다. 그러나 2025년 현재 주식시장은 이런 과거의 틀을 벗어나 '미래 성장의 주체'로서 한화를 다시 바라보기 시작한다. 절치부심하며 자신들의 역량을 갈고닦아온 결과는 이제 주가라는 시장의 언어로 응답 받고 있다.

이제 한화는 미래를 기대하게 만든다. 2025년은 한화가 증시에서도 이름값을 회복한 해로 기록될 것이다. 방산, 조선, 에너지, 우주항공으로 이어지는 다양한 사업에서 두드러진 성과가 하나로 모이며, 대안적 리더십의 상징으로 자리매김하기 시작한다.

여기에 당신이 있다. 한화의 주가 상승은 단순한 숫자가 아니라, 변화와 실행의 역사다. 당신이 어떤 기업에 있든, 지금 이 순간이야말로 기회를 '휘어쥘 수 있는 순간'임을 기억하길 바란다.

정체된 이커머스 시장의 구세주

김범석
쿠팡Inc 의장 겸 창업주

"고객이 감동할 때까지, 끝난 게 아니다"

김범석 쿠팡Inc 의장 겸 창업주가 '로켓배송' 시행 초기, 비용 부담이 커져 내부에서 전략 수정이 거론되자 회의 자리에서 남긴 말이다. 그는 고객 경험이 모든 판단의 기준이 되어야 한다고 믿었다.

세계를 뒤흔든 리더의 생애

김범석 쿠팡Inc 의장 겸 창업주는 1978년 서울에서 태어났다. 어린 시절 미국으로 이주해 미국 동부에서 성장했고, 디어필드아카데미를 졸업했다. 하버드대학교(학부)를 마친 뒤 하버드 비즈니스 스쿨(MBA) 과정에 입학했으나 창업을 위해 중도에 학업을 접었다. 컨설팅 업계에서 경력을 쌓는 동안 보스턴컨설팅그룹(BCG) 등에서 다양한 산업의 사업 모델을 분석했고, 플랫폼과 고객 데이터를 결합한 유통 모델에 주목했다. 2000년대 후반 그는 '한국은 디지털 소비자와 물류망 사이의 간극이 크다'는 문제의식을 갖고 한국 진출을 결심, 2010년 쿠팡을 창업했다.

쿠팡은 출범 당시 소셜커머스 성격의 모바일 커머스 플랫폼이었다. 하지만 그는 초기에 중개를 넘어 자체 물류를 갖춘 통합 유통 시스템을 지향했다. 창업 후 수년 내 '로켓배송' 체계를 본격화했고(2014년 전후), 풀필먼트 센터(FC), 전속 배송인력 '쿠팡맨(현 쿠팡친구)', 라스트마일까지 내부화하는 전략을 밀어붙였다. 당시 국내 이커머스 업계에서 보기 드문 대규모 선투자 방식이었다.

이 전략은 막대한 비용을 수반했지만, 그는 '단기 손익보다 고객 경험'에 방점을 찍었다. 상품 검색·결제·배송·반품 전 과정을 쿠팡 시스템 안에서 통제해 일관된 경험을 설계했고, 고객 충성도와 재구매율을 끌어올리며 빠르게 외형을 확대했다. 2021년 쿠팡은 미국 뉴욕증권거래소(NYSE)에 상장했고, 국내에서 성장한 테크 기반 커머스 기업의 글로벌 자본시장 데뷔라는 상징성을 남겼다.

상장 이후에도 쿠팡은 리테일을 넘어 생태계를 확장했다. 배달 플랫폼 '쿠팡이츠', 콘텐츠 서비스 '쿠팡플레이', 자체 브랜드(PB) 확대, 신선식품 '로켓프레시' 등으로 포트폴리오를 다변화하며 복합 플랫폼으로 진화하고 있다. 그는 지금도 제품과 서비스 개선 회의에 깊이 관여하는 '제품 중심' 리더로 평가받으며, 기술·물류·데이터를 하나로 엮어 아시아 대표 이커머스 기업을 구축하고 있다.

리더의 인생을 바꾼 터닝 포인트

김범석 의장의 인생에서 가장 결정적인 터닝 포인트는 '로켓배송' 체계를 구축한 선택이다. 쿠팡이 창업 2~3년 차에 접어들었을 무렵, 대부분의 동종업체들이 오픈마켓이나 소셜커머스 형태로 '중개 수수료' 위주의 비즈니스 모델을 고수하고 있었다. 물류 인프라에 직접 투자하기보다 입점업체에 의존하거나 외부 배송사를 활용하는 방식이 효율적이라 여겨졌기 때문이다.

하지만 김 의장은 전혀 다른 생각을 했다. 그는 '고객이 원클릭으로 상품을 보고, 누르면 다음 날 도착하는 경험이 없다면, 그건 혁신이 아니'라고 보았다. 아마존에서 영감을 얻었지만, 그대로 따라 하기보다 '한국형 로켓배송'을 만들기로 결심한 것이다. 그는 곧바로 전국 물류센터 구축에 착수했고, 쿠팡맨이라는 전속 배송 인력을 채용해 '배송의 마지막 100미터'를 통제했다. 모든 인프라는 당시 수천억 원의 손실을 동반하는 고위험 전략이었다.

내부 반대도 많았다. 투자자들은 "수익은커녕 고정비만 커진다"며 우려했고, 임직원 중 일부는 "비즈니스가 아니라 공공서비스"라고 비꼬기도 했다. 하지만 김 의장은 물러서지 않았다. '이 길을 가지 않으면, 결국 쿠팡은 가격으로만 경쟁하게 되고, 고객 충성도는 없다'는 게 그의 판단이었다.

실제로 2014년 로켓배송이 본격화되자, 고객 반응은 폭발적이었다.

"쿠팡 없으면 불편하다"는 이용자 반응이 SNS에 퍼졌고, 밤 11시에 주문해도 다음날 아침에 도착하는 체험은 완전히 새로운 쇼핑 기준을 만들었다. 이 시기부터 쿠팡은 이커머스 1위 자리를 점유하기 시작했고, '로켓배송'은 하나의 생활 인프라처럼 자리 잡았다.

하지만 후폭풍도 컸다. 수년간 대규모 적자가 이어졌고, 일부 언론은 '지속 가능성'에 의문을 제기했다. 이에 김 의장은 "지금 우리가 하는 일은 5년 후의 기준을 만드는 일"이라며 상장 준비와 수익구조 전환에 박차를 가했다. 결국 2021년 뉴욕증시 상장을 통해 대규모 자금을 유치하며 전략의 정당성을 입증했고, 이후 점진적으로 손익을 개선해 나갔다.

확고한 성공 확신으로 산업을 뒤엎은 전략은 단지 물류 전략 하나의 성공이 아니라, "고객 경험을 중심으로 기업을 설계할 수 있는가"라는 질문에 대한 정답을 제시한 사건이었다. 김 의장은 기업이 단기 수익을 포기하더라도 '무엇을 기준으로 판단할 것인가'에 대한 분명한 철학을 가지고 있었고, 그것이 쿠팡을 유일한 회사로 만든 결정적 계기였다.

거인의 어깨와 나란히 하려면

김범석 의장에서 우리가 반드시 배워야 할 자질은 '고객 중심 사고의 집요함'이다. 그는 기술, 물류, 조직, 자본 모든 결정을 오직 한 가지 기준으로 판단한다. '고객이 감동하는가?' 그 기준은 단순하지만 실행은 결코 쉽지 않다. 특히 대규모 투자를 동반하거나 수익성이 불투명할 경우, 대부분의 경영자는 '타협'을 선택한다. 하지만 김 의장은 타협하지 않았다.

타협하지 않는 기준은 누구에게나 적용된다. 고객을 말로만 위한다면 고객은 외면한다. 고객의 시간을 절약해주고 불편을 먼저 찾아 없애준다면, 그 기업은 오래 살아남는다. 독자들이 창업가이든 팀장급 리더든, 김 의장처럼 '고객의 불편을 집요하게 관찰하는 눈'을 가져야 한다. 그것이 진짜 혁신의 출발점이다.

또한 고객 중심 철학은 내부 운영에도 반영되어야 한다. 쿠팡은 자체 플랫폼으로 CS·반품·배송까지 통제해 일관된 품질을 유지한다. 고객을 추상적으로 '믿는' 것이 아니라, 고객을 '보호'하는 구조를 설계하는 것이다. 비즈니스를 설계할 때 '고객에게 어떤 경험을 제공할 것인가'를 먼저 정하고, 조직과 시스템을 이에 맞추어 재설계해 보자. 김 의장이 보여준 경영은 단순한 전략이 아니라, 흔들리지 않는 철학이었다.

리더도 사람이다?!

한 직원이 물었다. "회장님, 도대체 쿠팡맨 유니폼은 왜 항상 땀이 잘 배어나는 소재인가요?" 김 의장은 빙긋 웃으며 답했다. "그래야 고객이 진짜 열심히 뛰었구나, 믿잖아요." 직원은 웃음을 터뜨렸고, 유니폼은 그대로 유지됐다. 고객 눈높이에 집착하는 남자답게.

대한민국 빵의 제왕

허영인
SPC그룹 회장

"기업은 사회와 함께 성장해야 한다"

2004년 파리바게뜨 1000호점 돌파 기념식에서 강조한 상생 철학이다.

세계를 뒤흔든 리더의 생애

허영인 회장은 1949년 황해도에서 태어났다. 부친 허창성은 삼립식품(현 SPC삼립)의 창업자이며, 그는 어린 시절부터 제빵 공장에서 밀가루 냄새를 맡으며 자랐다. 한성고를 졸업하고 미국에서 경영학을 공부하며 사업가로서의 꿈을 키웠다.

귀국 후 허 회장은 기존 회사를 그대로 잇기보다 독자 브랜드와 조직을 만들겠다고 결심했다. 1972년 제빵 전문 기업 '샤니'를 설립·경영하며 제과·제빵 산업의 대량생산 체계를 본격화했다. 1986년에는 파리크

라상을 세우고, 1988년 프랜차이즈 베이커리 브랜드 '파리바게뜨'를 론칭해 시장에 도전장을 내밀었다.

당시 고급 빵은 호텔·백화점 제과점의 전유물로 여겨졌으나, 허 회장은 거리의 매장에서 프랑스풍 고급 베이커리를 합리적 가격에 제공하는 전략을 밀어붙였다. 1990년대 중반 이후 가맹점 확대와 품질 혁신을 병행하며 외형을 키웠고, 공장 자동화와 R&D 센터, 품질관리 전담조직을 통해 표준화·위생·신선도 관리 체계를 고도화했다.

1990년대 말부터 2000년대 초까지 SPC그룹은 제빵을 넘어 식음료·아이스크림·외식으로 사업을 다각화했다. 던킨도너츠·배스킨라빈스 등 글로벌 브랜드를 국내에 안착시키고, 삼립식품과의 통합 시너지를 통해 생산·물류·유통 전반의 경쟁력을 끌어올렸다. 2004년 파리바게뜨 1,000호점을 돌파한 뒤, 2010년대에는 중국·미국·프랑스 등 해외에 잇달아 진출하며 글로벌 네트워크를 확장했다. 2020년대 들어서는 ESG 경영을 강화하고 친환경 포장재 도입, 탄소 감축 등 지속가능 전략을 추진하며 '글로벌 식문화 그룹'으로의 전환을 가속하고 있다.

허영인 회장은 70대에 접어든 지금도 회장으로서 그룹 경영 전반을 총괄한다. 장남 허희수 전 부사장은 한때 경영에 참여했으나 현재는 일선에서 물러나 있으며, 그룹은 전문경영인 체제를 병행해 글로벌 확장과 ESG 과제를 추진하고 있다.

리더의 인생을 바꾼 터닝 포인트

허영인 회장이 SPC그룹을 단순 제빵업체에서 글로벌 종합 식문화 기업으로 성장시킨 데에는 1988년 파리바게뜨 론칭이라는 결정적 선택이 있었다. 당시만 해도 국내 제과 시장은 삼립·크라운·해태 등 제과 중심의 대기업이 독식하던 구조였고, 제빵은 지역 기반 영세점 위주로 운영되던 시기였다. 고급 제빵은 일부 백화점이나 호텔 제과점의 전유물로 인식되었다. 허 회장은 시장 구조에 균열을 내기로 결심한다.

1988년 서울 올림픽 특수를 활용해 고급 베이커리를 대중화시키겠다는 목표로 탄생한 브랜드가 바로 파리바게뜨다. 그는 프랑스풍 인테리어, 전문 제빵사 시스템, 본사 직영공장을 통한 품질 통제 체계까지 도입해 기존의 점포들과 차별화를 꾀했다. 무엇보다 가맹점과의 수익 분배 구조를 투명하게 해 점주들이 장기적으로 안심하고 운영할 수 있는 환경을 조성했다. 프랜차이즈 업계 전반의 신뢰를 구축하는 선도 사례가 된 것이다.

하지만 처음부터 시장의 반응이 긍정적이진 않았다. "프랜차이즈 빵집이 무슨 고급이냐"는 반응이 많았고, 고급화를 강조한 전략은 오히려 '가격이 비싸다'는 지적도 받았다. 허 회장은 이에 굴하지 않고 지속적인 품질 개선과 고객 경험 혁신에 집중했다. '내 가족이 먹는다는 마음으로' 라는 슬로건 하에 위생과 신뢰를 브랜드의 핵심 가치로 내세웠고, 그러나 시장에서 통했다. 파리바게뜨는 2000년대 들어 전국 주요 상권을 차지하며 '동네마다 하나쯤 있는 베이커리'로 자리 잡는다.

전국화를 이룬 결정적인 선택은 단지 회사의 성장을 넘어서, 대한민국 제빵 시장 전체의 체질을 바꾼 사건이었다. 소규모 동네 빵집 중심의 시장을 프랜차이즈 중심의 구조로 재편하며, 제빵업을 하나의 '산업'으로 확장시키는 계기가 되었다. 허 회장은 이 기회를 철저히 시스템화·자동화·표준화 전략으로 이어가며 글로벌 확장 기반을 마련했다.

거인의 어깨와 나란히 하려면

허영인 회장에게서 배워야 할 가장 중요한 역량은 바로 '품질 중심의 장기 전략'이다. 단기 수익에 집착하지 않고, 소비자 신뢰와 파트너 신뢰를 바탕으로 천천히 성장의 토대를 쌓아올리는 접근법은 지금도 유효한 교훈이다. 특히 그는 프랜차이즈 업계의 고질적인 문제인 '본사 갑질' 프레임을 벗어나기 위해 가맹점과의 상생 모델을 강조했다. 가맹점 수익 구조를 투명하게 공개하고, 품질 통제와 R&D를 본사에서 책임지며 브랜드 신뢰도를 높인 점은 사업 운영의 중요한 사례다.

허 회장의 전략은 빠르게 소비가 바뀌는 시대에서도 브랜드의 생명력을 유지할 수 있는 가장 강력한 수단이다. 독자들은 허 회장처럼 '고객이 감동할 정도의 품질'을 기준으로 삼는 습관을 들일 필요가 있다. 작은 업무일지라도 자신이 만든 결과물에 스스로 책임질 수 있는 품질 기준을 세우고, 고수하는 태도는 모든 분야에서 경쟁력을 높 기본이 된다. 허 회장의 장기 전략과 품질 철학은 '속도보다 방향'의 중요성을 일깨워준다.

리더도 사람이다?!

한 방송 인터뷰에서 "회장님도 빵 자주 드시나요?"라는 질문을 받은 허 회장은 "매일 먹지 않으면 안 되는 체질"이라며 웃었다. 실제로 신제품이 나올 때마다 본인이 직접 시식하며 "이건 내 입맛엔 별로야"라는 평을 남기곤 했다. 직원들은 이를 '회장님 입맛 테스트'를 통과해야만 출시된다고 농담처럼 말했다.

대한민국 최고의 여성 CEO

이명희
신세계 총괄회장

"내가 하고 싶은 것이 아니라, 고객이 원하는 것을 해야 한다"

이 총괄회장은 신세계 강남점 리뉴얼 당시, '럭셔리'에 집중하자는 임직원의 제안을 일축하며 고객 중심 철학을 강조했다.

세계를 뒤흔든 리더의 생애

이명희 총괄회장은 1943년 이병철 삼성그룹 창업주의 막내딸로 태어났다. 엄격한 가풍 속에서 자율성과 책임감을 중시하는 교육을 받았고, 문학과 예술에 관심이 깊었다. 이화여자대학교 미술대학 생활미술학을 전공했다. 귀국 후 1970년대 말부터 신세계 경영에 관여하기 시작했으며, 1979년 신세계백화점 영업담당 이사로 취임했다. 이후 1980년 상무, 1997년 부회장을 거쳐 1998년 신세계그룹 회장에 올랐다.

1990년대 초반 백화점 업계가 '상품 판매'에서 '라이프스타일 제안'

으로 전환하던 흐름 속에서, 그는 신세계 강남점을 '럭셔리와 고객 체험 중심' 공간으로 육성하는 전략을 세웠다. 신세계 강남점은 2000년 센트럴시티 개점 이후 2016년 대규모 증축·리뉴얼을 통해 럭셔리·체험형 MD를 강화했고, 국내 최상위 매출을 기록하는 점포로 성장했다.

또 하나의 승부수는 대형할인점 '이마트'였다. 이마트는 1993년 창동 1호점으로 출발해 전국으로 확산됐고, 신세계는 2006년 월마트코리아 점포를 인수하며 국내 할인점 판도를 바꾸는 분기점을 만들었다. 이후 스타필드 같은 복합쇼핑몰을 론칭해 '백화점-할인점-쇼핑몰-온라인(SSG닷컴)-식품·외식'으로 이어지는 신세계만의 유통 생태계를 구축했다. 그룹은 백화점, 이마트, SSG닷컴, 신세계푸드 등으로 사업을 확장해 수십조 원대 매출의 유통 그룹으로 성장했다.

최근 그는 대표이사에서 물러나 총괄회장으로 그룹 전반의 방향성을 제시하고 있다. 정용진 회장 등 차세대 경영진과 함께 '디지털 유통'과 '프리미엄 전략'을 병행하며 제2의 성장을 모색하고 있다.

리더의 인생을 바꾼 터닝 포인트
이 총괄회장의 터닝 포인트는 강남점의 전략적 전환이다. 당시 대부분의 백화점은 명동 등 전통 상권과 대중적 브랜드 위주로 운영되고 있었다. 신세계 강남점은 위치상 불리하다는 평가도 있었지만, 그녀는 성장하는 강남의 고급 수요를 정확히 읽었다.

'이제는 매출이 아니라 고객의 기분을 사야 한다'는 판단 아래 백화점을 단순 쇼핑공간이 아닌 '체험 공간'으로 탈바꿈하고, 글로벌 럭셔리 브랜드 유치와 갤러리형 매장 구성으로 차별화를 꾀했다. 결과적으로 강남점은 개점과 리뉴얼을 거치며 국내 최고 수준의 매출을 기록하는 대표 점포로 도약했다.

여기서 멈추면 최고가 아니다. 외환위기 이후에도 그는 할인점 전략을 과감히 확대했고, 조직과 사업구조를 유연하게 조정했다. 백화점의 프리미엄 전략과 할인점의 효율·가격 경쟁력을 병행한 선택은 논란과 우려 속에서도 성공으로 귀결되었고, 신세계를 21세기 한국 유통의 선두주자로 세웠다. 고객의 마음을 읽는 통찰, 위기에서도 타협하지 않는 추진력, 그리고 눈에 띄지 않는 조용한 리더십이 그녀를 '대한민국 유통의 여왕'으로 자리매김하게 했다.

거인의 어깨와 나란히 하려면

이 총괄회장에게서 배울 수 있는 가장 큰 덕목은 '고객 중심의 정교한 통찰력'이다. 그녀는 단순히 트렌드를 따라가지 않았다. 고객이 내일 무엇을 원할지를 예측하고, 그에 맞춰 공간·브랜드·가격·경험을 설계했다. 강남점의 체험형 전환과 이마트 전략의 확장은 기존 상식을 뒤집은 선택이었지만, 고객의 감정과 시간을 존중하는 전략이었기에 통했다.

오랜 관찰과 데이터, 그리고 현장을 중시하는 리더십에서 나온 전략이다. 그녀는 매장을 직접 둘러보고 고객의 동선과 시선을 관찰하며 개선점을 찾았다. 오늘의 리더에게도 핵심은 같다. '내가 잘 만들었는가'보다 '고객이 정말 원하는가'를 묻고, 그 무언의 목소리에 투자하는 감수성과 실행력이 지속 가능한 성장을 이끈다.

리더도 사람이다?!

한 번은 이 총괄회장이 신세계백화점 매장을 순찰하던 중, 직원에게 "고객이 다가왔을 때 웃는 표정이 아니라, 먼저 웃는 게 중요하다"고 조언했다. 그러자 옆에 있던 한 직원이 긴장한 나머지, 고객이 보이지도 않는데 허공을 향해 활짝 웃고 있어 현장이 웃음바다가 되었다. 그녀도 웃음을 참지 못하고 "그건 너무 앞서갔다"고 말해 현장을 유쾌하게 만들었다.

도전, 또 도전하는 도전가

김범수
카카오 창업자

"나는 언제나 사장보다 문제아를 찾는다"

김범수 카카오 창업자가 조직의 창의성과 도전정신을 강조하며, 비주류 인재를 중용하는 이유를 설명하던 자리에서 남긴 말이다.

세계를 뒤흔든 리더의 생애

김범수 카카오 창업자는 1966년 전라남도 담양에서 태어나 서울에서 성장했다. 서울대학교 산업공학과에서 학사·석사 학위를 받았고, 삼성SDS에서 개발자로 경력을 시작했다. 1998년 삼성SDS를 떠나 온라인 게임 포털 '한게임'을 창업했고, 2000년 네이버와 합병해 NHN을 이끌며 국내 인터넷 산업의 성장을 견인했다.

대기업화된 조직에서 한계를 자각한 그는 2007년 NHN을 떠나 미국에서 재충전의 시간을 보냈다. 이후 동료들과 함께 '아이위랩'을 기반으로 모바일 메신저 서비스를 준비했고, 2010년 3월 카카오톡을 출시했다. 단순하고 안정적인 사용자 경험을 최우선으로 삼은 전략은 입소문을 타고 확산되었고, 출시 1년 남짓 만에 이용자 1천만 명을 돌파했다. 카카오는 메신저를 축으로 게임·커머스·결제·모빌리티 등으로 확장해 생활밀착형 플랫폼 기업으로 자리 잡았다.

2014년 다음과 합병해 '다음카카오'로 재탄생했으며, 2015년 사명을 '카카오'로 변경했다. 이후 카카오뱅크, 카카오페이, 카카오모빌리티 등 계열을 키워 디지털 경제 전반으로 외연을 넓혔다. 김범수는 2021년 자신의 재산 절반 이상을 사회에 환원하겠다고 공개 약속하고 공익법인 '브라이언임팩트'를 설립해 사회문제 해결형 프로젝트를 지원해왔다. 최근에는 이사회 의장 등 공식 직함에서 물러나 경영 전면이 아닌 중장기 비전과 사회공헌에 역점을 두고 있다.

리더의 인생을 바꾼 터닝 포인트

김범수의 가장 큰 전환점은 한게임과 NHN을 떠나 다시 '제로에서 시작'하기로 선택한 일이다. 1998년 창업한 한게임은 2년 만에 네이버와 합병해 국내 최고 수준의 인터넷 기업으로 도약했지만, 그는 대기업화된 구조 속에서 스스로의 꿈을 재점검했다. 2007년 회사를 떠나 실리콘밸리를 오가며 "다시 창업한다면 무엇을 만들 것인가"를 끝없이 묻는다.

귀국 후 그는 소수의 동료와 함께 모바일 시대에 최적화된 메신저를 기획했다. 복잡한 기능보다 '매일 열고 닫는 간단한 도구'에 집중했고, 그 결과물이 2010년의 카카오톡이다. 초창기에는 뚜렷한 수익모델이 없었지만 '먼저 사람을 얻는다'는 판단 아래 무료 메시지와 안정적 품질을 고집했다. 이용자 기반이 임계치에 이르자 플랫폼으로의 확장은 기민했다. 게임·스토리·택시 등으로 넓히며 실패를 용인하는 문화와 빠른 실행을 조직에 심었다. 기존의 성공을 내려놓고 본질적 가치를 좇은 이 결단이 카카오를 '사람 중심 기술 생태계'로 만든 분기점이 되었다.

거인의 어깨와 나란히 하려면

김범수에게서 배울 핵심은 '질문에서 시작하는 사고'다. 그는 늘 "지금 만드는 서비스가 사람에게 정말 의미 있는가?"를 먼저 묻는다. 지시가 아닌 질문으로 조직을 움직이며, "왜 이렇게 만들었지?", "정말 더 편해졌나?" 같은 물음을 통해 제품 철학·사용자 경험·조직 문화를 동시에 단련한다.

중요한 결정을 앞두고 '이 결정은 누구를 위한가?', '더 나은 방법은 없는가?'를 먼저 적어보는 습관은 판단을 날카롭게 하고 방향을 명확히 한다. 내가 틀릴 수 있음을 전제하는 겸손, 더 나은 해답을 찾겠다는 집요함. 그 질문의 힘이 김범수라는 리더를 특별하게 만들었고, 오늘도 스타트업과 사회문제 해결의 현장에서 유효한 나침반으로 작동한다.

리더도 사람이다?!

한 번은 사내 회의에서 김 의장이 "지금 우리 회사에 없는 직책은 뭘까요?"라고 묻자, 한 직원이 장난 반 진심 반으로 "사장님이요"라고 답했다. 김 의장은 웃으며 "맞아요. 그래서 다들 마음대로 하는 거지?"라고 답했다. 분위기는 화기애애했고, 다음 날 그 직원은 '프로 문제아' 표창을 받았다.

대한민국 투자운용의 아버지

박현주
미래에셋그룹 회장

"남들이 가지 않은 길에 기회가 있다"

박현주 미래에셋그룹 회장이 1997년 외환위기 직후, 한국 최초의
투자신탁운용사를 설립하며 남긴 말이다.
그는 위기 속에서도 새로운 길을 개척했다.

세계를 뒤흔든 리더의 생애

박현주 미래에셋그룹 회장은 1958년 전남 여수에서 태어났다. 어린 시절 장사하는 아버지를 도우며 자연스레 '원가·수익'을 따지는 감각을 익혔다. 서울대학교가 아니라 고려대학교 경영학과를 졸업했고, 대학 시절 신문 공시와 광고를 오려가며 종목과 산업 흐름을 분석하는 습관을 들였다.

졸업 후 대우증권에 입사해 영업·리서치·자산관리 전반에서 두각을

나타냈다. '브로커 중심'이던 증권 영업에 고객 자산관리 관점을 도입해 신뢰를 쌓았고, 1990년대 중반에는 업계 최고 실적을 기록한 스타 영업인으로 이름을 알렸다. 그러나 그는 대기업 조직 안에 안주하지 않았다.

1997년 외환위기 와중에 자본금 100억 원으로 미래에셋자산운용을 세워 독립 운용사 시대를 열었다. 당시 국내 펀드시장은 미성숙했지만, 그는 고객의 장기자산 관리를 목표로 공모펀드 문화를 뿌리내리겠다는 방향을 분명히 했다. 2000년 출시한 '미래에셋 인디펜던스펀드'가 대형 흥행에 성공하며 국내 공모주식형 펀드의 대중화를 이끌었고, 이를 계기로 자산운용·증권·생명·캐피탈로 사업군을 확장해 비은행 금융그룹의 골격을 갖췄다.

성장은 곧바로 해외로 이어졌다. 2000년대 중반부터 인도·베트남·중국 등 신흥시장에 운용법인을 설립하고, 2006년 이후에는 미국·유럽·호주 등 선진국의 리츠·프라임 오피스·호텔·물류센터 등 대체자산에 본격 투자해 글로벌 운용 역량을 키웠다. 2016년에는 증권 부문을 대형화(합병)해 글로벌 IB 수준의 자본력과 상품 라인을 갖췄고, ETF·리츠·멀티에셋 등으로 투자 스펙트럼을 넓혔다.

그는 '사람이 자산'이라는 지론으로 인재 육성을 강조했다. 임직원 글로벌 MBA·해외연수 지원, 사내 운용·리서치 트랙 고도화 등을 통해 인재 파이프라인을 구축했다. 사회공헌은 개인 명의 재단과 그룹 재단을 중심으로 추진했다. '미래에셋 박현주재단'과 '미래에셋재단'을 통해 청소년 해외체험·장학·문화예술 지원을 지속하고, 보유 지분 일부를 재단에 출연해 기업가정신과 사회환원을 병행했다.

현재도 그는 글로벌 투자 포트폴리오와 전략을 직접 챙기며 현장을 중시하는 '현역 운용인'의 면모를 유지하고 있다. 단기 수익보다 고객의 생애자산 관리를 중시하는 원칙, 국내 자본을 세계 시장과 연결하는 관점으로 한국 자본시장의 지형을 바꾼 개척자로 평가받는다.

리더의 인생을 바꾼 터닝 포인트
박현주 회장의 인생을 바꾼 결정적 터닝 포인트는 1997년 외환위기 한복판에서 미래에셋자산운용을 창업한 순간이다. 당시 증권업계는 사실상 붕괴 직전이었고, 누구도 새로운 사업을 시작하려 하지 않았다. 그는 '누군가는 이 시장을 바꿔야 한다. 고객이 믿고 맡길 수 있는 금융회사가 필요하다'는 확신으로 자산운용 중심 모델을 내세웠다.

시장 신뢰가 낮고 공모펀드가 생소하던 시절, 그는 직접 고객을 만나 구조와 위험을 설명하며 '우리는 단기 수익을 쫓지 않는다'는 원칙을 강조했다. 이러한 정공법은 점차 성과로 이어졌고, 2000년 인디펜던스 펀드의 성공이 '펀드 붐'에 불을 지폈다. 이후 그는 운용을 넘어 증권·생명·캐피탈로 생태계를 확장하면서도 자문형 운용, 글로벌 자산배분, 리츠·ETF 등 '다음 수요'를 선제적으로 준비했다.

특히 국내 자본으로 해외의 초대형 부동산·인프라에 투자하며 '한국 금융의 해외 확장'이라는 전례를 만들었다. 그의 선택은 '위기 속에 기회가 있다'는 교훈을 현실로 증명했고, 그 도전은 지금도 현재진행형이다.

거인의 어깨와 나란히 하려면

그에게서 배워야 할 핵심은 '선제적 통찰과 실행력'이다. 그는 시장보다 반 발 앞서 구조 변화를 읽고, 읽은 바를 곧바로 행동으로 옮겼다. 펀드가 없던 시절 펀드를 만들고, 익숙지 않던 글로벌 대체투자에 뛰어들었다. 통찰은 공부와 관찰에서, 실행은 원칙과 용기에서 나온다는 사실을 보여준다.

숫자 자체보다 그 뒤에 흐르는 구조 변화를 읽고, 다음 스텝을 제시하는 사람이 경쟁력을 갖는다. 불확실성은 피할 대상이 아니라 설계의 대상이다. 통찰과 실행을 결합하는 습관이 지속 가능한 리더십의 본질이다.

리더도 사람이다?!

한 번은 사내 회식 자리에서 젊은 직원이 박 회장에게 "회장님, 돈은 많으신데 왜 여전히 일하세요?"라고 물었다. 박 회장은 잠시 고민하더니 "글로벌 ETF 보느라 아직 은퇴할 시간이 없다"고 대답했다. 직원은 웃었고, 회식 자리는 그대로 금융 세미나가 됐다.

3장.
최정상을 노리는 대한민국 CEO

한강의 기적을 일궈낸 1세대 산업건설자의 시대가 저물고, 이제 대한민국 경제는 다음 세대를 이끄는 '변화의 설계자들'을 중심으로 다시 달리고 있다. 이들은 단순히 산업을 운영하는 것이 아니라, 세상의 흐름을 예측하고, 기술과 감성, 데이터를 융합해 전혀 새로운 시장을 창조하고 있다. 그들의 이름을 들으면, 우리는 단순한 기업 그 이상의 의미를 떠올린다. 이번 챕터에서는 대한민국의 현재를 단단히 만들고, 미래를 열어가고 있는 10명의 CEO를 통해 '리더란 무엇인가'에 대한 영감을 얻고자 한다.

김봉진 우아한형제들 창업주는 '배달의민족'이라는 단어를 서비스의 이름으로 삼아 세계에서 통하는 유니콘으로 키워냈다. 그는 UX 디자인과 유머 코드 하나로 배달문화를 혁신했으며, '브랜드 감성'과 '생활 밀착 기술'의 결합이 어떻게 국민 일상을 바꿀 수 있는지를 증명했다.

서정진 셀트리온 회장은 바이오시밀러라는 새로운 영역을 개척하며,

제약을 수입산업에서 수출산업으로 전환시킨 리더다. 그는 '불가능'이라 여겨지던 바이오의약품 국산화를 이루고, 셀트리온을 글로벌 제약사의 반열에 올려놓았다.

서경배 아모레퍼시픽 회장은 대한민국의 뷰티업계를 세계로 뻗어나가 'K-뷰티' 신화를 써내려간 입지전적인 인물이다. 단순히 화장품에 어떤 원료를 첨가할 것인가라는 의문을 갖는 게 아닌, 고객이 자사 제품을 경험하며 매력에서 헤어 나오지 못하게 만들었다.

송치형 두나무 창업주는 블록체인과 암호화폐라는 전혀 새로운 영역을 제도권과 연결한 인물이다. 업비트라는 거래소를 시작으로 디지털 자산 생태계를 국내에 정착시키며, 기술 기반 금융의 미래를 선도하고 있다.

방시혁 하이브 의장은 음악이 콘텐츠를 넘어 플랫폼이 될 수 있음을 보여줬다. BTS의 성공은 단지 스타의 탄생이 아니라, 팬덤과 기술, 철학이 결합된 비즈니스의 교과서가 되었고, 그 중심엔 방 의장이 있다. 글로벌 엔터테인먼트 산업을 기술과 감성으로 재해석한 인물이다.

장병규 크래프톤 의장 겸 창업주는 '배틀그라운드' 하나로 글로벌 게임시장을 뒤흔들었다. 게임은 문화이고, 기술이며, 수출 산업이 된다는 것을 증명했고, 그 중심에 K-게임 산업을 세운 주인공이다.

조만호 무신사 창업주는 '청바지 리뷰' 블로그 하나에서 시작해, 국내 최대 온라인 패션 플랫폼을 만들어냈다. 그는 '스트리트 패션'이라는 비주류 문화를 주류 시장으로 끌어올렸고, 수많은 로컬 브랜드에게 날개를 달아줬다. 패션이 데이터가 되고, 소비가 경험이 되는 시장을 개척한 선구자다.

이승건 비바리퍼블리카 대표는 금융 플랫폼 토스를 통해 '지갑 없는 세상'을 꿈꾸며 복잡한 금융을 직관적이고 투명하게 바꿨다. 규제와 보수의 벽이 높던 핀테크 산업에서 소비자 중심의 기술 혁신으로 거대한 변화를 이끌어냈다.

김슬아 컬리 대표는 '새벽배송'이라는 시간 개념을 유통에 도입한 인물이다. 고객 신뢰를 기반으로 한 프리미엄 유통 모델을 구축하며, 단순한 식품 판매를 넘어서 '식탁 위 경험 전체'를 설계하는 브랜드로 컬리를 성장시켰다.

김정수 삼양식품 부회장은 한때 침체기에 빠졌던 삼양식품을 '불닭볶음면'이라는 단일 브랜드로 글로벌 K-푸드 아이콘으로 되살렸다. 창의적 마케팅과 신제품 전략으로 삼양식품을 다시 도약시킨 전략가다.

이들은 단순한 '스타트업 성공자'나 '재벌 후계자'가 아니다 이들은 위기를 기회로 바꾸고, 틀을 부수며, 소비자의 생각과 행동을 바꾸는 리더들이다. 그들의 길을 좇아가다 보면, 우리 역시 '세상을 바꾸는 질문'을 시작할 수 있을 것이다.

*리더의 목차 순서는 우선순위가 아님을 안내합니다.

해결은 디자인에 있다는 혁명가

김봉진
우아한형제들 창업주

"디자인은 문제를 해결하는 도구다"

김봉진 우아한형제들 창업주가 배달의민족 앱 초기,
'왜 배달앱은 이렇게 못생겼을까?'라는 질문에서 출발하며 만든
창업 철학이자 실천 원칙이었다.

세계를 뒤흔든 리더의 생애

김봉진 우아한형제들 창업주는 1976년 전남 완도에서 태어났다. 유년기부터 그림을 좋아했고, 손으로 문제를 풀어내는 데 강점을 보였다. 서울예술대학(현 서울예술대학교) 실내디자인과를 졸업한 뒤 국민대학교 디자인대학원에서 시각디자인 석사과정을 마쳤다. 디자인그룹 이모션, 네오위즈, NHN(현 네이버) 등에서 UI·브랜딩 디자이너로 실무를 쌓으며 "디자인으로 생활의 불편을 해결한다"는 관점을 확립했다.

2010년 우아한형제들을 창업해 배달의민족 앱을 출시했다. 당시 배달 시장이 종이 전단과 전화 주문에 의존하던 환경이었지만, 그는 모바일 중심의 사용자 경험과 브랜드화 전략으로 돌파했다. 배민 특유의 간결한 UI, 한국적 유머를 살린 카피와 캐릭터, 자체 무료 서체('배민 한나체' '주아체' '도현체' 등)는 서비스의 정체성과 신뢰를 빠르게 구축했다. 초기에는 수익보다 주문 성공률과 리뷰 품질, 입점 식당과의 커뮤니케이션 같은 고객 경험 지표를 우선하며 생태계를 다졌다.

2015년 '배민라이더스'를 론칭해 직접 통제 가능한 배달망을 갖추기 시작했고, 이후 결제·광고·브랜딩 솔루션 등으로 파트너 지원을 확대했다. 2019년 독일 딜리버리히어로(DH)가 약 4조 원대 후반(당시 약 40억 달러)에 우아한형제들을 인수하기로 합의했고, 2021년 조건부 승인 이행 후 거래가 마무리되었다. 그는 싱가포르 합작법인 '우아DH아시아'의 의장을 맡아 아시아 사업 전개를 총괄했으며, 2023년에는 이사회 및 우아DH아시아 의장직에서 물러나 고문으로 전환했다.

김 창업주는 사회공헌에도 적극적이다. 2021년 부미 설 씨와 함께 '더기빙플레지'에 한국인 최초로 서명하며 보유 재산의 절반 이상 사회 환원을 약속했다. 고향 완도 청소년 지원 등 교육·청년·디자인 분야 기부와 프로젝트를 이어가며, 창업 생태계와 사회문제 해결에 관심을 확장하고 있다.

리더의 인생을 바꾼 터닝 포인트

김봉진 의장의 가장 큰 전환점은 한 번의 성공을 내려놓고 다시 '제로에서 시작'하기로 한 선택이다. 대기업 조직에서의 디자이너 커리어를 접고 2010년 배달의민족을 내놓았을 때, 그는 기능 우선의 당시 관행과 달리 '디자인을 경영의 중심'에 놓았다.

복잡한 기능을 덜어내고 핵심 여정(검색-주문-결제-리뷰)의 마찰을 줄였으며, 브랜드 언어와 서체, UI 컴포넌트까지 사용자 감정에 맞춰 통합 설계했다. 수익모델 확립 전에도 고객 경험 개선을 최우선에 둔 집요함은 충성 이용자를 쌓는 기반이 되었고, 이후 배민라이더스·광고·결제 등으로 자연스러운 수익화를 이끌었다. 기존의 성공 공식을 반복하지 않고 본질적 가치를 좇은 이 결단이 배달의민족을 '생활 인프라형 플랫폼'으로 성장시킨 분기점이 되었다.

거인의 어깨와 나란히 하려면

그에게서 배울 핵심은 '디자인 사고를 비즈니스 전반에 통합하는 능력'이다. 디자인을 미학이 아닌 문제 해결의 프레임으로 보고, 관찰-가설-실험-개선의 사이클을 제품·브랜딩·마케팅·조직문화에 일관되게 적용했다. 작은 불편을 집요하게 추적하고(주문 실패률, 배달 ETA 체감, 리뷰 신뢰도 등), 이를 데이터와 감성 언어 모두로 풀어낸 점이 차별화의 근원이었다.

이 태도는 누구에게나 유효하다. 고객 여정을 실제로 따라가며 '왜 여기서 멈추는가, 무엇이 불신을 유발하는가'를 기록하고, 불편 제거에 우선순위를 두는 훈련이 필요하다. '예쁜 것을 만들기보다, 편한 것을 예쁘게 만든다'는 원칙 즉, 기능과 감성의 결합을 흔들림 없이 실행하는 리더십이 장기적 브랜드 자산과 성장을 만든다.

리더도 사람이다?!

김 창업주는 회사 회의에서 "우리 회사는 왜이리 병맛스러워요?"라는 신입의 질문에 이렇게 답했다고 한다. "그거, 내가 시킨 거야." 이후 그 직원은 배민의 슬로건 포스터를 만들며, 병맛과 철학 사이를 탐구하게 되었다. 지금은 사내 대표 카피라이터가 되었다는 후문.

40대 실업자가 대한민국 대표 CEO로

서정진
셀트리온 회장

"우리는 '안 되는 이유' 대신 '되게 만드는 방법'을 고민해야 합니다"

IMF 외환위기 직후, 모두가 위기를 말할 때
서 회장이 직원들에게 강조했던 말이다.

세계를 뒤흔든 리더의 생애

서정진 셀트리온 회장은 1957년 충북 청주에서 태어났다. 인천 제물포고를 거쳐 건국대학교에서 산업공학을 전공하고 동 대학원에서 경영학 석사 학위를 받았다. 삼성전기에서 사회생활을 시작한 뒤 한국생산성본부에서 대우자동차 자문 등을 수행하며 기획·조직 운영 역량을 키웠다. 1997년 외환위기 국면에서 대우차 구조조정의 여파로 직장을 떠난 그는 이를 계기로 창업을 결심한다.

그는 2002년 인천 송도에서 셀트리온을 세우고 '바이오시밀러'라는 새로운 영역에 사활을 걸었다. 당시 항체 바이오시밀러 시장은 제도와 수요가 불확실했지만, 글로벌 규제 기준에 맞춘 생산·품질 시스템과 파트너십 전략으로 돌파구를 열었다. 2013년 셀트리온의 인플릭시맙 바이오시밀러 '램시마'가 유럽에서 허가를 받으며 세계 최초의 단클론항체(mAb) 바이오시밀러 상용화 기록을 세웠고, 2015년부터 주요국에서 본격 출시되어 글로벌 사업 기반을 확고히 했다.

회사는 송도 대규모 생산설비와 공정 자동화, 품질경영 체계를 앞세워 제품 포트폴리오를 확대했고, 상장 이후에는 지배구조 정비와 계열사(셀트리온헬스케어·셀트리온제약)와의 역할 분담을 통해 글로벌 유통·제조 일체형 모델을 구축했다. 2018년 코스피 이전 상장으로 시장 저변을 넓히며 시가총액 상위권에 진입했고, 국내 바이오 산업의 위상을 끌어올리는 촉매 역할을 했다.

2021년 경영 일선에서 은퇴를 선언했으나 2023년 그룹 경영에 복귀해 중장기 전략과 포트폴리오 재편을 총괄하고 있다. 그는 여전히 현장을 중시하며 글로벌 임상·허가, 생산능력 증설, 신제품 파이프라인 강화에 무게를 두고 있다.

리더의 인생을 바꾼 터닝 포인트

서정진 회장의 결정적 전환점은 1997년 외환위기 이후 생존의 기로에서 창업을 택한 순간이다. 익숙한 제조업에서 벗어나 고위험의 바이오시밀러에 도전했고, 규제·기술·자금이라는 삼중 난관을 데이터와 학습,

해외 파트너십으로 뚫었다. 그 결실이 유럽에서의 '램시마' 허가였다.

항체 바이오시밀러의 효능과 안전성이 공인되면서 한국 바이오 산업 전반에 대한 신뢰가 높아졌고, 셀트리온은 이후 후속 품목과 글로벌 공급망을 통해 사업을 확장했다. 위기에서 기회를 끌어낸 이 결단이 그의 리더십을 규정했다.

거인의 어깨와 나란히 하려면

그에게서 배울 핵심은 '위기 속 현실 진단과 실행'이다. 그는 외환위기를 단순한 불운이 아니라 산업지형이 바뀌는 순간으로 해석했고, 자신이 통제할 수 있는 변수(학습·파트너·공정·품질)에 집중했다.

이상적 목표(신약)보다 시장 구조상 즉시 가치가 입증 가능한 영역(바이오시밀러)을 선택해 성공확률을 높였고, 이후 축적된 역량을 바탕으로 파이프라인을 넓혔다. 개인에게도 유효한 태도다. 위기의 순간에 '지금 내가 통제할 수 있는 것은 무엇인가'를 묻고, 그 지점에서 학습과 실행을 반복하는 것으로 현실 감각이 지속 가능한 성장을 만든다.

.

리더도 사람이다?!

서 회장은 직원들과의 회식 자리에서 회식비가 너무 많이 나왔다고 화를 낸 적이 있다. 그런데 알고 보니 그가 직접 가장 비싼 와인을 3병이나 시켰던 것. 직원들이 조심스레 지적하자 "그건 회장 특권 아니야?"라며 웃었다. 결국 와인값은 사비로 결제했다고 한다.

향기로 세계를 아우른 남자

서경배
아모레퍼시픽그룹 회장

"사람이 향기로워야 세상도 아름답다"

아모레퍼시픽 창립 60주년 기념사에서 서 회장이 강조한
인재 철학이자 기업의 존재 이유를 설명한 말이다.

세계를 뒤흔든 리더의 생애

서경배 회장은 1963년 서울에서 태어났다. 가족기업이던 태평양화학(현 아모레퍼시픽)의 환경에서 자라며 제품과 브랜드, 자연 원료에 대한 관심을 키웠다. 연세대학교 경영학과를 졸업한 뒤 미국 코넬대학교 존슨 경영대학원에서 MBA를 취득했고, 1987년 태평양화학에 입사해 기획조정·마케팅·유통 등 현장을 두루 거쳤다. 1997년 대표이사에 취임하면서 IMF 국면 속에서도 체질 개선과 미래 투자를 병행할 토대를 마련했다.

그는 취임 직후 '프리미엄'과 '글로벌'을 양축으로 브랜드 전략을 재정비했다. 1997년 프리미엄 한방 화장품 '설화수'를 전면 출시하고, 라네즈(1994), 마몽드(1991), 이니스프리(2000) 등 주요 브랜드의 포지셔닝을 명확히 하며 다층형 포트폴리오를 갖췄다. 회사 이름은 2002년에 '아모레퍼시픽'으로 변경해 기업 정체성과 비전을 통일했다. 이후 중국·미국·동남아 등 해외 거점과 세포라, 갤러리 라파예트 등 글로벌 유통 채널을 통해 입지를 넓혔고, 뉴욕·파리·상하이·싱가포르 등에 전략 거점을 마련하며 현지화 역량을 고도화했다.

기술·연구개발에도 투자를 지속했다. 천연 원료와 피부과학 기반 연구를 강화하고, 통합 R&D 센터와 생산·품질 시스템을 정비해 신제품 개발의 속도와 완성도를 높였다. 동시에 '그린사이클' 빈용기 회수, 리필 스테이션 도입, 친환경 용기 확대 등 ESG 활동을 체계화했다. 이러한 노력으로 아모레퍼시픽은 2010년대 중반 글로벌 톱 티어 화장품 기업 반열에 올랐고, 2016년에는 세계 20대 화장품 기업에 이름을 올렸다. 2006년에는 지주사 체제를 확립해(아모레퍼시픽그룹) 경영 효율성과 글로벌 확장 기반을 강화했다.

2020년대 들어서는 데이터 기반 D2C(Direct to Consumer)와 디지털 전환을 가속화하며 '뷰티테크' 기업으로의 변모를 추진하고 있다. 서 회장은 현재도 현장을 중시하는 리더십으로 포트폴리오 재편과 글로벌 재도약을 병행하고 있다.

리더의 인생을 바꾼 터닝 포인트

서 회장의 경영 인생에서 가장 큰 전환점은 1997년 외환위기 시기에 대표이사직을 맡은 순간이었다. 국가 경제가 흔들리던 때, 그는 '고객의 감동'이라는 원칙으로 브랜드 철학을 재정립하고 내부 문화를 손봤다.

저가 경쟁에 치우치던 국내 화장품 시장에서 프리미엄 한방 콘셉트의 설화수를 전면에 내세워 차별화했고, 중국을 비롯한 아시아 시장을 직접 발로 뛰며 현지 맞춤 전략을 정착시켰다. 이 선택은 아모레퍼시픽의 체질을 '고객·기술·브랜드 중심'으로 바꾸는 분기점이 되었고, 이후 글로벌 확장과 고급화 전략의 본보기가 되었다.

거인의 어깨와 나란히 하려면

서 회장에서 배울 CEO의 핵심 덕목은 '철저한 고객 중심 사고'다. 그는 제품 기획부터 포장·매장·경험 설계에 이르기까지 고객의 시선과 감정을 최우선에 두었다. 트렌드를 뒤쫓기보다 고객이 '내일' 원하는 것을 예측해 공간·브랜드·가격·경험을 정교하게 설계한 점이 지속 성장을 견인했다.

오늘의 비즈니스 환경에서도 차별화의 출발점은 고객의 마음이다. 사용자의 불편을 먼저 발견하고 그 감정의 언어로 해결책을 제시하는 태도가 장기적 신뢰와 프리미엄을 동시에 만드는 전략임을 서 회장의 행보가 보여준다.

리더도 사람이다?!

한번은 서 회장이 해외 출장 중 한 백화점 직원에게 "Do you know Sulwhasoo?"라고 물었더니, 직원이 "Is that a sushi restaurant?"이라고 되묻는 바람에 당황하며 웃음을 터뜨린 적이 있다. 그날 이후 서 회장은 '설화수' 간판의 영문 폰트 크기를 키우고 발음을 강조하는 글로벌 가이드라인을 따로 만들었다고 한다.

10년은 앞섰던 선지자

송치형
두나무 창업주

"기술은 사람을 향해야 한다"

송치형 두나무 창업주가 블록체인과 암호화폐 기술을 설명하며, 기술 중심이 아닌 사람 중심의 혁신을 강조하며 했던 말이다.

세계를 뒤흔든 리더의 생애

송치형 두나무 창업주는 1979년 충남 공주에서 태어났다. 학창 시절부터 수학과 컴퓨터에 깊은 흥미를 보였고, 조용하지만 문제를 끝까지 파고드는 성향으로 '믿음직한 해결사'로 통했다.

서울대학교 컴퓨터공학과를 졸업한 그는 2012년 모바일 증권 서비스를 만들겠다는 아이디어로 두나무를 창업했다. 이듬해 '증권플러스'를 선보여 주식 정보의 접근성과 투명성을 높였고, 이후 카카오와 협업해 '카카오스탁'으로 발전시켰다. 이 전략적 제휴는 두나무가 금융·IT 접점에서 성장할 기반이 되었다.

2017년에는 암호화폐 거래소 '업비트(Upbit)'를 출범시켰다. 무규제에 가까운 혼란 속에서 그는 '신뢰를 줄 수 있는 거래소'를 목표로, 직관적인 UI/UX, 보안과 자금세탁방지(AML) 체계, 체계적 상장 관리 등을 갖춘 서비스를 내놓았다. 출범 후 단기간에 업비트는 국내 선도 거래소로 자리 잡았다.

그는 이후 블록체인 인프라와 생태계 확장에 힘을 쏟았다. 두나무의 블록체인 자회사/조직인 '람다256'을 통해 2019년 기업용 블록체인 플랫폼 '루니버스(Luniverse)'를 공개했고, NFT·분산신원(SSI/DID) 등 응용 영역으로도 저변을 넓혔다. 개발자 컨퍼런스 'UDC(Upbit Developer Conference)'를 정례화해 산업 담론을 이끌고, 사회공헌·기후 대응 프로젝트 등 비즈니스 밖 영역에서도 책임을 강화했다.

2021년 두나무는 유니콘 기업으로 평가받으며 기업가치가 수조 원대로 거론되었다. 송 의장은 '거품이 아닌 구조'를 강조하며, 사용자 보호와 투명한 정보 제공을 중심으로 서비스를 운영해 왔다. 현재도 그는 의장으로서 중장기 방향과 핵심 전략을 총괄하며, 조용하지만 일관된 방식으로 산업의 기준을 높이고 있다.

리더의 인생을 바꾼 터닝 포인트

송치형 창업자의 결정적 전환점은 업비트를 준비·출시하며 '기술 중심'이 아닌 '사용자 중심'의 질서를 설계한 판단이었다. 2017년 당시 국내 거래소들은 해외 서비스의 불완전한 로컬라이징이나 거래량 중심 경쟁에 치우쳐 있었고, 보안 사고와 시세 논란이 잦았다.

그는 "사용자는 기술을 몰라도 된다. 기술이 사용자를 배려해야 한다"는 원칙 아래, 모바일에 최적화된 직관적 인터페이스, 강력한 KYC/AML과 보안 아키텍처, 투명한 정보 제공을 핵심 축으로 삼았다. 회의적 시선이 있었지만, 이러한 접근은 시장의 신뢰를 빠르게 모으며 업비트를 국내 대표 거래소로 끌어올렸다. 단순한 서비스 성공이 아니라 국내 암호화폐 시장에 사용자 친화적 표준을 정립한 사건이었다.

거인의 어깨와 나란히 하려면
그에게서 배울 핵심 역량은 '기술을 사람의 언어로 풀어내는 능력'이다. 그는 기능을 앞세우기보다 고객 여정의 마찰을 줄이고, 알림 한 줄·문구 한 줄까지 신뢰 관점에서 설계했다. 이 태도는 어떤 산업에도 통한다.

훌륭한 기능도 사용자가 이해하고 안심하지 못하면 힘을 잃는다. 의사결정 전에 "사용자는 여기서 어떤 감정을 느낄까?", "이 설명은 정말 쉬운가?"를 먼저 묻고, 전문용어 대신 사례와 이야기로 설득하는 습관의 설계력과 공감력이 장기적 신뢰와 성장을 만든다.

리더도 사람이다?!

두나무 회의에서 직원이 "이 기능, 너무 어렵지 않나요?"라고 하자 송 의장이 조용히 말했다. "엄마가 써보고 이해 못하면 다시." 이후 실제 테스트에 송 의장의 어머니가 자주 등장했고, 직원들은 이를 '엄마 UX 테스트'라 부르며 은근히 긴장했다고.

대한민국 엔터를 이끄는 선봉장

방시혁
하이브 의장

"성공은 의지의 산물이다"

BTS가 빌보드 정상에 올랐을 당시, 방 의장이 인터뷰에서 팀의 성공을 설명하며 한 말로, 의지가 모든 시작점임을 강조했다.

세계를 뒤흔든 리더의 생애

방시혁 하이브 의장은 1972년 서울에서 태어났다. 어린 시절부터 피아노와 작곡에 흥미를 느꼈고, 경기고와 서울대 미학과를 졸업했다. 대학 시절부터 작곡과 프로듀싱 활동을 시작해 방송·가요계에 곡을 제공하며 이름을 알렸다.

이후 JYP엔터테인먼트에서 박진영과 협업하며 g.o.d, 비(정지훈) 등의 음악 작업을 총괄했다. 보다 자율적이고 실험적인 음악과 시스템을 만들기 위해 2005년 빅히트엔터테인먼트를 설립했다. 자본과 인맥이 넉넉하지 않았지만 '음악과 아티스트에 집중하는 회사'라는 원칙으로 출발했다.

초기에는 소규모로 R&B·힙합 중심 작업을 이어갔으나 큰 성과는 많지 않았다. 전환점은 2013년, 방 의장이 직접 기획한 7인조 보이그룹 BTS의 데뷔다. BTS는 서서히 팬덤을 쌓았고, '팬과의 관계'에 초점을 맞춘 전략은 전례 없는 글로벌 인기로 이어졌다. 유튜브·트위터 등 SNS 활용, 자체 제작 콘텐츠, 팬 커뮤니티 플랫폼 '위버스' 구축은 K-팝 산업의 마케팅·유통 패러다임에 변화를 가져왔다는 평가를 받는다.

2020년 빅히트엔터테인먼트는 코스피에 상장했고, 2021년 사명을 하이브(HYBE)로 변경했다. 같은 해 자회사 하이브 아메리카를 통해 이타카홀딩스를 인수했고, 앞서 쏘스뮤직(2019), 플레디스엔터테인먼트(2020 지분 취득) 등과 레이블 포트폴리오를 확장했다. 위버스를 운영하던 자회사 beNX는 2021년 '위버스컴퍼니'로 사명을 바꾸어 플랫폼 사업을 고도화했다. IPO 이후 방 의장은 한국을 대표하는 문화·콘텐츠 기업가로 자리매김했다.

2023년 이후에는 BTS의 병역 이행에 따른 공백을 감안해 아티스트 라인업 다변화, 북미·일본 등 지역 확장, 위버스 개편과 함께 AI 기반 제작·유통 실험을 병행하고 있다. 방 의장은 여전히 하이브의 중장기 전략을 설계하며 'K-팝 생태계의 미래'를 그려가고 있다.

리더의 인생을 바꾼 터닝 포인트

방 의장의 결정적 터닝 포인트는 BTS의 글로벌 전략을 독자적으로 전개한 시점이었다. 데뷔 초 BTS는 방송 노출 기회가 많지 않았지만, 그는 전통 매체 중심 관행에서 벗어나 인터넷, 특히 SNS와 팬 커뮤니티에 집중했다.

'플랫폼보다 팬과의 관계가 더 중요하다'는 신념 아래 연습·작업·일상을 투명하게 공유하는 서사 전략을 구축했고, 'Love Yourself' 시리즈로 '자기애' 메시지를 전 세계 청년에 공명시켜 BTS를 '공감과 서사를 가진 아티스트'로 자리매김시켰다. 이 선택은 하이브가 음반·공연을 넘어 플랫폼, MD, 콘텐츠로 수익 구조를 다각화하고 글로벌 팬 플랫폼 기업으로 도약하는 기반이 되었다.

거인의 어깨와 나란히 하려면

방 의장에게서 배울 수 있는 가장 큰 능력은 '서사 중심의 콘텐츠 설계력'이다. 그는 단순히 음악을 만드는 것을 넘어 아티스트의 철학과 메시지를 일관된 이야기로 엮고, 그 이야기가 팬의 경험 속에서 살아 움직이도록 제품·플랫폼·커뮤니케이션을 통합 설계했다.

단기 흥행보다 '팬과의 관계'를 자산으로 축적해 지속 가능한 브랜드를 만드는 방식이다. 제품을 팔든 아이디어를 전파하든, '왜 이 일을 하는가'와 '어떤 가치를 지향하는가'를 분명히 정의하고 그 내러티브를 모든 채널에 일관되게 구현하는 것이 장기적 신뢰와 성장을 만든다는 사실을 그의 행보가 보여준다.

리더도 사람이다?!

방 의장은 자신이 만든 그룹 BTS의 공식 유튜브 채널 '방탄밤'에 본인 얼굴이 짧게 등장한 적이 있는데, 팬들이 이를 두고 "하이브 세계관의 신(神)이 등장했다"며 밈으로 만든 바 있다. 이후 방 의장은 "다신 안 나가겠다"며 웃었다고.

어느새 변한 대한민국 기업의 산업군

한때 대한민국 기업의 성장 동력은 명확했다. 철강, 중공업, 화학, 제조업으로 대변되는 1차·2차 산업 중심의 경제 구조가 그것이다. 당시 창업주들은 전후 복구와 산업 기반 구축이라는 시대적 과제 속에서 자신의 운명을 개척했다. 정주영 현대그룹 창업주는 바닷물을 막고 땅을 일구었고, 이병철 삼성그룹 창업주는 무역과 전자산업에 승부수를 던졌으며, 구인회 LG 창업주는 플라스틱과 전기라는 생소한 분야를 정면 돌파했다. 이들은 한국 산업사의 교과서이자, 땀과 근성으로 대한민국을 끌어올린 1세대 산업인의 표상이었다.

그러나 시간이 흐르며 대한민국의 산업 지도는 조용하지만 분명하게 변화하고 있다. 2세대, 3세대 경영인으로 이어지면서 산업군의 중심축도 완전히 달라졌다. 더 이상 중후장대한 공장이 곧 경쟁력이 아니며, 굴뚝에서 연기가 피어오르는 모습이 산업의 상징이 되지도 않는다. 오늘날 기업가 정신은 무형의 기술, 정보, 서비스, 플랫폼, 콘텐츠로 이동한다. 그 변화는 어느새 우리 곁에 와 있고, 우리는 그 사실을 종종 뒤늦게 알아차리곤 한다.

대표적인 인물이 바로 셀트리온의 서정진 회장이다. 그는 공장에서 자동차를 조립하거나 기계를 깎던 대한민국에서 바이오시밀러라는 전혀 새로운 산업에 도전장을 내밀었다. 바이오의약품이란 단어조차 생소하던 시절, 그는 글로벌 제약사들이 수십 년간 독점하던 의약품 시장을 정면 돌파하겠다고 선언했다. 공장에서 일하던 노동자가 항체 단백질을 다루는 생명공학 기업의 창업주가 되었다는 점에서, 단순한 사업 성공을 넘어 대한민국 산업 구조가 바뀌었음을 상징적으로 보여준다. 그리고 지금, 셀트리온은 세계 시장에서 글로벌 제약사들과 당당히 어깨를 나란히 한다.

한편, 디지털 자산 산업에서도 의미 있는 변화가 일어난다. 송치형 두나무 창업주는 업비트를 통해 대한민국 가상자산 산업의 판을 만들었다. 가상화폐 거래소라는 개념조차 생소하던 시절, 그는 '디지털 화폐'라는 새로운 패러다임에 주목했다. 금융과 기술, 신뢰와 투명성이 동시에 요구되는 이 업종에서 그는 철저한 시스템과 법적 대응, 그리고 유연한 시장 감각으로 두나무를 국내 1위, 글로벌 수준의 거래소로 키워냈다. 석유나 철강 없이도 거대한 기업이 탄생할 수 있다는 것을 보여주는 사례다.

또 다른 흐름은 '문화·라이프스타일 산업'의 성장이다. 서경배 아모레퍼시픽 회장은 전통적인 화장품 산업을 넘어서 'K뷰티'라는 거대한 글로벌 흐름을 이끌었다. 단순한 색조 화장품 생산을 넘어, 아름다움을 과학적으로 해석하고 브랜드를 문화 콘텐츠로 승화시킨 것이다. 한류 열

풍과 맞물리며 아모레퍼시픽은 아시아를 넘어 유럽과 미국 시장까지 확장한다. 산업의 본질을 소비자 중심의 경험으로 전환시킨 전략이 주효했다. 그는 '감성과 기술의 융합'이야말로 새로운 시대의 경쟁력임을 보여준다.

이처럼 대한민국의 산업군은 어느새 달라져 있다. '굴뚝' 대신 '데이터 센터', '컨테이너 야적장' 대신 '클라우드 서버'가 산업의 중심에 서 있다. 과거에는 조선소에서 배를 만들던 나라가 이제는 소프트웨어로 도시를 설계하고, 콘텐츠로 수익을 창출하는 시대로 진입했다. 산업은 시대를 반영하는 거울이며, 기업가는 그 거울 속에서 미래를 미리 읽는 사람이다.

대한민국은 더 이상 '따라가는 산업'에 머무르지 않는다. 선진국의 뒤를 좇는 시대는 지나갔다. 이제는 우리가 규칙을 새로 만들고, 산업을 주도하며, 글로벌 시장에서 새로운 질서를 창출하는 시대다. 무에서 유를 창조한 신세대 기업가들은 전통의 틀을 깨고, 상상을 현실로 바꾸는 힘을 우리에게 증명한다.

그들의 이야기는 단순한 성공담이 아니다. 산업이라는 거대한 물줄기를 바꾼 사람들, 그리고 그 변화의 중심에서 자신만의 비전을 밀어붙인 사람들의 기록이다. 이들의 등장으로 대한민국 산업군은 더 이상 과거에 머물러 있지 않는다. 지금 이 순간에도 새로운 산업이 탄생하고, 그것을 선도하려는 누군가가 조용히 자신의 시간을 쌓아가고 있다.

산업은 곧 시대이며, 시대를 만든다는 건 곧 미래를 설계하는 일이다. '당신을 바꿀 리더의 가르침'은 바로 그 미래의 흔적을 따라가는 여정이기도 하다. 창업주의 시대는 끝났지만, 창조의 시대는 계속되고 있다. 대한민국의 산업군은 그렇게, 어느새 바뀌어간다.

대한민국 게임 판도 바꾼 체인저

장병규
크래프톤 의장 겸 창업주

"우리의 적은 경쟁사가 아니라 정체된 사고다"

구성원들이 게임 회사답지 않게 실패를 두려워할 때,
장 의장이 회의에서 강조한 발언이다.

세계를 뒤흔든 리더의 생애

장병규 크래프톤 의장은 1973년 대구에서 태어났다. 수학과 과학에 남다른 흥미를 보이며 대구과학고등학교와 KAIST 전산학과(학·석사)를 졸업해 이공계 인재로 성장했다.

KAIST 재학 시절부터 창업에 눈을 뜬 그는 1997년 24세의 나이에 네오위즈를 공동 창업했다. 초기 포털·커뮤니티·게임 등 다양한 온라인 서비스에 도전했고, '세이클럽' 등으로 주목을 받았다. 2005년에는 검색 기업 '첫눈'을 창업해 이듬해 매각했다. 이후 개인 엔젤투자를 시작했고,

2007년에는 초기기업 전문 투자사 본엔젤스벤처파트너스를 공동 설립(이후 창업투자회사로 등록)하여 많은 스타트업을 발굴했다. 이러한 경험은 훗날 크래프톤의 성장에도 중요한 토대가 되었다.

2007년 그는 '블루홀스튜디오(현 크래프톤의 전신)'를 창업하며 '한국 게임도 세계에서 통할 수 있다'는 확신으로 도전했다. '테라' 등 MMORPG로 존재감을 알렸지만, 이후 성과는 제한적이었다. 그럼에도 개발자 중심 문화와 도전 장려 기조를 흔들림 없이 유지했다.

전환점은 2017년 '배틀그라운드(PUBG)'의 세계적 성공이었다. 스팀 출시 직후 폭발적인 반응을 얻으며 국내 PC방 점유율 1위를 기록했고, PC·콘솔 합산 판매가 2020년 기준 7천만 장을 넘기는 등 글로벌 메가 히트로 자리 잡았다. 장 의장은 '실패할 자유가 없다면 혁신은 없다'는 철학 아래 자율과 책임을 중시하는 조직 문화를 확립했다.

2018년에는 지주회사 체제의 '크래프톤'이 출범했고, 2021년 코스피 상장 이후 시가총액 20조 원대를 넘기며 글로벌 게임사 반열에 올랐다.

장 의장은 현재 크래프톤 이사회 의장으로서 경영 일선에서는 한 걸음 물러서 있으나, '딥테크' 스타트업 육성과 사회적 책임 활동에 힘쓰고 있다. 또한 2017~2020년 대통령 직속 4차산업혁명위원회 초대·2대 위원장을 맡아 산업·정책 현안에도 참여했다.

리더의 인생을 바꾼 터닝 포인트

장 의장의 인생을 바꾼 터닝 포인트는 '배틀그라운드' 프로젝트에 대한 전폭적인 지원 결정이었다. 2016년경 크래프톤은 연이은 프로젝트 부진으로 침체돼 있었다.

이때 배틀로얄 장르를 제안한 크리에이티브 디렉터 브랜던 그린('플레이어언노운') 영입 안이 제시되자, 내부에서는 "너무 서구적이다", "국내 시장과 맞지 않는다"는 반대 의견이 나왔다. 그러나 장 의장은 기존 MMORPG 문법을 넘어 글로벌 유저 감성에 맞춘 배틀로얄 방식이 오히려 기회라고 판단했다.

그는 개발팀에 전권을 부여하고 스스로의 개입을 최소화했다. '자율은 책임을 낳는다'는 철학을 명확히 적용한 것이다. 또한 프로젝트의 잠재력을 직접 설명해 자금을 확보했다.

결과는 폭발적이었다. 출시 후 수개월 사이 글로벌 동시접속자 기록을 연이어 경신했고, 2017년 말에는 수백만 명대 동시접속을 기록하며 전 세계 게임 판도를 흔들었다. 모바일로의 확장까지 성공하면서 크래프톤은 글로벌 상위권 게임사로 도약했다.

이 결정은 회사를 세계적 기업으로 끌어올렸을 뿐 아니라, 장병규를 '실패를 용인하는 리더십'의 상징으로 자리매김하게 했다.

거인의 어깨와 나란히 하려면

장 의장에게서 배워야 할 핵심은 실패를 포용하는 리더십이다. 대부분의 경영자는 실패를 두려워하지만, 그는 '실패를 충분히 해보지 않은 조직은 결코 성공을 낳을 수 없다'는 원칙을 실천했다. 구성원에게 실험과 실패를 권장하며, 결과보다 도전의 과정을 중시했다.

장 의장의 문화는 크래프톤을 세계적 게임사로 이끈 기반이 됐다. '배틀그라운드' 이전에도 여러 프로젝트에서 기대만 못한 성과가 있었지만, 그는 비난보다 학습을 택했고 실패 경험을 조직의 자산으로 전환했다.

이 태도는 스타트업뿐 아니라 모든 조직에 유효하다. 변화가 빠른 시대일수록 '완벽함'보다 '빠른 실행과 실험'이 중요하다. 독자들도 도전을 주저하지 말고, 실패 속에서 배움을 얻는 습관을 들인다면 더 큰 기회를 잡을 수 있다. 장 의장의 리더십은 이를 뒷받침하는 모범 사례다.

리더도 사람이다?!

한 번은 회의 도중 한 신입이 용기 내어 "이건 대표님이 틀렸다고 봅니다"라고 말하자, 장 의장은 갑자기 일어나더니 "그럼 내가 틀렸다고 회의록에 명시해 주세요!"하고 웃으며 자리를 비켰다. 이후 '장병규 틀림 회의록'이 사내 유행어가 되었다.

꿈을 현실로 이뤄낸 몽상가

조만호
무신사 창업주

"좋아하는 걸 끝까지 밀고 가면, 언젠간 남들이 무서워할 정도로 강해진다"

조만호 무신사 창업주가 패션 커뮤니티 운영자로 시작해 유니콘 기업을 일군 뒤, 청년 창업자들을 만난 자리에서 전한 말이다.

세계를 뒤흔든 리더의 생애

조만호 무신사 창업주는 1983년 경남 통영에서 태어났다. 어린 시절부터 옷에 대한 관심이 유별났던 그는 학창 시절 운동화, 스트리트 패션 잡지에 열광하며 '나도 이런 걸 만드는 사람이 되고 싶다'는 꿈을 키웠다. 유행보다는 개성을 중시했던 그는 '남들과 다른 걸 입고 싶다'는 욕구를 인터넷에서 풀어보기 시작한다.

2001년, 고등학교 3학년 재학 중이던 조 창업주는 '무지하게 신발 사진이 많은 곳'이라는 이름의 커뮤니티를 연다. 줄여서 '무신사'. 처음엔 해외 운동화 사진을 공유하고, 길거리에서 멋진 패션을 포착해 올리는 게 주된 콘텐츠였다. 직접 찍은 스트리트 사진과 독특한 리뷰는 입소문을 탔고, 조 창업주는 전공 수업보다 사진과 커뮤니티에 몰두했다. 그가 올린 사진 한 장이 국내 운동화 유행을 바꿨다는 말도 돌았다.

2003년 무신사는 독립 웹사이트로 분리되며 커뮤니티 플랫폼으로 성장한다. '스트리트 패션의 백과사전'이라는 별명이 붙었고, 2005년부터는 패션 브랜드의 신상품 정보, 룩북, 스타일링 콘텐츠를 제공하며 영향력을 넓힌다. 조 창업주는 '좋은 브랜드는 조명받아야 한다'는 철학으로 무신사를 '신진 브랜드 등용문'으로 만들기 시작한다.

2009년부터는 입점 브랜드와 제휴해 직접 상품을 판매하는 쇼핑몰 기능을 도입한다. 커뮤니티와 콘텐츠에 기반한 커머스는 독보적이었다. '판매는 덤이고, 먼저 공감부터 얻자'는 그의 전략은 적중했고, 무신사는 점점 10~30대 남성 패션의 중심 플랫폼으로 자리 잡는다. 조 창업주는 브랜드와 파트너십을 맺고 공동기획 제품, 리미티드 에디션 등을 연이어 성공시키며 브랜드 론칭 능력까지 입증했다.

2019년, 무신사는 외부 투자를 유치하며 기업가치 2조 원대의 패션 플랫폼 유니콘으로 인정받는다. 이후에도 자체 브랜드 '무신사 스탠다드', 오프라인 경험 공간 '무신사 테라스' 확장과 함께, 2021년에는 스타일쉐어와 29CM를 인수해 포트폴리오를 넓혔다. 2023년 추가 투자 유치로 기업가치는 3조 원대 중반으로 평가받았다.

조 창업주는 이후에도 경영을 총괄하며 청년 창업 지원, 브랜드 육성, 콘텐츠 실험에 집중하고 있다. 그는 무신사를 '나 하나 잘되자고 만든 회사가 아니라, 좋아하는 걸 좋아하는 사람들이 모인 생태계'로 성장시켰고, 한국 패션 산업의 구조 자체를 바꿔놓았다.

리더의 인생을 바꾼 터닝 포인트

조 창업주의 결정적 전환점은 2009년 커뮤니티에서 커머스로 전환을 결심한 순간이다. 당시 무신사는 '스트리트 패션 성지'로 불리며 마니아층을 형성하고 있었지만, 수익 구조는 미약했다. 조 창업주는 '좋은 브랜드를 소개했는데, 정작 그 브랜드가 망했다'는 경험을 반복하면서, 콘텐츠만으로는 브랜드를 지속시킬 수 없다는 한계를 절감한다.

그래서 그는 플랫폼에 커머스를 도입하기로 결심한다. 기존 무신사 회원이 브랜드 정보를 보다가 자연스럽게 구매까지 이어지는 '콘텐츠 기반 커머스' 모델이었다. 하지만 그 결정은 간단치 않았다. 커뮤니티의 '자율성'과 쇼핑몰의 '상업성'은 충돌할 수밖에 없었고, 많은 회원이 "무신사도 결국 돈 벌려는 거냐"며 반발했다.

조 창업주는 정면 돌파를 선택했다. '우리가 파는 건 그냥 옷이 아니라, 이야기가 담긴 브랜드다'라는 메시지를 던졌고, 실제로 브랜드와의 협업 방식도 차별화했다. 단순 유통이 아닌 공동 기획, 브랜드 스토리 콘텐츠 제작, 유저 리뷰까지 모든 단계에 스토리텔링을 입혔다. 기존 쇼핑몰과 전혀 다른 방식이었다.

그의 전략은 서서히 먹혀들었다. 고객은 '무신사에서 산다'보다 '무신사니까 산다'는 인식을 갖기 시작했고, 브랜드는 '무신사에 입점하면 팔린다'는 신뢰를 갖게 됐다. 이 구조는 신진 브랜드에게는 등용문이 되었고, 무신사에게는 팬덤 기반의 견고한 시장을 만들어줬다.

2010년대 중반 이후 스트리트 패션이 주류로 올라오며 무신사는 폭발적으로 성장했다. 하지만 조 창업주는 늘 '커뮤니티 DNA'를 잃지 않으려 애썼다. 내부에선 '우리는 패션 회사가 아니라, 좋아하는 걸 좋아하는 사람들의 집단'이라는 문화가 강조됐다. 콘텐츠팀, 기획팀, 마케팅팀이 함께 브랜드를 만들고, 리뷰를 키우고, 감성을 설계했다. 이 모든 것은 커머스 전환 이전의 커뮤니티 문화에서 비롯된 것이었다.

그의 커뮤니티 문화는 '가장 좋아하는 것을 지속 가능한 형태로 바꾸는 용기'의 결정체다. 많은 창업자들이 취미를 직업으로 바꾸려 할 때, 그것이 '일'이 되는 순간을 두려워한다. 하지만 조 창업주는 커뮤니티에 머물지 않고, 직접 산업을 설계하기로 결단했고, 그 선택은 무신사를 한국 패션 플랫폼의 독보적 존재로 이끌었다. 좋아하는 일을 한다는 것과, 그것을 시스템으로 바꾼다는 것 사이의 간극을 메운 상징적인 전환점으로 남는다.

거인의 어깨와 나란히 하려면

조 창업주에게서 가장 배워야 할 자질은 '애정을 전략으로 바꾸는 실행력'이다. 그는 단순히 옷을 좋아한 사람이 아니었다. 그 좋아함을 '모든 걸 다 해보자'는 집착으로, 콘텐츠로, 커머스로, 플랫폼으로 진화시킨 사람이다. 많은 이들이 "좋아하는 걸로 창업하라"고 말하지만, 그것이 지속가능하려면 전략과 실행이 뒤따라야 한다.

조 창업주는 브랜드를 사랑했기에, 그 브랜드가 망하는 걸 보고 가만히 있지 않았다. 그래서 플랫폼을 만들고, 유통을 연결하고, 콘텐츠까지 챙겼다. 이처럼 '애정이 전략이 되는 순간'은, 실천에서 나온다. 독자도 자신이 좋아하는 것을 직업이나 사업으로 만들고 싶다면, 그것이 진짜 도움이 되려면 어떤 구조를 갖춰야 할지 끊임없이 고민해야 한다.

또한 그는 실패를 두려워하지 않았다. 무신사의 초창기 커머스 전환, 자체 브랜드 런칭, 29CM 인수 등은 모두 반대와 우려 속에 이뤄졌다. 하지만 그는 '우리가 좋아하는 방식대로 해보자'는 믿음으로 밀어붙였고, 그 실행이 브랜드가 되고, 기업이 되었다. 좋아하는 걸 오래 하기 위한 전략, 조 창업주는 그걸 누구보다 잘 보여준다.

리더도 사람이다?!

어느 날 무신사 회의 중, 한 직원이 "조 창업주님, 이 브랜드는 마진이 너무 안 남습니다"라고 하자, 조 창업주는 잠시 고민하다가 "근데 내가 이 브랜드 옷 입고 출근했잖아. 감정적 판단 좀 해도 되지 않아?"라고 웃으며 말했다고 한다. 회사는 폭소, 그 브랜드는 입점 확정.

불편을 혁신으로 이겨낸 사업가

이승건
비바리퍼블리카 대표

"가장 미친 사람이 이긴다"

이승건 비바리퍼블리카 대표가 토스를 처음 세상에 내놓을 당시, 온갖 규제와 시장 회의론 속에서도 끝까지 밀어붙일 수 있었던 이유를 설명하며 남긴 말이다.

세계를 뒤흔든 리더의 생애

이승건 비바리퍼블리카 대표는 1982년 서울에서 태어났다. 어릴 적부터 숫자보다는 사람과 사회에 관심이 많았고, 영동고등학교를 졸업했다. 주변 친구들과 달리 비즈니스나 공학과는 거리가 멀어 보였지만, 이 대표는 오히려 '정형화되지 않은 시선'으로 세상을 관찰하는 법을 배운 시절이었다.

서울대학교 치의학과에 진학했지만 그는 임상가의 길에 확신이 없었다. 학부 시절 공모전, 마케팅 프로젝트, 해외 봉사 등 다양한 활동에 뛰어들었고, 창업 동아리 활동을 계기로 '내가 만든 서비스로 세상을 바꾸고 싶다'는 확신을 갖게 된다. 졸업 후 치과의사 면허를 취득했지만 진료 대신 창업을 선택했고, 2011년 비바리퍼블리카를 설립했다.

처음엔 모바일 기반의 소셜 네트워크 서비스 '울라불라'를 출시했다. 시장 반응은 냉담했고 곧 방향 전환이 필요했다. "송금이 왜 이렇게 불편할까?"라는 단순한 질문에서 '토스(Toss)' 아이디어가 나왔다. 공인인증서 등 복잡한 절차 없이 몇 번의 클릭으로 송금이 가능한 UX를 목표로 했지만, 금융 규제가 엄격해 사업 인가를 받기까지 상당한 시간이 걸렸다. 초기에는 금융당국과 은행, 투자자 모두 회의적이었다.

그러나 이 대표는 물러서지 않았다. 2015년 마침내 첫 버전의 토스를 출시했고, '두 번만 누르면 송금 끝'이라는 경험은 사용자를 사로잡았다. 젊은 세대는 물론 부모 세대까지 입소문이 퍼졌다. 이후 그는 토스를 단순 송금 앱이 아니라 '생활금융 플랫폼'으로 확장하기 시작한다.

2018년 토스는 이용자 1,000만 명을 돌파했고, 간편결제·신용조회·보험·투자·카드·대출 비교 등 전 금융 생활 전반을 연결하는 플랫폼으로 진화했다. 이 대표는 모든 서비스를 '불편함 제거'라는 철학으로 설계했고, 개발·디자인·CS 전 과정을 '고객 경험 퍼스트' 원칙에 맞췄다.

2021년 토스는 인터넷전문은행 본인가를 받아 '토스뱅크'를 출범시켰고, 비바리퍼블리카는 금융그룹으로 도약했다. 현재 토스는 3,000만 명 이상이 사용하는 국민 앱으로 성장했으며, 비바리퍼블리카는 유니콘을 넘어 데카콘을 겨냥하는 한국 대표 테크 기업으로 평가받고 있다.

이 대표는 지금도 매일 직접 앱을 테스트하며 작은 오류까지 살피는 '현장형 CEO'로, '가장 불편한 문제를 가장 미친 방법으로 푼다'는 창업 철학을 실천 중이다.

리더의 인생을 바꾼 터닝 포인트

이승건 비바리퍼블리카 대표의 가장 결정적인 터닝 포인트는 치과의사라는 안정된 진로를 포기한 일 자체가 아니라, 토스를 단순 송금 앱에서 '종합 금융 플랫폼'으로 넓히기로 한 결단이었다.

2015년 첫 송금 서비스가 자리 잡았을 때 이미 성공은 손에 들어왔다. 대부분의 창업자라면 이 단계에서 수익화에 집중하거나 안정을 택했을 것이다. 그러나 이 대표는 "사람들은 송금 하나만 하려고 앱을 켜지 않는다. 금융생활 전체가 불편한데, 그걸 하나씩 다 해결할 수 있다면?"이라고 자문했고, "그럼 우리가 한다"는 답을 택했다.

바로 그다음부터가 난관이었다. 결제·보험·투자 등은 각각 높은 진입장벽과 복잡한 규제를 가진 영역이었다. 토스는 전통 금융기관에 비해 신뢰도 면에서도 불리했다. "다 하겠다고 나서다 다 놓칠 수 있다"는 냉소가 뒤따랐다. 실제로 보험 비교 서비스 론칭 등에서는 기존 업계와 마찰을 겪었고, 내부에서도 한계를 우려하는 목소리가 있었다.

이 대표는 '한 번의 클릭으로 모든 금융을 해결한다'는 원칙을 고수했다. 조직을 미션 단위로 재정비하고, 서비스별 제품·개발·운영을 하나의 팀으로 묶어 민첩하게 움직이도록 설계했다. 고객이 '왜 이 서비스가 불편한가'를 끝까지 추적해 원인을 설계 단계에서 제거했다. 서비스는 차례로 출시됐고, 이용자는 꾸준히 늘었다.

그 결과 토스는 금융 슈퍼앱으로 자리 잡았다. '신용조회는 토스', '보험 비교는 토스', '송금은 당연히 토스'라는 인식이 확산됐고, 2021년에는 인터넷은행 본인가를 받아 토스뱅크까지 출범했다. 여기까지 오기까지 8년이 걸렸다.

이 결단은 단순한 사업 확장이 아니라 기업 정체성을 바꾼 선택이었다. 다수의 스타트업이 '한 문제' 해결에 그치는 반면, 그는 '삶 전반의 금융 불편'을 해결하는 플랫폼을 그렸고 현실로 만들었다. 중심에는 늘 "고객이 웃는가?"라는 질문이 있었다. 그 질문이 토스를 지금의 위치로 끌어올린 가장 강력한 무기였다.

거인의 어깨와 나란히 하려면

이 대표에게서 배워야 할 자질은 '끈질기게 묻고 끝까지 파는 질문력'이다. 그는 늘 "이건 왜 이렇게 불편하지?", "진짜 고객을 위한 길은 무엇인가?"를 팀과 서비스에 묻는다. 이 질문은 단순한 호기심이 아니라 제품 설계의 출발점이다.

많은 조직이 '있는 기능을 어떻게 개선할까'를 먼저 생각하지만, 그는 "처음부터 다시 설계하면 더 나아질 수 있지 않을까?"를 묻는다. 그 질문 덕분에 토스는 '은행처럼 보이지만 은행보다 훨씬 쉬운' 경험을 만들었다. 결국 이 질문력은 관행을 흔들고 새로운 기준을 세웠다.

독자도 자신의 일에서 '당연한 듯한 불편'을 다시 들여다보자. 고객이 이해하지 못하는 기능, 사용자가 미루는 버튼, 반복되는 CS 문의 그 안에 변화의 기회가 있다. 질문을 던지고, 그 질문을 끝까지 파고드는 사람이 진짜 혁신을 만든다.

리더도 사람이다?!

한 신입 직원이 이 대표에게 "대표님, 왜 회사 이름이 비바리퍼블리카예요?"라고 물었다. 이 대표는 잠시 멈칫하더니 "…음, 멋있어 보여서요"라고 대답했다. 전 직원이 빵 터졌고, 결국 이름의 의미보다 '질문에 솔직한 사람'이 더 강한 인상을 남겼다는 후일담이 전해진다.

불가능을 극복해서 성공해낸 도전자

김슬아
컬리 대표

"고객은 바보가 아니다. 감동하지 않으면 돌아선다"

김슬아 컬리 대표가 새벽배송 서비스의 품질과 신뢰를 지키기 위해 팀에 강조했던 말이다.

세계를 뒤흔든 리더의 생애

김슬아 컬리 대표는 1983년 서울에서 태어났다. 어릴 적부터 책을 가까이하며 "왜?"를 자주 묻는 습관이 있었고, 사물을 남다른 각도로 바라보는 성향을 보였다. 규칙과 책임을 중시하는 환경에서 자라며 관찰력과 성실함을 키웠다.

고등학교 졸업 후 미국 웰슬리대에서 정치학을 전공했다. 이후 골드만삭스와 맥킨지에서 경력을 쌓았고, 글로벌 투자업계 경험까지 더하며 경영 감각을 넓혔다. 한국에 머무르던 중 '좋은 식재료를 제때 신선하게 구하기 어렵다'는 일상의 불편을 문제의식으로 삼아 창업 아이디어를 구체화했다.

2015년, 그는 마켓컬리를 공동 창업했다. 당시 '새벽배송'은 낯선 개념이었고 유통 구조는 대기업 중심으로 보수적이었다. 김 대표는 고객 중심·신선식품·정시배송을 축으로 서비스를 설계해 '당일 주문, 다음 날 새벽 도착'이라는 파격적인 경험을 제시했다. 도심의 1~2인 가구와 맞벌이 가정에서 폭발적인 반응이 이어지며 빠르게 입소문이 났다.

그는 상품 기획부터 포장, 물류까지 전 과정을 직접 챙겼다. 엄격한 입점 심사와 직접 소싱으로 품질을 최우선에 두었고, '컬리 퀄리티'라는 기준을 도입해 고객이 믿고 살 수 있는 장치를 만들었다. 앱 사용성 개선과 리뷰·추천 시스템 고도화로 '콘텐츠가 있는 커머스'를 지향한 점도 차별화 요소였다.

2020년 이후 비대면 소비 확대로 컬리는 빠르게 성장했다. 이 시기 김 대표는 물류 자동화와 시스템 고도화, 신규 카테고리 확장에 힘을 쏟았고, 기업가치는 1조 원을 넘기며 유니콘 기업으로 도약했다. 2022년 기업공개를 추진했으나 시장 상황을 고려해 일정을 조정했고, 이후 체질 개선과 수익성 강화에 집중해 성과를 내기 시작했다.

김 대표는 브랜딩 감각, 운영력, 데이터 기반 의사결정을 겸비한 창업자로 평가받는다. '여성 창업자 롤모델'로서 후배들을 지원하고, 한국 이커머스의 고객 경험 기준을 끌어올렸다는 점에서 의미가 크다.

리더의 인생을 바꾼 터닝 포인트

김슬아 대표의 가장 중요한 터닝 포인트는 '새벽배송'을 비상식에서 상식으로 바꾼 결정이었다. 2015년만 해도 온라인 식품 구매는 신뢰와 편의 모두 미흡했다. 신선식품은 직접 보고 사야 한다는 인식이 강했고, 밤 10시에 주문해도 다음날 오후에야 받는 것이 보통이었다.

그는 '아침에 눈을 뜨면 식탁에 필요한 모든 것이 도착해 있는 경험'을 설계했다. 배송 시간을 앞당기는 수준이 아니라, 야간 물류 운영, 주문 컷오프, 냉장·냉동 보관과 분류 체계 등 공급망 전반을 재설계해야 가능한 일이었다. 고객이 체감하는 서비스의 기준, 즉 '기대치 그 자체'를 끌어올리는 전략이었다.

물류 현장에선 인건비와 폐기 리스크, 수요 예측 난도 등을 이유로 회의론이 컸다. 실제 초기에는 물량·비용 구조가 불리해 적자가 불가피했다. 그럼에도 김 대표는 이 시기를 '브랜드와 신뢰를 쌓을 골든타임'으로 보고, 오배송·품질 이슈 발생 시 교환·환불을 과감히 수행하도록 원칙을 세웠다. CS 조직에는 '고객 입장에서 화나지 않는가'를 기준으로 판단하라고 주문했다.

그 결과 마켓컬리는 '가장 신뢰가는 새벽배송'이라는 인식을 구축했고, 신뢰는 재구매율과 고객 생애가치로 이어졌다. 이 결정은 물류 방식의 혁신을 넘어, 온라인 식품 시장의 심리적 허들을 낮춘 사건이었다. 그는 기술과 마케팅 못지않게 '아침에 문을 열었을 때의 감탄'을 먼저 설계했고, 그 감정을 물류·시스템이 받쳐 주도록 만들었다.

이 과정은 소비 습관 자체를 바꾸었다. '식품은 오프라인에서 직접 골라야 한다'는 고정관념이 약해졌고, 새벽배송은 업계 표준 중 하나가 되었다. 경쟁사들도 연이어 시장에 진입하면서 카테고리 전체가 성장했지만, 초기부터 축적한 운영 역량과 고객 신뢰는 컬리의 강력한 자산으로 남았다.

거인의 어깨와 나란히 하려면

김슬아 대표에게서 배워야 할 자질은 '집요한 고객 감정 설계 능력'이다. 그는 '서비스는 결국 사람이 느끼는 감정의 합'이라고 본다. 같은 물건을 같은 시간에 받아도 '기분 좋게 받았는가'가 충성도를 좌우한다는 철학이다.

이 능력은 감성 마케팅이 아니라 정교한 여정 설계다. 고객이 앱에서 상품을 고르고 결제하고 문을 열기까지의 모든 접점을 분해해, 불편을 '감동의 순간'으로 치환한다. 상품 사진의 사실성, 첫 구매 패키지의 촉감과 인사 문구, 박스 개봉 동선까지 디테일을 반복 점검해 '미소 짓는 포인트'를 만든다.

기술이 평준화되는 시대에 차별화의 핵심은 결국 감정이다. 독자 역시 자신의 업무에서 고객·사용자·동료가 느낄 감정을 디자인하는 습관을 가져보자. 제품 기획, 서비스 정책, 피드백 전달 방식에 감정 설계를 더하면 결과는 달라진다. 마음을 얻는 서비스가 시장도 얻는다. 김슬아 대표의 여정이 이를 분명히 보여준다.

리더도 사람이다?!

초기 투자 유치 미팅에서 한 VC가 "대표님, 유통은 너무 힘든 산업 아닐까요?"라고 묻자, 김 대표는 웃으며 "그래서 더 하고 싶어요. 경쟁자가 없거든요"라고 답했다. 그 당돌한 한마디에 투자자는 웃음을 터뜨렸고, 결국 투자를 집행했다는 후문.

불닭의 어머니

김정수
삼양식품 부회장

"우리가 잘하는 것에 집중해야 경쟁자가 따라올 수 없다"

2025년 신년사에서 김 부회장이 강조한 핵심 전략으로,
삼양식품의 핵심 역량인 '불닭' 브랜드를 중심으로 한 글로벌 확장을
강조하며 나온 발언이다.

세계를 뒤흔든 리더의 생애

김정수 부회장은 1964년 서울에서 태어나 서울예술고등학교를 졸업하고 이화여자대학교에서 사회복지학을 전공했다. 예술적 감각과 사회적 감수성을 지닌 그녀는 이후 삼양식품의 경영에 참여하게 된다.

1990년대 후반, IMF 외환위기 여파로 경영 환경이 급변하던 시기에 김 부회장은 1998년 삼양식품에 합류해 경영을 도왔다. 당시 삼양식품

은 부채와 경영 부실로 어려움을 겪고 있었고, 그녀는 남편 전인장 전 회장과 함께 재건에 힘썼다. 한편 2008년부터 2017년까지의 횡령 사건으로 김 부회장은 유죄 판결을 받았고, 2020년 3월 관련 법에 따른 취업제한으로 경영에서 물러났다. 같은 해 10월 법무부 승인을 받아 복귀했으며, 2021년 12월 부회장으로 승진해 해외 영업을 총괄하고 있다.

김 부회장은 '불닭볶음면'의 개발과 글로벌 마케팅을 주도하며 삼양식품의 성장을 이끌었다. 2012년 출시된 불닭볶음면은 '파이어 누들 챌린지'를 계기로 전 세계적으로 인기를 얻었고, 2022년 누적 판매량 40억 개를 돌파했다. 제품 다변화와 현지화 전략을 통해 미국, 중국, 동남아시아 등에서 입지를 확대했으며, 2024년에는 해외 매출 비중이 약 77%에 달하는 등 괄목할 만한 성과를 냈다.

2025년에는 지주·부동산 계열사인 삼양라운드스퀘어의 대표이사 자리에서 물러나 삼양식품의 핵심 사업에 집중하기로 했다. 글로벌 사업 확장과 대외 환경 변화에 선제적으로 대응하기 위한 전략적 선택이었다. 현재도 김 부회장은 삼양식품의 부회장으로서 해외 사업과 브랜드 경쟁력 강화에 주력하고 있다.

리더의 인생을 바꾼 터닝 포인트

김 부회장의 인생에서 가장 큰 전환점은 불닭볶음면의 개발과 글로벌 성공이다. 2010년 무렵, 젊은 층의 '매운맛' 선호가 뚜렷해지는 현상을 포착한 그녀는 강한 매운맛을 전면에 내세운 라면 개발을 결심했고,

수개월의 개발 끝에 2012년 불닭볶음면을 출시했다.

출시 초기 국내 반응은 제한적이었으나, 2014년 '파이어 누들 챌린지'를 계기로 해외에서 인지도가 급상승했다. 이 흐름을 기회로 삼아 그녀는 적극적인 해외 마케팅과 라인업 확장을 추진했다. 그 결과 불닭브랜드는 미국 월마트·코스트코 등 대형 유통망에 입점했고, 2024년에는 해외 매출 비중이 전체의 약 77%에 이르며 글로벌 브랜드로 자리매김했다.

불닭의 성공은 트렌드를 읽는 감각과 실행력이 결합된 결과로, 위기를 기회로 바꾸는 리더십의 대표적 사례로 평가받는다.

거인의 어깨와 나란히 하려면

김 부회장의 강점은 시장 변화를 읽어 제품과 조직을 신속히 움직 실행력이다. 매운맛 트렌드를 상품 기획으로 연결하고, 생산·유통·마케팅 전 과정을 일관된 전략으로 묶어 글로벌 표준에 맞춘 점이 삼양식품의 경쟁력을 높였다.

이 능력은 오늘의 급변하는 비즈니스 환경에서도 유효하다. 소비자의 니즈를 면밀히 관찰하고, 그것을 신속하게 제품·서비스로 구현하는 실행력이야말로 기업의 핵심 역량이다. 독자 역시 시장의 흐름을 꾸준히 관찰하며 아이디어를 실현 가능한 형태로 발전시키는 훈련을 거듭해야 한다. 학습과 경험, 그리고 도전을 두려워하지 않는 태도가 결국 신뢰와 성과로 이어진다.

리더도 사람이다?!

김 부회장은 불닭볶음면의 개발 초기, 제품의 매운맛을 테스트하기 위해 직접 시식에 참여했다. 그녀는 첫 시식에서 너무 매워 눈물을 흘리며 "이건 사람 먹는 게 아니야!"라고 외쳤다. 하지만 이후에도 계속 시식을 거듭하며 최적의 매운맛을 찾아냈고, 결국 전 세계를 사로잡은 '불닭볶음면'을 탄생시키게 됐다.

4장.
역사에 이름을 남긴 세계적 리더

이번엔 '세계적 기업을 창조한 사람들'에 주목한다. 한 시대를 뒤흔든, 혹은 시대를 만들어 낸 10명의 창업자가 그 주인공이다. 그들은 아무것도 없는 자리에서 자신의 철학과 상상력, 그리고 뚝심으로 세계적인 기업을 일으켰고, 그 기업들은 현재까지도 세계 경제를 움직이고 있다.

헨리 포드는 단순한 자동차 제조업자를 넘어, '대량생산'이라는 개념을 정립해 산업화 시대의 물꼬를 텄다. 포드가 자동차를 만들기 전까지, 자동차는 일부 부유층의 전유물이었다. 그러나 그는 효율과 시스템을 통해 '대중의 시대'를 열었고, 노동자에게 주 5일 근무와 고임금을 제공하는 혁신으로 근대 자본주의의 기준을 재정의했다.

토머스 에디슨은 '발명의 아이콘' 그 자체다. 그는 단지 전구를 발명한 것이 아니라, 발명을 사업화한 최초의 인물이었다. 그의 '에디슨 제너럴 일렉트릭'은 지금의 GE로 이어지며 산업 전반의 전력화와 표준화를 이끌었다. 그의 창조적 집념과 실행력은 현대 기술기업의 원형으로 자리 잡았다.

월트 디즈니는 애니메이션에 감정을 불어넣은 마법사였다. 그는 상상력을 산업화했고, 이야기를 자산으로 만들었다. 디즈니랜드는 오락산업의 패러다임을 바꾸었고, 그는 문화가 경제가 되는 세상을 예견했다. 디즈니의 성공은 '아이디어와 감성'이 곧 비즈니스의 핵심이 될 수 있음을 입증했다.

스티브 잡스는 컴퓨터를 '개인적 존재'로 탈바꿈시킨 혁명가였다. 그는 디자인과 기술의 경계를 허물며 사람들의 삶의 방식을 바꾸었고, 애플을 '감성 기술 기업'으로 재탄생시켰다. 잡스가 만든 애플은 단순한 제품이 아니라 철학이 되었고, 지금도 그 정신은 전 세계의 창업가들에게 영감을 준다.

존 D. 록펠러는 석유산업을 독점적으로 통제한 거인이었다. 스탠더드오일을 통해 그는 '규모의 경제'와 수직 계열화의 정수를 보여주었고, 비즈니스의 확장 전략을 체계화했다. 그의 성공은 자본 집중의 효율과 위험을 모두 알려주며, 현대 독점 규제 정책의 배경이 되었다.

앤드류 카네기는 철강 산업을 통해 미국의 기반 인프라를 형성했다. 그는 '자조의 철학'을 실천한 자수성가의 상징이었으며, 사업 이후 막대한 재산을 도서관과 교육에 기부하며 '부의 사회 환원'이라는 개념을 현실화했다. 카네기는 단순한 부자가 아닌, 책임 있는 자본가였다.

J. P. 모건은 위기 속에서 미국 경제를 지탱한 금융인의 상징이다. 그는 철도, 전기, 통신 등 핵심 인프라에 거대한 자본을 투입했고, 때로는 정부보다 더 강한 영향력을 행사했다. 모건은 현대 금융자본주의의 기틀을 닦은 인물로, 시장의 안정과 질서를 이끌었다.

아키오 모리타는 일본 제조업의 전설이다. 소니를 글로벌 브랜드로 성장시킨 그는 '기술과 감성의 융합'을 실현한 인물로, 워크맨이라는 제품 하나로 전 세계 소비자의 감성을 사로잡았다. 그는 '일본형 창의성'이 서구 시장에서도 통한다는 것을 입증했다.

티에리 에르메스는 장인의 손에서 시작한 가죽 공방을 세계 최고의 명품 브랜드로 끌어올렸다. 그는 품질, 정직, 전통을 고수하며 수많은 유행에도 흔들리지 않았고, '가장 프랑스적인 것이 가장 세계적인 것'이 되는 모델을 만들었다.

마지막으로, 앨런 록히드와 말콤 록히드는 하늘을 지배한 형제였다. 그들이 만든 록히드마틴은 항공·방산 산업의 절대 강자가 되었고, 최첨단 기술력으로 국가 안보의 중추적 역할을 해냈다. 이들은 민간 기술과 공공 영역이 융합할 수 있음을 보여준 사례였다.

이 10인의 창업자는 시대를 초월한 경영 철학과 실행력을 바탕으로 세계 경제의 흐름을 바꾸었다. 그들의 삶과 기업은 단순한 성공 이야기를 넘어, 어떻게 한 사람의 사상이 산업을 바꾸고 세상을 움직일 수 있는지를 증명한다. 이들을 이해하는 것은 세계 경제의 과거, 현재, 미래를 꿰뚫는 통찰을 얻는 일이기도 하다. 그리고 이 장의 시작은, 독자에게 이런 질문을 던지고자 한다. '당신은 어떤 원칙으로 세상을 바꿀 것인가?'

*리더의 목차 순서는 우선순위가 아님을 안내합니다.

기술의 중요성을 설파한 자동차의 아버지

헨리 포드
포드 모터 컴퍼니 창업주

"당신이 할 수 있다고 믿든, 할 수 없다고 믿든, 당신 말이 맞다"

헨리 포드 창업주가 실패를 두려워하는 직원에게 건넨 말로,
자기 확신이 행동과 결과를 좌우한다는 신념에서 나온 말이다.

세계를 뒤흔든 리더의 생애

헨리 포드 창업주는 1863년 미국 미시간 주(현재 디어번 일대) 농가에서 태어났다. 어릴 적부터 기계를 만지는 걸 좋아해 부러진 시계를 분해하고 조립하곤 했고, 농사보다 증기기관과 기계에 더 큰 호기심을 보였다.

청소년기에 디트로이트에서 기계공 견습으로 경력을 시작한 그는, 성인이 된 뒤 가업을 거들다 1891년 에디슨 일루미네이팅 컴퍼니 디트

로이트 지사에 입사해 엔지니어로 실력을 인정받았다. 야간에는 자신의 내연기관 자동차를 연구했고, 1896년 개인 제작 차량 '쿼드리사이클(Quadricycle)'을 완성했다. 당시 자동차는 부유층의 전유물로 여겨졌으나, 포드는 '모든 사람을 위한 차'를 꿈꾸며 1903년 포드 모터 컴퍼니를 설립했다.

사업 초기에는 고장, 높은 가격, 비효율적 생산 등 난관이 있었지만, 연구와 표준화·부품 단순화를 거듭해 1908년 대중용 자동차 '모델 T'를 출시했다. 단순한 구조와 내구성, 더 낮아진 가격으로 큰 반향을 일으킨 그는 1913년 하이랜드 파크 공장에 이동식 조립라인(컨베이어)을 도입해 대량생산을 본격화했고, 자동차 대중화의 문을 열었다.

이 생산방식은 자동차 산업을 넘어 산업사회 전반의 노동 패러다임과 공급망 운영에 변화를 가져왔다. 높은 이직률과 반복 작업의 피로 문제에 대응해 포드는 1914년 당시로서는 파격적인 '하루 5달러 임금'과 8시간 근무제를 시행해 숙련인력을 안정적으로 확보하고, '일하며 자사 차량을 구매할 수 있는 노동자'라는 새로운 소비계층 형성에도 기여했다. 그 결과 모델 T는 최종적으로 1,500만 대 이상 판매되며 포드 모터는 미국 제조업의 상징이 됐다.

이후 1930년대에는 노조와의 격렬한 충돌 등 경영상 난관도 겪었지만, 헨리 포드는 기업가정신과 생산성 혁신, 그리고 '기술은 사람을 위한 것'이라는 철학을 실천한 창업주로 기억된다. 1947년 세상을 떠나

기까지 그의 경영 방식은 '포디즘(Fordism)'이라는 용어로 요약돼 오늘까지 회자된다.

리더의 인생을 바꾼 터닝 포인트

헨리 포드 창업주의 인생에서 가장 극적인 터닝 포인트는 1913년 이동식 조립라인 도입을 통해 '모델 T'의 대량생산을 현실화한 일이다.

1908년 등장한 모델 T 자체가 혁신이었지만, 폭증하는 수요를 기존 장인 중심 방식으로는 감당할 수 없었다. 포드는 도축 공정 등의 분업 아이디어에서 영감을 받아, 작업자가 제품을 쫓아다니는 대신 제품이 공정을 따라 작업자 앞으로 이동하는 컨베이어 시스템을 구축했다. 그 결과 한 대 조립시간은 약 12시간대에서 1시간 반 안팎으로 단축되며 생산성은 도약했다. 대량생산은 가격 인하로 이어졌고, 자동차 산업뿐 아니라 제조업 전반의 표준이 바뀌었다.

그러나 단순한 기술 개선을 넘어선 경영 결단이었다. 반복·단순 작업의 부작용으로 이탈이 늘자 포드는 1914년 8시간 근무제와 하루 5달러 고임금을 도입했다. 숙련 인력의 정착과 생산성 제고, 더 나아가 노동자를 소비자로 연결하는 선순환을 노린 전략이었다. 이 선택은 포드를 단순한 기술자가 아닌, 생산·노동·소비를 하나의 유기적 시스템으로 설계한 기업가로 자리매김하게 했다.

결국 '모든 사람에게 자동차를'이라는 단 한 문장이 생산성, 품질, 가격, 임금, 근로시간을 아우르는 시스템 혁신으로 확장되며, 산업화 시대의 상징인 '포디즘'을 탄생시켰다.

거인의 어깨와 나란히 하려면

헨리 포드 창업주에게서 배워야 할 자질은 '시스템을 설계하는 통합적 사고'다. 그는 좋은 제품을 넘어, 그것이 어떻게 지속적으로 만들어지고(생산), 어떻게 팔리며(유통·가격), 누가 사고 쓰게 할 것인지(임금·근로환경·소비)까지 하나의 구조로 설계했다.

많은 리더가 제품 개선에 집중하지만, 포드는 '누구나 살 수 있게, 쉽게 쓸 수 있게, 꾸준히 생산할 수 있게'라는 원칙으로 전 과정을 설계했다. 기술이 아무리 뛰어나도 고객에게 닿는 구조가 없으면 힘을 잃는다. 스타트업이든 대기업이든, '좋은 아이디어'보다 '지속 가능한 구조'를 설계하는 리더십이 필요하다.

일상과 조직에서도 단편적 문제 해결에 머무르지 말고, 그 문제를 낳는 구조와 흐름을 함께 보려는 훈련이 중요하다. 헨리 포드처럼, 한 사람의 비전이 한 산업의 구조를 바꿀 수 있음을 기억하자. 그의 사례는 통합적 사고가 어떻게 시장의 질서를 다시 쓰는지 분명하게 보여준다.

리더도 사람이다?!

한 번은 엔지니어들이 고장난 기계를 며칠째 못 고치자, 헨리 포드가 공장에 나타났다. 조용히 기계를 살피더니, 볼트 하나를 '툭' 치며 "여기 문제야"라고 말하곤 돌아섰다. 그 뒤 기계는 정상 작동. 직원들 사이에선 그날을 '기계도 포드 앞에선 긴장한다'는 전설로 기억했다.

말이 필요 없는 발명왕

토머스 에디슨
에디슨 제너럴 일렉트릭 설립자

"나는 실패한 적이 없다.
다만, 잘못 작동하는 1만 가지 방법을 발견했을 뿐이다"

토머스 에디슨이 전구 발명 과정에서 수많은 실패를 겪은 끝에
기자의 질문에 대답하며 남긴 말이다.

세계를 뒤흔든 리더의 생애

토머스 에디슨은 1847년 미국 오하이오 주 밀란에서 7남매 중 막내로 태어났다. 병약했고 정규 학교 교육은 몇 달 남짓에 그쳤지만, 어머니의 자택 교육을 통해 자율성과 호기심을 키우며 자랐다.

10대 시절 그는 기차에서 신문을 팔아 생계를 돕는 한편 객차에서 작은 실험실과 인쇄 시설을 꾸려 실험을 이어갔다. 전신 기술을 익혀 20

대에 전신 기사로 일하며 관련 특허로 수익을 올리기 시작했고, 이후 발명에 전념할 수 있는 연구 조직을 세웠다. 1877년에는 사실상 세계 최초로 녹음과 재생이 가능한 축음기를 내놓았고, 1879년에는 탄소 필라멘트를 활용한 실용적 백열전등을 구현해 조명 상용화의 길을 열었다.

에디슨은 발명가를 넘어, 발명을 사업으로 연결한 기술 창업가였다. 조명·배전·계량을 아우르는 전기 조명 시스템을 구축하며 1878년 '에디슨 일렉트릭 라이트' 등 여러 회사를 세웠고, 1889년 이들을 묶어 '에디슨 제너럴 일렉트릭'으로 통합했다. 이 회사는 1892년 톰슨-휴스턴과 합병해 오늘의 제너럴 일렉트릭(GE)으로 이어졌다.

그는 평생 미국에서 1,093건의 특허를 보유했으며, 전 세계적으로 2,000건이 넘는 특허와 발명을 남겼다. 축음기, 실용 백열전등, 영화 촬영·재생 장치(키네토스코프 계열), 발전 시스템, 알칼라인 축전지 등은 20세기 산업사회의 기반을 앞당긴 성과로 평가된다.

은퇴를 공식화한 뒤에도 실험을 멈추지 않았고, 1931년 84세로 뉴저지 웨스트오런지에서 생을 마감할 때까지 '쓰이지 않는 기술은 의미가 없다'는 신념을 실천했다. 토머스 에디슨은 발명의 아이콘이자, 발명을 산업·시스템으로 확장한 기업가정신의 상징으로 남아 있다.

리더의 인생을 바꾼 터닝 포인트

토머스 에디슨의 삶에서 가장 결정적인 전환점은 백열전등의 실용화와 이에 맞는 전기 공급 인프라의 구축이었다. 에디슨 이전에도 전등은 존재했지만, 수명·안정성·비용 문제가 커 일상에서 쓰기 어려웠다. 에디슨은 '모든 가정과 거리, 공장을 비출 수 있는' 조명 체계를 목표로, 수천 종의 필라멘트를 시험하며 실패를 데이터로 축적했다. 1879년 장시간 점등에 성공하면서 실용화의 문이 열렸다.

진짜 변곡점은 전등을 '제품'으로 끝내지 않고, 도시 규모의 전력망을 직접 설계한 데 있었다. 1882년 뉴욕 맨해튼 펄 스트리트에 중앙발전소를 세우고, 자체 개발한 전선·전기미터·조명 장치를 엮어 상업용 직류 전력망을 가동했다. 단순한 발명을 넘어 전력 산업이라는 새로운 시장과 표준을 창출한 사건이었다.

이 선택은 에디슨을 발명가에서 산업 설계자로 자리매김하게 했다. 그는 조명 사업의 성과를 바탕으로 녹음·영화·배터리 등 '삶을 바꾸는 기술'을 연쇄적으로 산업화했고, 기술 — 제품 — 유통 — 서비스가 이어지는 구조를 확립했다. 오늘날 플랫폼·인프라 전략의 원형을 보여준 사례다.

거인의 어깨와 나란히 하려면

토머스 에디슨에게서 배워야 할 자질은 '실패를 학습으로 전환하는 끈질김'이다. 그는 작동하지 않는 수많은 방법을 확인하는 과정을 성공으로 가는 필요 경로로 여겼고, 그 기록과 분석을 통해 다음 실험의 질을 끌어올렸다.

오늘날에도 이 태도는 창업과 혁신의 핵심 역량이다. 기능 개선에 그치지 말고, 사용자가 실제로 쓰는지까지 이어지는 시스템을 설계해야 한다. 실패를 무능의 증거가 아니라 시도의 증거로 받아들이고, '왜 안 됐는가'를 데이터로 남겨 설계를 고쳐 나갈 때, 아이디어는 산업이 된다. 에디슨이 평생 반복해 증명한 교훈이다.

리더도 사람이다?!

한 기자가 "에디슨 씨, 전구 만드는데 수천 번 실패하셨다는데요?"라고 묻자, 그는 씩 웃으며 답했다. "무슨 말이오. 나는 잘못 작동하는 방법을 9,999개나 알아낸 사람이오." 그 순간 기자는 말문이 막혔고, 그 말은 전설이 되었다.

꿈과 희망의 전달자

월트 디즈니
디즈니 창업주

"모든 꿈은 꿈꿀 용기가 있다면 이루어질 수 있다"

월트 디즈니 디즈니 창업주가 디즈니랜드를 처음 기획할 당시, 주변의 비웃음과 반대를 뚫고 자신의 신념을 말하며 남긴 말이다.

세계를 뒤흔든 리더의 생애

월트 디즈니는 1901년 미국 일리노이 주 시카고에서 태어났다. 어린 시절 가족과 함께 미주리 주 마르셀린의 농장으로 이주해 검소한 환경에서 자랐고, 낙천적 성격과 그림·이야기에 대한 애정이 깊었다.

청년기에 상업 미술 일을 하며 실력을 키웠고, 제1차 세계대전 말기에는 적십자 야전구급차 운전병으로 프랑스에 파견되었다. 귀국 후 애니메이션에 몰두해 캔자스시티에서 광고용 애니메이션을 만들다 1923

년 형 로이 O. 디즈니와 함께 '디즈니 브라더스 스튜디오'를 설립, '앨리스 코미디' 시리즈로 가능성을 인정받았다.

1928년, 미키 마우스를 주인공으로 한 단편 '증기선 윌리'에서 당시로서는 혁신적이던 완전 동기화 음향을 적용해 대중적 성공을 거두었다. 이어 1937년 '백설공주와 일곱 난쟁이'로 미국 최초의 장편 셀 애니메이션을 선보였고, 테크니컬러와 음악·서사를 결합한 이 작품은 엄청난 흥행을 기록하며 애니메이션의 위상을 바꾸었다.

그는 이후 '피노키오', '판타지아', '덤보', '밤비', '신데렐라' 등 다수의 작품으로 디즈니 브랜드를 확립했다. 단순한 콘텐츠 제작자를 넘어 캐릭터(IP) 라이선싱과 머천다이징, 방송·음반, 그리고 테마파크까지 확장한 선구적 기업가였다. 1955년 캘리포니아 애너하임에 디즈니랜드를 개장하며 "가족 모두가 꿈을 꾸는 곳"이라는 새로운 공간 문화를 열었다.

은퇴 없이 창작과 개발을 이어가던 그는 1966년 폐암으로 캘리포니아 버뱅크에서 생을 마감했다. 그가 세운 스튜디오는 이후 '월트 디즈니 프로덕션'과 오늘의 '월트 디즈니 컴퍼니'로 발전했고, 디즈니라는 이름은 '꿈과 상상의 제국'으로 전 세계 대중문화의 상징이 되었다.

리더의 인생을 바꾼 터닝 포인트
월트 디즈니 인생에서 가장 극적인 터닝 포인트는 '백설공주와 일곱 난쟁이'라는 장편 애니메이션 제작에 전 재산을 걸었던 결정이다. 1930

년대 중반 당시 애니메이션은 극장 상영 전의 짧은 단편이 일반적이었고, 장편 애니메이션은 흥행 불가능하다는 시각이 지배적이었다. 업계와 언론은 이를 '디즈니의 무모한 도박'이라 조롱했다.

그럼에도 디즈니는 캐릭터의 감정 연기, 음악·음향, 멀티플레인 카메라 등 기술과 예술을 끌어올리며 제작을 밀어붙였다. 제작비는 150만 달러를 넘겼고, 스튜디오는 자금난에 시달려 그는 개인 자산을 담보로 확보한 자금까지 투입했다.

1937년 말 완성된 영화가 공개되자 반응은 폭발적이었다. '백설공주와 일곱 난쟁이'는 미국 내에서만 수백만 달러의 흥행 수입을 올렸고, 디즈니 스튜디오는 세계적 명성을 얻었다. 더 중요하게, 이 성공은 애니메이션을 독립된 극영화 장르로 자리매김시킨 전환점이 되었다. 디즈니의 선택은 콘텐츠 산업의 판을 바꿨고, 위험을 감수한 예술적·산업적 도전이 어떤 문을 여는지 증명했다.

거인의 어깨와 나란히 하려면

월트 디즈니에게서 배워야 할 자질은 '상상력을 현실로 구현하는 실행력'이다. 그는 아이디어를 캐릭터와 영화, 상품과 방송, 더 나아가 테마파크라는 물리적 경험으로 확장했다. 상상은 누구나 할 수 있지만, 그는 이를 설계·자금조달·제작·유통·공간으로 연결하는 체계를 만들었다.

혁신은 상상과 실행의 균형에서 나온다. 머릿속 아이디어가 있다면 시제품을 만들고, 관객·고객과 만나 검증하며, 작게라도 운영 구조를 설계해보자. 디즈니가 보여준 것처럼, 상상에 생명을 불어넣는 리더십이야말로 지속 가능한 브랜드와 산업을 만든다.

리더도 사람이다?!

한 번은 미키 마우스를 만든 월트 디즈니가 직원 회의에서 "난 미키의 목소리가 너무 중요하다고 생각해. 그래서 내가 직접 녹음했어"라고 말하자, 모두가 멈칫. 그리고 실제로 영화에서 들린 목소리는 정말 그의 목소리였다. 전 직원이 놀라 쓰러질 뻔했다.

혁신, 그야말로 혁신의 아이콘

스티브 잡스
애플 공동 창업주

"당신의 시간은 한정되어 있다. 다른 사람의 삶을 사느라 낭비하지 마라"

*2005년 스탠퍼드대 졸업식 연설에서, 죽음을 앞둔 스티브 잡스가
젊은이들에게 던진 인생의 조언이다.*

세계를 뒤흔든 리더의 생애

스티브 잡스는 1955년 미국 캘리포니아주 샌프란시스코에서 태어났다. 태어나자마자 입양되어 폴·클라라 잡스 부부 아래에서 자랐고, 어릴 적부터 전자기기에 강한 호기심을 보였다. 집중력과 고집이 강했고, 기존 틀에 도전하려는 기질이 두드러졌다. 고등학교 시절 HP에서 여름 일자리를 얻어 전자기술을 접했고, 대학은 오리건주 포틀랜드의 리드 칼리지에 잠시 다녔지만 곧 중퇴했다. 다만 학교를 떠난 뒤에도 서예(캘리그래피) 수업과 동양 사상에 매료되어 창의성의 밑바탕을 쌓았

다. 1974년 인도 여행에서 명상과 단순함의 미학을 체득하고 돌아온 그는 절친 스티브 워즈니악, 그리고 초기에 참여한 론 웨인과 함께 애플을 공동 창업한다.

1976년, 부모 집 차고에서 출발한 애플은 '개인용 컴퓨터'라는 혁신을 내세워 세상에 등장했다. 애플 I, 애플 II가 큰 성공을 거두었고, 1984년 출시된 매킨토시는 마우스 기반의 그래픽 사용자 인터페이스와 직관적 디자인으로 컴퓨터 사용의 새 장을 열었다. 그러나 잡스의 강경한 리더십은 조직 갈등을 키웠고, 1985년 이사회가 존 스컬리 CEO를 지지하면서 그는 핵심 경영에서 배제된 뒤 회사를 떠난다.

잡스는 좌절하지 않았다. 1985년 차세대 운영체제와 하드웨어를 지향한 '넥스트(NeXT)'를 설립하고, 1986년에는 루카스필름으로부터 그래픽스 그룹을 인수해 '픽사(Pixar)'로 독립시켰다. 픽사는 1995년 '토이 스토리'로 장편 3D 컴퓨터 애니메이션의 새 시대를 열었고, 넥스트의 소프트웨어 자산은 훗날 애플의 핵심 토대가 된다.

경영난에 빠진 애플은 1996년 넥스트를 인수했고, 1997년 잡스가 '임시 CEO(iCEO)'로 복귀한다. 그는 제품 라인을 과감히 정리하고 브랜드를 재정비했으며, 아이맥(1998), 아이팟(2001)과 아이튠즈 스토어(2003), 아이폰(2007), 아이패드(2010)로 이어지는 혁신을 통해 기술·디자인·감성·생태계를 통합하는 제품 전략으로 디지털 시대의 문법을 바꿨다.

2011년까지 그는 단순히 제품을 만든 창업자를 넘어 라이프스타일을 설계한 기획자로 기억된다. 췌장 신경내분비 종양으로 투병 끝에 2011년 세상을 떠났지만, 그의 이름은 테크 산업의 철학적 중심이자 창조성과 직관의 가치를 일깨운 상징으로 남아 있다.

리더의 인생을 바꾼 터닝 포인트

스티브 잡스의 삶에서 가장 강렬한 전환점은 자신이 만든 애플에서 물러난 뒤 복귀해 혁신을 이끈 사건이었다. 1985년, 애플 이사회는 독단적이라는 평가를 받은 잡스를 경영 일선에서 배제했고, 젊은 공동 창업자가 회사를 떠나는 일은 그의 몰락으로 비쳐졌다.

그러나 잡스는 다시 창업을 선택했다. 넥스트에서 미래지향적 운영체제와 개발 환경을 구축하는 한편, 픽사를 이끌어 디즈니와의 협업으로 '토이 스토리'를 탄생시켰다. 이를 통해 그는 기술과 이야기, 감성의 힘을 결합하는 법을 체득했다. 이후 애플이 넥스트를 인수하며 그를 다시 불렀고, 잡스는 복귀 직후 제품군을 2×2 매트릭스로 단순화하고, 브랜드의 정체성을 '단순함·아름다움·직관'으로 재정렬했다.

그 결과 아이맥이 성공을 거두었고, 아이팟과 아이튠즈 생태계는 음악 소비 방식을 바꿨다. 아이폰은 전화·음악·카메라·인터넷을 통합해 모바일 컴퓨팅의 표준을 새로 썼고, 이후 앱 생태계까지 설계하며 시장의 규칙을 다시 정했다. 그의 복귀는 단순한 기업 재건을 넘어, 제품 철학으로 브랜드 정체성을 재설계한 사건이었다. "삶의 점들은 나중에 연결

된다"는 그의 말처럼, 실패에서 길어 올린 통찰이 세계를 바꾸는 추진력이 되었다.

거인의 어깨와 나란히 하려면

스티브 잡스에게서 배워야 할 자질은 '통합적 직관력'이다. 그는 기술과 예술, 디자인과 감성, 하드웨어와 소프트웨어·콘텐츠를 따로 보지 않았다. 경계를 넘나들며 완성된 경험을 설계했고, 제품의 곡선 하나, 애니메이션의 속도, 포장 상자의 촉감까지 신경 썼다.

오늘날 우리는 종종 데이터와 스펙에만 주목한다. 그러나 잡스는 "사람들은 기능보다 감정을 먼저 느낀다"는 사실을 제품으로 증명했다. 사용자의 마음을 읽고 기술과 감정을 연결하는 사람이 브랜드를 만들고 충성도를 얻는다. 숫자와 기능 뒤에 흐르는 '느낌의 경로'를 상상하고, 디자인·발표·설득·고객 응대의 모든 순간을 감성의 관점에서 재설계해 보자. '감성의 설계자'가 될 때, 비로소 의미 있는 결과가 탄생한다.

리더도 사람이다?!

한 디자이너가 새 제품 목업을 보여주며 "아직 완성 전입니다"라고 하자, 잡스는 묵묵히 제품을 집어 들고 사무실 밖 분수대에 던졌다. "이건 감동이 없어." 모두 얼어붙었고, 다음 날 디자이너는 더 멋진 디자인을 내놨다. 잡스식 피드백의 전설 중 하나다.

쉬어가기 4

결국 미친 사람이 성공한다

결국 미친 사람이 성공한다. 이 말은 허무맹랑한 과장이 아니라, 수많은 위대한 창업주의 생애를 되짚어보면 자연스럽게 내릴 수밖에 없는 결론이다. 자본이 부족했고, 환경이 열악했으며, 주변의 조롱과 의심 속에서 시작했던 이들이 어떻게 세계를 바꾸고, 인류의 삶을 바꿀 수 있었을까. 그 이면에는 한 가지 공통점이 존재한다. 바로 '광기'에 가까운 집중력, 미친 듯한 몰입이다.

헨리 포드는 증기기관과 기계에 미쳐있었다. 그는 어릴 때부터 시계나 기계를 분해하고 다시 조립하는 일에 집착했다. 모두가 귀족의 전유물처럼 여겼던 자동차를 '모든 사람의 일상 속으로' 끌어내리겠다는 그의 꿈은 비웃음과 조롱의 대상이었지만, 그는 단 한순간도 흔들리지 않았다.

그 결과는 우리가 잘 알고 있다. 포드는 컨베이어 벨트라는 생산 시스템을 도입해 자동차의 대량생산 시대를 열었고, 미국 사회의 생활 방식 자체를 바꿔버렸다. 그는 자동차만 만든 게 아니다. 그가 만든 건 산업혁명 이후 새로운 시대의 질서였고, 그 출발점은 '기계에 미친 사람'이었다는 사실이다.

토머스 에디슨 역시 마찬가지다. "나는 실패한 것이 아니라, 되지 않는 방법을 1만 가지 찾은 것이다"라는 말에서 드러나듯, 그는 실패에 무감각할 정도로 자신의 아이디어에 집착했다. 수천 번의 실험 끝에 전구를 발명했고, 축음기, 영화기 등 오늘날 문명의 뼈대를 이룬 발명품 대부분에 그의 이름이 얽혀 있다. 그는 단순히 아이디어가 많았던 사람이 아니다. 끊임없이 실험했고, 실험실에서 쪽잠을 자며 발명에 몰두했다. 그의 삶은 미친 사람의 전형이었고, 그래서 그는 '발명의 왕'으로 남았다.

    월트 디즈니는 동심에 미친 사람이었다. 그는 어린 시절부터 그림을 그리며 공상의 세계를 펼쳐나갔다. 주변 사람들은 늘 그를 '꿈만 꾸는 사람'이라고 평가했지만, 그는 그 꿈 하나만으로 세상의 놀이 문화를 바꾸었다.

    디즈니랜드는 단순한 테마파크가 아니다. 그것은 '상상력의 물리적 구현'이며, 어른과 아이의 경계를 허물고 모두가 동심으로 돌아갈 수 있게 만든 공간이다. 그 공간이 세계 각지에 있다는 사실만으로도, 디즈니가 얼마나 위대한 상상력을 현실로 바꾸었는지를 증명한다.

    스티브 잡스는 기술과 예술에 동시에 미쳐있던 인물이었다. 그는 컴퓨터라는 기계를 기능적인 기계로 보지 않았고, 인간의 감성과 미학까지 반영한 '완성도 있는 작품'으로 여겼다. 아이팟, 아이폰, 아이패드로 이어지는 제품군은 그 미친 집념의 결과였다.

그는 폰트를 디자인할 때조차 "아름다움이 기능을 이끌어야 한다"고 강조했고, 누구보다 완벽을 추구했으며, 심지어 나사 하나가 보이지 않더라도 내부 설계를 직접 챙길 정도로 미쳐있었다. 그렇게 그는 애플을 세계 최고의 기업으로 만들었고, '혁신의 아이콘'이라는 별명을 얻었다.

이들을 보면 질문이 생긴다. '도대체 이들은 왜 그렇게까지 했을까?' 그리고 우리는 다시 묻게 된다. '나는 지금 내 일에, 내 사업에, 내 인생에 그렇게까지 미쳐있는가?'

대한민국에도 이와 같은 창업주가 존재한다. 정주영은 삽을 들고 직접 바다를 메웠고, 이병철은 전자산업이 어떤 가능성을 지니는지 남들보다 일찍 간파했다. 서정진은 바이오의약품이라는 생소한 시장에 미쳐 인류의 생명을 구하는 데 도전장을 내밀었고, 김봉진은 배달의 민족이라는 생활밀착형 앱 하나로 국민의 일상을 바꿔버렸다. 이들은 모두 자기 분야에서 '미쳤다'는 말을 들을 정도로 몰입한 사람들이다.

지금 우리는 너무나 많은 선택지를 가진 시대에 살고 있다. 사업 아이템도 넘쳐나고, 콘텐츠도 차고 넘친다. 하지만 그 모든 선택지를 뛰어넘는 성공은 오직 '한 가지에 미친 사람'만이 가질 수 있다. 다재다능함도

좋지만, 결국 변화를 이끄는 힘은 '몰입'에서 나오기 때문이다. 그러니 다시 묻는다. 당신은 당신의 사업에 얼마나 미쳐있는가?

　주변의 시선은 언제나 회의적이다. 누군가는 미친 사람을 비웃고, 누군가는 회의적인 눈초리를 보낸다. 그러나 성공한 사람들은 오히려 그 시선을 연료 삼아 더 깊숙이 자신의 세계로 파고들었다. 미친 듯이 몰입한 끝에, 남들이 보지 못하는 세상을 만들었고, 그로 인해 세상을 바꿨다. 결국 미친 사람이 성공한다는 말은 세상의 질서이자, 성공의 방정식이다.

　성공하고 싶은가? 그렇다면 지금 미쳐야 한다. 아이디어에 미치고, 실행에 미치고, 그 과정을 즐길 정도로 자신의 일에 매료돼야 한다. 그것이 세상을 바꾸는 창업주들의 공통점이며, 미래를 향한 진짜 자격이다. 지금 이 순간에도 누군가는 조용히 미쳐가고 있다. 당신은 아직도 망설이고 있는가? 미친 듯이 도전하고, 미친 듯이 몰입할 준비가 돼 있는가? 당신이 성공할 수 있는 유일한 길은 바로 그 '광기' 속에 존재한다.

미국 부의 상징

존 D. 록펠러
스탠더드오일 창업주

"나는 매일 내가 가진 것 중 일부를 나누는 것에서 만족을 얻는다"

스탠더드오일의 전성기에 한 언론 인터뷰에서, 부와 성공의 의미를 묻는 질문에 대한 존 D. 록펠러 창업주의 답변이었다.

세계를 뒤흔든 리더의 생애

존 D. 록펠러 창업주는 1839년 미국 뉴욕주 리치퍼드에서 태어났다. 가정형편이 넉넉하진 않았고, 장사 수완이 좋은 아버지와 검약을 가르친 어머니 밑에서 자라며 어린 시절부터 닭을 키우고 이웃에게 물건을 팔며 경제 감각을 길렀다. 절약과 근면, 장부를 꼼꼼히 쓰는 습관은 평생 그의 삶을 지배했다.

10대에 오하이오주 클리블랜드로 이주한 그는 16세에 상사에서 보조 회계로 일하며 숫자 감각과 사업 운영을 익혔다. 19세에는 동업자와 함께 곡물·가축 등을 중개하는 커미션 비즈니스를 시작했고, 펜실베이니아 유전 붐이 일자 1863년 화학자 새뮤얼 앤드루스와 손잡고 정유업에 뛰어들었다. 원유는 주로 램프용 등유를 추출하기 위해 정제됐는데 품질과 효율이 제각각이었다. 그는 이른 시기에 표준화와 대규모 생산이 산업을 지배할 것이라 판단했다. 1870년, '스탠더드 오일 컴퍼니(오하이오)'를 설립해 균질한 고품질 등유를 대량 공급하며 시장을 선점하기 시작했다.

그는 정유업체 인수·합병과 거래 조건 압박으로 클리블랜드를 시작으로 전국 정제 시장의 지배력을 키웠고, 파이프라인·탱크카·저장시설·도매망을 묶는 수직계열화를 통해 비용과 품질을 동시에 통제했다. 철도사와의 리베이트·드로백 계약으로 물류비를 낮추고, '클리블랜드 대학살'로 불린 1872년의 대규모 인수 국면을 거치며 수많은 중소업체를 흡수·정리했다. 이 과정은 비판과 찬사가 엇갈렸고, 미국의 반독점 논의를 촉발한 대표적 사례로 기록됐다.

1911년 미국 대법원은 셔먼 반독점법 위반을 이유로 스탠더드 오일을 34개 회사로 분할하도록 명령했다. 분할로 탄생한 회사들은 훗날 엑슨(뉴저지), 모빌(뉴욕), 셰브론(캘리포니아), 아모코(인디애나) 등 글로벌 에너지 기업으로 성장했다. 록펠러는 1916년 미국 최초의 억만장자로 기록될 만큼 막대한 부를 이뤘고, 근대 자본주의의 상징적 인물이 되었다.

은퇴 후에는 재산 상당 부분을 교육·의료·과학 분야에 체계적으로 기부했다. 시카고대(1890) 설립 지원, 록펠러 의학연구소(현 록펠러대, 1901), 록펠러 재단(1913) 등 현대적 자선재단 모델을 정립했다. 1937년 97세로 세상을 떠나기까지, 그는 성공과 윤리에 대한 질문을 남긴 기업가로 기억된다.

리더의 인생을 바꾼 터닝 포인트

존 D. 록펠러의 결정적 전환점은 '가격 경쟁'이 아니라 '산업 지배 구조'에 집중한 판단이었다. 1870년대 원유 산업은 급성장했지만 무질서했다. 소규모 정유업체가 난립하고, 품질은 들쭉날쭉하며, 철도 운송비는 높았다.

그는 정제 품질의 표준화와 대형 설비를 통한 규모의 경제로 시장을 장악할 수 있다고 보았다. '저가·고품질' 원칙을 내세워 경쟁사를 압도하는 한편, 철도사와의 리베이트·드로백 계약으로 운송비를 구조적으로 낮추었다. 이를 기반으로 정제→수송(파이프라인·탱크카)→저장·유통(도매·소매)으로 이어지는 수직계열화를 구축해 비용·품질·공급망을 일괄 통제했다. 작은 정유업체들에는 합병 참여나 시장 이탈을 선택지로 제시하며 스탠더드 오일이라는 거대한 조직을 만들어 갔다.

이 전략은 산업 구조 자체를 바꾸었다. 단발성 가격 경쟁이 아니라, 통제 가능한 인프라와 운영 시스템을 가진 기업만이 생존하는 질서를 만든 것이다. 1880년대 중반 스탠더드 오일은 미국 정제유의 약 90%

를 점유하는 지배력을 확보했다. 동시에 정치권·언론의 집중 견제도 커졌고, 1911년 대법원의 해체 명령으로 지배 체제는 법적으로 분할됐다. 그러나 록펠러는 분할 회사들의 주식을 다량 보유한 덕분에 자산 가치는 오히려 불어났다.

이 전환점은 그가 단순한 시장 참여자가 아니라, 산업 생태계를 설계·통제한 구조적 전략가였음을 보여준다. 공격적 수단은 거센 비판을 받았지만, 인프라와 운영을 통합한 성장 전략은 오늘날에도 경영 교본으로 남아 있다. 그는 '모든 것을 직접 소유하지 않아도 지배할 수 있다'는 자본주의적 통찰을 행동으로 증명했다.

거인의 어깨와 나란히 하려면

존 D. 록펠러에게서 배워야 할 자질은 '장기 구조를 설계하는 전략적 사고'다. 그는 단기 실적이나 점유율 경쟁을 넘어 산업 흐름과 생태계를 통째로 디자인했다. 제품만이 아니라 유통 경로, 공급망, 비용 구조, 평판과 정책 환경까지 고려해 지속 가능한 지배력을 만들었다.

어떤 업에서도 단순 판매를 넘어 구조를 바라볼 때 경쟁력이 생긴다. 정유업체가 아니라 '정유 인프라'의 설계자가 되었던 록펠러처럼, 자신의 업에서 '이 시장은 어떤 구조로 움직가', '어디를 장악하면 흐름을 바꿀 수 있는가'를 묻는 시야가 필요하다. 그것이 록펠러가 19세기 산업계에서 오늘까지 회자되는 이유이며, 우리가 그에게서 배워야 할 리더십의 본질이다.

<u>리더도 사람이다?!</u>

록펠러는 철저한 절약가로도 유명했다. 회사 전성기에도 아침마다 잔돈이 몇 센트 틀리는지 회계사에게 따졌다고 한다. 한 번은 직원이 "이젠 억만장자시잖아요"라고 하자, 그는 웃으며 말했다. "그래도 낭비는 죄야. 이 닦을 때도 치약은 콩알만큼만!"

철강왕이자 최고의 자선 사업가

앤드류 카네기
카네기스틸 창업주

"부자는 죽을 때 빈털터리가 되어야 한다"

앤드류 카네기 창업주가 노년기에 자신의 전 재산을
사회에 환원하겠다는 뜻을 밝히며 남긴 말이다.

세계를 뒤흔든 리더의 생애

앤드류 카네기 창업주는 1835년 스코틀랜드 '던퍼름린(Dunfermline)'에서 태어났다. 그의 아버지는 수공업 직조공이었으나 산업화의 물결 속에 생계를 잇기 어려웠고, 가족은 더 나은 삶을 찾아 1848년 미국 펜실베이니아주의 앨러게니(훗날 피츠버그에 편입)로 이주했다.

그는 13세에 면직물 공장에서 '보빈 보이'로 일하며 생계를 도왔고, 곧 전신(電信) 회사에서 전보 배달·수신을 맡아 일했다. 이 경험을 바탕으로 펜실베이니아 철도회사로 옮겨 토머스 A. 스콧의 비서 겸 전신 기사로 성장했고, 여기서 익힌 사업 감각과 인맥으로 침대차·다리·석유 등 초기 투자에서 수익을 올렸다. 미국 산업화의 흐름을 읽은 그는 철강이 미래의 기반이 될 것이라 확신했고, 1870년대 초 공황기에도 브래독에 에드거 톰슨 제철소(1875 가동)를 세우며 본격적으로 제강업에 뛰어들었다.

카네기의 철강 사업은 베세머 제강법 도입과 공정의 기계화·표준화로 생산성을 끌어올리며 철강 가격을 크게 낮췄다. 원료 광산과 코크스(코크스 공급을 위해 프릭과 협업), 운송(철도·수로), 제강, 유통을 잇는 수직 계열화로 비용과 품질을 동시에 관리했고, 대규모 설비와 과학적 관리로 미국의 철도·교량·건축 수요에 신속히 대응했다. 그는 시장을 '독점'했다기보다 압도적 지위로 주도했고, 노무 관리의 긴장과 갈등(호먼스테드 파업 등)이라는 그늘도 동반했다.

1892년 그의 제강 자산을 묶어 '카네기 스틸 컴퍼니'를 정식 출범시켰고, 1901년 J.P. 모건에 회사를 매각하면서 당시 최대 규모의 인수합병이 성사되었다. 이 딜은 현대적 의미의 초대형 기업 'U.S. Steel'을 탄생시켰다. 이후 그는 자선가로서의 두 번째 삶을 시작해 공공도서관, 대학, 연구소, 평화 기구 등을 지원했다. 생애 기부 총액은 수억 달러에 달하며, 전 세계 2,500여 곳의 '카네기 도서관'을 비롯해 수천 개의 공익 프로젝트가 그의 이름으로 세워졌다.

1919년 83세로 세상을 떠날 때까지 그는 '부는 일시적 수단이며, 나눔은 영속적 목적'이라는 '부의 복음' 철학을 실천한 산업 자본주의 시대의 상징으로 남았다.

리더의 인생을 바꾼 터닝 포인트

앤드류 카네기의 결정적 전환점은 1873년 공황의 소용돌이 속에서도 철강 설비에 과감히 투자해 불황을 '진입장벽'으로 바꿔 세운 선택이었다. 주식시장이 붕괴되고 자본가들이 방어로 돌아선 시기에, 그는 경기가 회복될 때 산업의 핵심을 선점하겠다는 전략으로 토지·설비·기술 인력을 낮은 비용에 확보했고, 경쟁력 있는 자산을 때맞춰 편입했다.

핵심은 생산 혁신이었다. 그는 베세머 공정을 중심으로 제강 라인을 표준화해 고품질 철강을 빠르게 찍어내는 체계를 구축했고, 브래독의 에드거 톰슨 제철소를 비롯해 이후 편입한 호먼스테드 제철소 등을 미국에서 가장 효율적인 플랜트로 끌어올렸다. 광산→코크스→제철→가공·유통으로 이어지는 수직 계열화는 단순한 가격 인하를 넘어 공급망과 품질, 원가를 구조적으로 통제하는 '산업 지배 전략'이었다.

당시에는 그가 무모하다는 평가도 많았으나, 수요 회복기와 함께 카네기 스틸은 경쟁사를 압도하는 수익성과 규모를 확보했다. '철강왕'으로 불린 그의 지위는 단발의 호황이 아니라 불황기 의사결정, 공정 혁신, 통합 운영 능력이 맞물린 결과였다. 이 전환점은 모두가 움츠릴 때 미래의 확신으로 투자해 구조적 우위를 만든 사례로, 타이밍·신념·실행의 합이 무엇인지 분명히 보여준다.

거인의 어깨와 나란히 하려면

앤드류 카네기에게서 배워야 할 자질은 '사회적 책임을 내장한 자본주의 정신'이다. 그는 축적을 목적이 아니라 수단으로 보고, 그 수단을 공공의 지식과 기회로 환원했다. "부유한 채로 죽는 것은 불명예"라는 그의 신념은 단발성 기부가 아닌, 도서관·교육·연구 인프라 같은 지속 가능한 공익 시스템으로 구현되었다.

오늘의 리더에게도 이 시각은 유효하다. 수익을 넘어 산업의 구조와 사회적 파급효과를 함께 설계할 때 기업의 정당성이 강해진다. 자신의 프로젝트가 단기 성과를 넘어서 누구의 성장과 기회를 확장하는지 점검하라. 시장의 효율과 공공의 가치가 만나는 지점과 접점을 찾고 설계하는 태도야말로 카네기가 남긴 가장 현실적이고도 철학적인 유산이다.

리더도 사람이다?!

카네기는 한 번은 초대한 손님과 식사하던 중, 자신이 주문한 식사값보다 팁을 더 줬다는 걸 뒤늦게 알고 깜짝 놀랐다. 곧장 웨이터를 불러 "그건 실수요. 돌려줘"라며 팁 일부를 회수했다. '철강왕'도 구두쇠였다는 말이 회자된 일화다.

미국 산업화의 리더

J. P. 모건
JP모간 코퍼레이션 창업주

"나는 사람보다 성격에 투자한다"

J. P. 모건 창업주는 기업이나 자산보다도 그 경영자의 인격과 신뢰를 우선시해야 한다고 말하며 이 명언을 남겼다.

세계를 뒤흔든 리더의 생애

J. P. 모건 창업주는 1837년 미국 코네티컷주 하트퍼드에서 태어났다. 아버지 주니어스 S. 모건은 국제 금융업자였고, 그는 유복한 환경에서 교육을 받았다. 어린 시절부터 숫자와 역사에 뛰어났으며, 결단력과 조직 장악력이 두드러졌다.

청년기에 유럽 유학(스위스·독일 괴팅겐 대학 수학)을 거친 그는 아버지의 네트워크를 통해 런던과 뉴욕 금융 현장을 두루 경험했다. 뉴욕의

덩컨·셔먼사에서 경력을 시작한 그는 1857년 공황을 겪으며 단기 신용·금 현물 등 난시장 거래를 처리하는 과정에서 기민한 판단력을 길렀다. 1871년에는 앤서니 드렉셀과 함께 드렉셀, 모건 앤드 컴퍼니를 공동 설립하며 본격적인 월가의 핵심 플레이어로 올라섰다.

이후 그는 미국 산업화의 자금줄 역할을 했다. 철도·강철·전기·통신 등 기간산업에 대규모 자본을 공급하고, 부실 기업의 구조조정과 합병을 주도해 산업 지형을 재편했다. 1901년에는 카네기 철강 등 여러 제철 자산을 묶어 'U.S. 스틸'을 출범시켜 당시 세계 최초의 '10억 달러 기업'을 탄생시켰다.

또한 에디슨 제너럴 일렉트릭과 톰슨-휴스턴의 합병(1892)을 주선해 '제너럴 일렉트릭(GE)'을 만들었고, 철도 산업 재편 과정에서 현대적 회계·감사 관행과 채권자 보호 중심의 거버넌스를 확산시켰다. 1907년 금융위기 때는 연방준비제도 이전의 공백 속에서 뉴욕 주요 은행가들을 자신의 도서관에 소집, 공동 자금풀을 조직하고 신용을 공급해 시장 붕괴를 막았다. 이때 그는 뉴욕증권거래소 매수지원 풀 조성, 트러스트컴퍼니오브아메리카 등 신뢰 회복, U.S. 스틸의 테네시 코알·아이언 인수 중재까지 연결하며 연쇄 파산을 차단했다. 그의 영향력은 민간인으로서는 국가적 차원의 조정자에 가까웠다.

1913년 그가 세상을 떠났을 때, 그는 '미국을 움직인 남자'로 불렸고, 그의 죽음은 산업자본주의 초창기 한 장의 종결로 회자됐다.

리더의 인생을 바꾼 터닝 포인트

J. P. 모건 창업주의 가장 극적인 전환점은 1907년 미국 금융위기에서 보인 민간 조정자 역할이었다. 위기는 뉴욕 트러스트회사들에 대한 뱅크런과 증권시장 급락으로 번졌고, 연방준비제도도 예금보험도 없던 시절이라 신용경색이 금융 시스템 전반을 마비시킬 기세였다.

모건은 즉시 자택 도서관에 은행가·트러스트 경영진·증권사 대표들을 소집해 밤샘 협상을 벌였다. 그는 자금 지원의 조건과 손실 분담 원칙을 명확히 하고, 참여를 주저하는 기관에는 인수·퇴출 카드까지 열어둔 채 결정을 밀어붙였다. 핵심은 세 갈래였다. 첫째, 뉴욕증권거래소의 강제 청산 사태를 막기 위한 매수지원 자금(수천만 달러 규모) 조성. 둘째, 트러스트컴퍼니오브아메리카 등 핵심 기관에 대한 긴급 유동성 공급으로 공포 확산 차단. 셋째, 브로커 하우스 붕괴를 막기 위해 U.S. 스틸이 테네시 코알·아이언의 주식을 인수하도록 중재하고, 정부의 반독점 우려를 사전에 누그러뜨려 거래를 성사시킨 일이다.

일련의 조치는 시장의 신뢰를 되살렸고, 금융 시스템은 단계적으로 안정을 되찾았다. 민간 금융가가 사실상 중앙은행 기능을 대행한 이 사례는 이후 1913년 연방준비제도 창설의 직접적 계기가 되었고, 모건은 단순 자본가를 넘어 '시스템 리더'로 평가받았다. 그의 리더십은 빠른 정보 수집, 명확한 조건부 지원, 이해관계자 강제 조정, 그리고 무엇보다 개인 신용으로 유동성을 끌어오는 평판의 힘에서 비롯되었다.

거인의 어깨와 나란히 하려면

J. P. 모건에게서 배워야 할 자질은 '신뢰를 자산으로 보는 사고방식'이다. 그는 "숫자보다 사람, 담보보다 성격"을 중시하며 평판을 가장 강력한 담보로 삼았다. 약속 이행과 투명한 조건 제시로 신뢰를 축적했기에, 위기 때 단기간에 거액의 자금을 결집할 수 있었다.

현대 비즈니스에서도 신뢰는 보이지 않지만 가장 큰 레버리지다. 말과 행동, 조건과 실행의 일치가 쌓이면, 필요할 때 자본·인재·시간이 스스로 모인다. 단기 실익보다 신뢰를 우선하는 태도는 구조적 자산을 키우는 일이야말로, 불확실성의 시대에 조직과 리더를 살리는 최선의 보험이다. 모건은 돈이 아니라 신용으로 세상을 움직였고, 그 사실이 그의 리더십을 지금까지 유효하게 만든다.

리더도 사람이다?!

한 기자가 J. P. 모건에게 "주식시장이 오를지 내릴지 예측해달라"고 묻자, 그는 이렇게 말했다. "오를 수도 있고, 내릴 수도 있죠." 모두가 맥 빠졌지만, 그 말이 다음 날 대문짝만하게 실렸다. '모건, 주식시장 예측: 불확실하다!'

19만 엔으로 기적을 일으킨 사나이

아키오 모리타
소니 창업주

"아이디어는 떠오르는 것이 아니다. 끌어내는 것이다"

아키오 모리타 창업주는 소니의 창조적 제품 철학을 설명하며,
혁신은 기다림이 아닌 능동적 탐색에서 온다고 강조했다.

세계를 뒤흔든 리더의 생애

아키오 모리타 창업주는 1921년 일본 아이치현 나고야에서 전통 양조장 가문(모리타가)에서 태어났다. 상업적 감각이 뛰어났고, 오사카 제국대학에서 물리학을 전공했다. 제2차 세계대전 중 해군 기술 관련 연구에 참여하며 전자공학 인맥을 넓혔고, 이 과정에서 전자기술자 이부카 마사루와 인연을 맺었다. 전후 폐허 속에서 두 사람은 새로운 전자기업을 세우기로 뜻을 모아 1946년 '도쿄통신공업 주식회사(약칭 Totsuko, 훗날 Sony)'를 자본금 19만 엔으로 창립했다.

전후 일본은 가전 수요가 급증하던 시기였고, 소니의 전신은 자기녹음기(테이프 레코더)로 첫 발을 뗀 뒤 1950년대 중반 트랜지스터 기술을 국산화해 소형 라디오를 내놓았다(1954년 일본 최초 트랜지스터 라디오 TR-55, 1957년 수출 히트작 TR-63). 이어 1960년에는 세계 최초의 트랜지스터 TV(모델 TV8-301)를 선보였고, 1968년에는 혁신적 컬러 브라운관 '트리니트론'을 출시해 글로벌 기술 브랜드로 자리 잡았다. 모리타는 기술의 방향성과 시장 흐름을 읽어내는 감각으로, 기술자 이부카와 상업가 모리타의 파트너십을 공고히 했다.

모리타는 1958년 사명을 발음이 쉽고 국제적 감각의 '소니(Sony)'로 변경하고, 1960년 뉴욕에 현지 법인을 설립해 본격적인 세계화를 선언했다. 영어 구사 인재 채용, 디자인과 광고의 일관된 글로벌 전략 등 당시 일본 기업으로서는 이례적인 방식으로 '일본산'이 아니라 '소니'라는 고유 브랜드 가치를 구축했다.

1979년에는 '워크맨'을 출시해 '개인 오디오'라는 전혀 새로운 사용 경험을 제시했다. 워크맨은 단순한 기기 혁신을 넘어 "음악을 언제 어디서나, 혼자 듣는" 문화 자체를 확산시켰고, 이후 CD 플레이어, 캠코더 등으로 이어지는 소니의 휴대·영상 라인업을 견인했다. 한편 1989년 콜럼비아 픽처스 인수(현 소니 픽처스)로 콘텐츠 사업을 확대했고, 1994년에는 플레이스테이션을 통해 엔터테인먼트 생태계까지 넓혔다. 다만 1990년대 디지털 전환 국면에서 자체 포맷 중심의 하드웨어 전략은 일부 제약을 드러내기도 했다. 모리타는 1994년 테니스 중 뇌졸중으로 쓰러진 뒤 경영 일선에서 물러나 명예직으로 남았고, 1999년 78세로 별세했다.

리더의 인생을 바꾼 터닝 포인트
아키오 모리타 창업주의 결정적 터닝 포인트는 1958년 '소니'라는 글로벌 브랜드 정립과 1960년 미국 현지 법인 설립을 축으로 한 해외 직접 진출이었다. 패전 직후의 일본 제품은 '싸지만 조악하다'는 편견에 갇혀 있었고, 다수 기업이 내수 중심·하청형 수출에 머물렀다. 모리타는 "국적이 아니라 브랜드로 승부한다"는 원칙 아래 회사 이름부터 바꾸고, 제품·포장·광고·애프터서비스까지 글로벌 기준으로 재설계했다.

미국 시장에서 그는 소형 트랜지스터 라디오의 '작지만 선명한 음질'과 '휴대성'을 집요하게 설득했고, 유통업자들을 상대로 매대·진열·가격 정책까지 직접 조율했다. 일본 기업 최초로 현지 판매법인을 세워 미국식 영업과 마케팅을 도입하고, '메이드 인 재팬'이 아닌 '소니' 자체의 신뢰를 쌓는 데 집중했다. 이 선택은 이후 워크맨·트리니트론 등 카테고리 리더 제품의 세계적 성공으로 이어졌고, 도요타·파나소닉·캐논 등 일본 기업들의 글로벌화 레퍼런스로 자리했다.

핵심은 기술 그 자체보다 "이 브랜드가 사람에게 어떤 감정을 주는가"라는 질문이었다. '주머니에 들어가는 라디오', '혼자 듣는 음악' 같은 사용 장면을 먼저 정의하고, 그 경험을 가능케 하는 기술을 뒤따라 붙 방식이 소니의 표준이 되었고, 모리타의 경영 철학을 체화한 순간이기도 했다.

거인의 어깨와 나란히 하려면

아키오 모리타에게서 배울 자질은 '감성 중심의 시장 통찰력'이다. 그는 기능 목록보다 사용 장면과 감정을 먼저 설계했다. 그래서 개발자에게 "스펙을 묻기 전에 사람들이 왜 좋아할지부터 생각하라"고 주문했고, 브랜드·디자인·서비스를 하나의 경험으로 묶어냈다.

오늘의 디지털·AI 시대에도 이 원칙은 유효하다. 뛰어난 기능도 고객의 감정과 연결되지 않으면 선택받기 어렵다. 자신의 프로젝트에서 "사용자가 이걸 쓰는 순간 어떤 기분일까"를 먼저 묻고, 그 감정을 일관되게 지지하는 제품·브랜드·유통의 시스템을 설계해 보자. 모리타는 바로 그 감정의 출발점 위에 기술을 얹어 세계적 브랜드를 만든 리더였다.

리더도 사람이다?!

소니 워크맨이 처음 출시됐을 때, 직원들은 "스피커 없는 라디오를 누가 사냐"며 반대했다. 모리타는 "그래서 스피커 대신 당신들 귀가 있다"며 직원들 각자에게 워크맨을 나눠줬다. 일주일 후 모두가 중독됐고, 판매 전략은 그 경험 그대로였다.

명품의 대명사

티에리 에르메스
에르메스 창업주

"좋은 물건은 시간을 이긴다"

티에리 에르메스 창업주는 장인정신을 설명하며, 시간이 지나도 변하지 않는 가치야말로 브랜드의 본질임을 강조했다.

세계를 뒤흔든 리더의 생애

티에리 에르메스 창업주는 1801년 프로이센(현 독일) 크레펠트에서 프랑스계 이민 가정의 아들로 태어났다. 어린 시절부터 마구와 가죽에 익숙했고, 젊은 시절 프랑스로 건너가 노르망디 일대에서 안장·마구 제작 기술을 다진 뒤 파리로 옮겼다. 1837년, 그는 파리 중심가(루 바스 뒤 랑파르 거리 일대)에 맞춤 마구 제작소를 열었다. 에르메스는 유럽의 상류층과 기수들을 위한 안장과 굴레, 마구 부속을 정밀한 수작업으로 제작해 명성을 얻었고, '말과 인간이 편안하게 호흡하도록 만드는 공예'

를 지향하며 기능과 미감을 함께 추구했다.

1870년대 들어 아들 샤를 에밀 에르메스가 경영에 참여하며 고객층과 주문 규모가 커졌다. 샤를 에밀은 1880년 가업을 이어받은 뒤 매장을 파리 포부르 생토노레 거리 24번지로 이전해(현 플래그십) 마차 문화의 중심지에 보다 가까이 자리 잡았다. 이 시기 사업의 핵심은 여전히 안장·하네스 등 승마·마차용 장비였고, 유럽 각국의 귀족과 왕실을 상대하며 '질 좋은 마구의 표준'이라는 평판을 공고히 했다. 여행·가죽 소품으로의 본격 확장은 다음 세대에서 속도를 냈다. 손자 에밀 모리스 에르메스 시대(20세기 초)에는 여행가방·가죽소품·의복 등으로 카테고리가 넓어지고, 후대에 이르러 스카프·시계·향수·의류까지 확장되며 오늘날의 에르메스가 형성되었다.

티에리 에르메스는 1878년 세상을 떠났다. 그가 남긴 '견고함·실용성·절제된 우아함'의 장인정신은 6대에 걸쳐 이어지며, 말에서 출발한 공예적 기준이 현대 럭셔리 하우스의 근간 철학으로 자리 잡았다.

리더의 인생을 바꾼 터닝 포인트

티에리 에르메스의 결정적 전환점은 산업혁명으로 기계화·대량생산이 급속히 확산되던 19세기 중엽, 고급 맞춤 마구라는 '수공예적 틈새'를 분명히 택한 선택이었다. 당시 파리의 많은 가죽업자들은 생산성을 위해 공정을 단순화하고 표준 제품을 늘려 갔지만, 에르메스는 말을 타는 사람의 체형·자세·용도를 세밀히 반영한 주문 제작을 고수했다. 안장·굴레·하네스 각각의 재단과 스티치, 장식 부품의 배치까지 기능 우선의 미학을 적용해 장시간 사용에도 편안하고 내구성이 높은 제품을 만들었다.

이 고집은 특정 고객층을 완전히 사로잡았다. 값싼 대량품이 늘어났음에도, 프랑스와 영국의 상류사회는 승마의 안전과 품격을 보장하는 맞춤 마구를 선택했다. 에르메스는 단순한 '장비'가 아니라 사용자의 신뢰와 지위를 상징하는 공예품으로 인식되기 시작했고, 그 신뢰가 브랜드 자산으로 축적됐다. 중요한 점은, 티에리의 생전 사업 포트폴리오는 마구가 중심이었고, 여행가방·장갑·패션 등으로의 폭넓은 확장은 아들·손자 세대에서 본격화되었다는 사실이다. 즉, 그는 눈앞의 효율보다 장기적 품질과 평판을 택해 다음 세대 확장의 토대를 놓았다. "느리지만 정밀한 길"을 선택한 이 순간이, 에르메스를 100년 넘는 시간의 검증을 통과한 하우스로 이끈 터닝 포인트였다.

거인의 어깨와 나란히 하려면

티에리 에르메스에게서 배울 가장 큰 덕목은 '장인정신에 대한 확신과 인내'다. 그는 시대의 속도를 맹목적으로 좇지 않고, 사용자의 몸과 상황을 기준으로 기능과 미감을 조율하는 공예 원칙을 지켰다. 그 원칙은 단기 확장 속도는 늦췄지만, 제품 하나하나를 통해 신뢰를 축적하며 세대를 건너는 브랜드 역량으로 환산되었다.

오늘날 빠른 생산과 즉각적 성과가 표준이 된 환경에서도, 밀도 높은 완성도와 일관된 기준은 여전히 가장 강력한 차별화다. 업무나 프로젝트에서 '얼마나 빨리'보다 '얼마나 정확하고 오래 가는가'를 먼저 따지고, 사용자 경험을 세밀하게 맞추는 습관을 들여보자. 때로는 느림과 집요함이 최고의 브랜드 전략이 된다. 티에리 에르메스는 그 느림을 품격으로 바꿔 낸 사람이다.

리더도 사람이다?!

한 고객이 말 안장이 너무 단단하다고 불평하자, 티에리 에르메스는 이렇게 말했다. "말이 안 좋아한단 소린 한 번도 못 들었소." 이후 고객은 어쩔 수 없이 안장을 쓰며 익숙해졌고, 나중엔 "말이 편안해했다"며 감사 편지를 보냈다. 사람보다 말에게 신경 쓴 창업주의 철학이 드러난 일화다.

미국 국방산업의 상징

앨런 록히드, 말콤 록히드
록히드마틴 창업주

"하늘을 향한 꿈은 결코 추락하지 않는다"

앨런 록히드 형제가 초창기 실험기를 반복하며 실패했을 때,
말콤이 형에게 남긴 말이다.

세계를 뒤흔든 리더의 생애

앨런(앨런 헤인스 로우헤드)과 말콤(말콤 로우헤드) 형제는 각각 1889년, 1886년 미국 캘리포니아에서 태어났다. 두 사람은 어릴 때부터 기계에 빠져 자전거와 오토바이를 분해·조립하며 손재주를 길렀고, 라이트 형제의 비행 소식에 자극받아 "하늘로 가는 기술"에 매료됐다.

형제는 청년기에 자동차 정비, 금속·목재 가공 등 항공 제작에 필요한 실무 기술을 익혔다. 1912년 캘리포니아 샌타바버라에서 'ALCO 하이

드로-에어로플레인 컴퍼니(ALCO Hydro-Aeroplane Co.)'를 세워 비행정(수상기) 개발을 시작했고, 시행착오 끝에 1913년 자체 기체를 선보였다. 1916년에는 사명을 '로우헤드 에어크래프트 매뉴팩처링 컴퍼니(Loughead Aircraft Manufacturing Co.)'로 바꾸고 본격적인 제작에 뛰어들었다. 이 초기 회사는 주로 목구조 기체(비행정 등) 개발에 주력했고, 이후 재정난으로 1921년 문을 닫는다.

재기의 기회는 곧 찾아왔다. 1926년 앨런은 투자자들과 함께 '록히드 에어크래프트 컴퍼니(Lockheed Aircraft Company)'를 새로 세우며, 성(姓)의 철자도 대중 발음에 맞춘 'Lockheed'로 바꿔 썼다. 이 회사에서 잭 노드롭과 제라드 벌티가 설계한 '베가(Vega)' 시리즈가 탄생했다. 베가는 단엽 고익, 유선형 동체, 합판 모노코크(목구조)로 항력을 줄이고 강성을 높인 당대 최고 성능의 항공기였다. 아멜리아 이어하트가 1932년 여성 최초의 대서양 단독 횡단, 1935년 하와이-캘리포니아 단독 횡단을 베가로 달성했고, 와일리 포스트는 '위니 메이'로 세계 최초 단독 세계 일주에 성공해 록히드의 이름을 세계에 각인시켰다.

형제는 이후 경영 일선에서 점차 물러났지만, 그들이 닦은 설계 철학과 제작 정밀도는 기업의 DNA로 남았다. 록히드는 1930년대 재편을 거쳐 성장했고, 훗날 스컹크웍스 체제에서 U-2 정찰기, C-130 허큘리스 수송기, F-117 스텔스 전투기를 내놓으며 냉전기 미국 항공·국방 산업의 상징이 된다. 1995년에는 마틴 마리에타와 합병해 '록히드 마틴'으로 재탄생, 우주·방산 분야의 글로벌 리더로 자리 잡았다.

리더의 인생을 바꾼 터닝 포인트

앨런과 말콤 로우헤드(록히드) 형제에게 가장 결정적인 전환점은 1927년 '베가' 개발·출시였다. 초기 회사의 파산과 재창업을 겪은 뒤, 이들은 단순 조작성이나 단거리 운송이 아닌 '장거리·고속·신뢰성'에 초점을 맞춘 신형 기체를 택했다. 다수 항공기가 복엽기·격자 스트럿 구조를 유지하던 시절, 베가는 단엽 고익과 목재 모노코크 동체로 항력을 줄이고 경량·고강성을 확보하는 과감한 선택을 했다.

베가는 기록 비행에서 곧바로 진가를 드러냈다. 이어하트의 대서양 단독 횡단, 포스트의 단독 세계 일주가 베가로 이뤄지면서, 록히드는 '조종사의 꿈을 실현시키는 기체'라는 신뢰를 얻었다. 단일 기종의 흥행을 넘어, 브랜드 전반의 기술력·안전성·성능 이미지를 끌어올린 상징적 사건이었다. 물론 과정은 순탄치 않았다. 연료 중량 변화에 따른 무게중심 관리, 구조·엔진 신뢰성 검증, 반복 시험비행과 설계 수정이 필수였고, 사고와 실패도 있었다. 그럴수록 형제와 팀은 데이터를 축적해 설계·제작 공정을 개선했고, 그 집요함이 '역사적 항공기'를 탄생시켰다.

이 선택은 시장과 사용자를 먼저 상상하는 설계 철학, 실패를 개발 사이클의 일부로 편입하는 운영 원칙을 기업 문화로 굳혔다. 베가가 만든 명성은 이후 쌍발 수송·정찰·군용 플랫폼으로의 확장을 견인했고, 장거리·고속·임무 신뢰성이라는 록히드의 정체성을 규정하는 전환점이 되었다.

거인의 어깨와 나란히 하려면

형제에게서 배울 교훈은 '실패를 정밀하게 학습하는 태도'다. 항공은 단 한 번의 오차도 치명적일 수 있는 산업이지만, 그렇기에 실패를 분석 가능한 데이터로 전환해 다음 설계에 반영하는 능력이 곧 경쟁력이다. 록히드 형제는 시험비행마다 무게중심, 구조 응력, 추진·연료 효율, 조종 안정 등을 기록해 가설을 검증했고, 그 축적이 기업의 설계 역량으로 이어졌다.

오늘의 프로젝트와 조직에도 원리는 같다. 완벽만을 목표로 출발하기보다, 검증·피드백·개선을 반복하는 체계를 갖추면 장기 성과가 커진다. 특히 기술·제품 개발에서 '그래서 무엇을 바꿀 것인가'로 연결하는 습관이야말로 가장 현실적인 성장 전략이다. 실패는 추락이 아니라, 다음 이륙을 위한 데이터다.

리더도 사람이다?!

Vega 프로토타입 시험 비행 중 랜딩기어가 작동하지 않자, 말콤은 외쳤다. "앨런, 차라리 점프해서 착륙하는 게 낫겠다!" 형은 진지하게 낙하산을 꺼내려다, 랜딩기어가 자동으로 내려와 두 형제가 기내에서 웃음을 터뜨렸다. "우리 비행기는 알아서 기어도 내린다"는 농담이 이후 광고 문구가 됐다.

5장.
세계를 장악한 현재진행형 CEO

오늘날 세계 경제를 움직 핵심 리더 10인을 꼽자면, 기술과 자본, 소비와 연결을 통해 전 세계 산업 지형을 바꾼 거물들이 눈에 띈다.

먼저 마이크로소프트 공동창업주 빌 게이츠는 소프트웨어 대중화의 선구자였다. 그가 만든 운영체제는 전 세계 컴퓨터 사용의 표준이 되었고, 그의 철학은 지금도 마이크로소프트의 기술 DNA에 녹아 있다. 워렌 버핏은 예외적으로 기술과 거리가 먼 투자 철학으로 세계 경제를 장악했다. 그는 '가치'라는 단어 하나로 장기 투자에 대한 새로운 패러다임을 제시했고, 수많은 기업의 운명을 바꾸는 손길이 되었다.

일론 머스크는 가장 과감하고도 독특한 인물이다. 테슬라, 스페이스X, 뉴럴링크 등 그가 창조한 기업은 기술의 경계를 넘나들며 세상의 상식을 뒤흔들었다. 한편, 베르나르 아르노 LVMH 회장은 럭셔리의 제국을 만든 장본인으로, 감성과 자산의 융합을 통해 '브랜드'라는 무형

자산의 가치를 최고로 끌어올렸다.

제프 베이조스는 전자상거래의 혁신을 넘어 물류, 클라우드, 우주까지 진출하며 아마존을 '생활 인프라' 수준으로 성장시켰고, 손정의 소프트뱅크그룹 회장은 IT 투자 분야의 거대한 조타수다. 그는 비전펀드를 통해 전 세계 유망 스타트업에 막대한 자금을 투입하며 기술 트렌드의 방향을 선도했다. 마크 주커버그는 소셜 미디어를 통해 인간관계의 방식 자체를 바꾸어 놓았다.

래리 페이지와 세르게이 브린은 정보 접근의 정의를 바꾼 인물들로, 구글이라는 플랫폼은 지금도 전 세계인이 세상을 이해하는 창구로 기능하고 있다. 특히 AI 혁명 시대에 들어선 지금, 젠슨 황 엔비디아 CEO는 GPU를 통해 AI 산업의 '심장'을 만들어냈으며, 데이터 처리와 AI 연산의 필수 기업으로 등극시켰다. 끝으로 무케시 암바니는 인도의 산업을 석유에서 디지털로 전환시키며, 릴라이언스를 글로벌 플랫폼 기업으로 변모시키고 있다.

이 10명의 리더는 기술과 자본, 브랜드와 네트워크를 무기로 삼아, 세계 경제의 규칙을 다시 쓰고 있다. 그들은 과거의 경영인들과 달리, 속도와 과감함, 비전을 무기로 삼아 기존 질서를 돌파했다. 이들을 통해 우리는 단순한 기업 운영이 아닌, 세계를 움직 리더십의 본질을 배우게 된다.

*리더의 목차 순서는 우선순위가 아님을 안내합니다.

소프트웨어의 상징

빌 게이츠
마이크로소프트 공동창업주

"세상은 공평하지 않다. 그 사실에 익숙해져라"

빌 게이츠 회장이 하버드 중퇴 후 청년 창업자들에게
현실 인식을 강조하며 강연 중 한 말이다.

세계를 뒤흔든 리더의 생애

빌 게이츠 회장은 1955년 미국 시애틀에서 태어났다. 아버지는 변호사, 어머니는 지역 은행과 비영리기관 이사로 활동했으며, 그는 어린 시절부터 남다른 지적 호기심을 보였다. 13세 때 재학 중이던 레이크사이드 스쿨의 컴퓨터 단말기를 통해 처음 프로그래밍을 접했고, 곧 친구 폴 앨런과 함께 컴퓨터 언어에 몰입했다.

고등학생 시절에는 지역 교통 데이터를 처리하는 '트래프-오-데이터

(Traf-O-Data)' 프로젝트로 실제 용역을 수행하며 소프트웨어 사업의 가능성을 체감했다. 1973년 하버드대에 입학한 뒤에도 코딩을 이어가던 그는 1975년 잡지에 실린 알테어 8800(Altair 8800) 발표를 보고 폴 앨런과 함께 알테어용 베이식(BASIC)을 개발, 같은 해 '마이크로-소프트(Micro-Soft)'를 창업했다.

마이크로소프트는 이후 IBM PC에 탑재될 운영체제를 공급하며 급성장했다. 게이츠 회장은 운영체제를 플랫폼으로 확장해 '윈도우(Windows)' 시리즈를 성공시켰고, 한때 전 세계 PC 운영체제의 절대적 점유율을 기록했다. 그는 '완벽보다 선점'을 중시하며 생태계와 표준을 빠르게 구축했고, 마이크로소프트를 세계 최강의 소프트웨어 기업으로 도약시켰다.

게이츠 회장은 2000년 CEO 자리에서 물러난 뒤에도 회장·수석소프트웨어아키텍트로 전략을 주도했으며, 2008년부터는 '빌 앤드 멀린다 게이츠 재단'을 통해 글로벌 보건, 위생, 교육 분야에 전념했다. 그는 재산의 대부분을 사회에 환원하겠다고 약속하며 기술 창업자를 넘어 인류 문제 해결에 헌신하는 인물로 자리매김했다.

리더의 인생을 바꾼 터닝 포인트

빌 게이츠 회장의 운명을 갈랐던 결정적 순간은 1980\~1981년 IBM과의 운영체제 계약이었다. 당시 마이크로소프트는 언어 처리기술로 알려진 소규모 소프트웨어 업체였고, IBM은 개인용 컴퓨터 시장 진출을 준비 중이었다. 마이크로소프트에 자체 운영체제는 없었지만, 게이츠는 기회를 놓치지 않았다. 그는 '직접 개발' 대신 '적절한 기술의 확보' 전략을 택해 시애틀컴퓨터프로덕츠(SCP)의 QDOS/86-DOS를 비독점적으로 도입·개량해 MS-DOS로 브랜드화했고, IBM에는 PC-DOS라는 이름으로 공급했다.

계약 구조가 승부를 갈랐다. 게이츠는 소스 및 라이선스 권리를 마이크로소프트에 남긴 채 IBM에 비독점 공급을 선택했다. IBM PC가 큰 성공을 거두자, 마이크로소프트는 동일한 운영체제를 다른 제조사에도 공급할 수 있었고, 호환 PC 시장 전반으로 표준을 확산시키며 운영체제 지배력으로 이어졌다. 만약 독점 양도로 권리를 넘겼다면 마이크로소프트의 성장 궤적은 전혀 달라졌을 것이다. 그는 기술의 우열보다 '표준·유통·계약'이라는 구조 설계가 시장 지배력을 만든다는 사실을 증명했다.

거인의 어깨와 나란히 하려면

빌 게이츠 회장에게서 배워야 할 핵심 역량은 '비즈니스 모델을 설계하는 안목'이다. 기술의 완성도만이 아니라 유통 경로, 표준화 전략, 라이선스 구조, 생태계 파트너십을 치밀하게 설계해 윈도우·오피스·브라우저까지 확장했다. 동시에 그는 "내일을 위한 투자와 오늘의 고객"을 함께 챙겼다. 차세대 기술(R&D)에 꾸준히 투자하면서도 기존 제품의 사용 경험과 점유율을 놓치지 않았기에 혁신과 수익성의 균형을 유지할 수 있었다.

독자 역시 아이디어 자체보다 그것이 연결될 구조를 먼저 고민해야 한다. 코드 이전에 계약과 유통, 제품 이전에 표준과 생태계다. 게이츠가 보여준 것은, 탁월한 기술 위에 설계된 비즈니스 구조가 장기 지배력을 만든다는 명확한 교훈이다.

리더도 사람이다?!

하버드 시절, 게이츠는 너무 코딩에 몰입한 나머지 며칠간 샤워를 하지 않다가 룸메이트가 "이제는 사람이 아니라 바이러스 같다"고 놀렸다. 이에 게이츠는 "그럼 나중에 백신도 만들면 되겠네"라고 응수했다. 훗날 마이크로소프트가 실제 보안 제품을 만들게 되자, 친구들은 "예언 적중!"이라며 놀라워했다.

입지전적인 투자의 귀재

워렌 버핏
버크셔 해서웨이 전 회장

"평판을 쌓는 데는 20년이 걸리지만,
그것을 무너뜨리는 데는 5분이면 충분하다"

버핏 회장이 주주서한에서 기업 윤리와 신뢰의 중요성을 강조하며
자주 인용한 명언이다.

세계를 뒤흔든 리더의 생애

워렌 버핏 회장은 1930년 미국 네브래스카주 오마하에서 태어났다. 아버지 하워드 버핏은 주식중개인이자 연방 하원의원을 지냈다. 버핏은 어린 시절부터 숫자에 밝았고, 11살에 처음 주식을 매수·매도하며 투자자로서의 감각을 드러냈다.

10대 시절 그는 문고판 『천 달러를 버는 천 가지 방법(One Thousand

Ways to Make $1000)』같은 책의 영향을 받았고, 신문 배달·핀볼 기계 임대·캔디 판매 등 다양한 수입원을 만들며 '복리의 마법'을 몸소 실험했다. 네브래스카 주립대(오마하)에서 학부 과정을 마친 뒤 컬럼비아 비즈니스스쿨에서 벤저민 그레이엄에게서 가치투자를 배웠고, 고향 오마하로 돌아와 자신의 투자 파트너십을 시작했다. 당시 그의 투자 원칙은 '1달러짜리 회사를 50센트에 사라'는 것이었다.

1965년, 부실 방직회사였던 '버크셔 해서웨이'의 경영권을 확보하면서 본격적으로 투자회사 틀을 갖췄다. 그는 제조업·보험·에너지·철도·소비재 등 다양한 산업에 가치투자 원칙을 적용해 버크셔를 세계적 규모의 투자 지주회사로 키웠다. 특히 1988년 코카콜라에 대규모로 투자해 장기 보유하면서 '신뢰 기반의 장기 투자자'라는 이미지를 굳혔다.

버핏은 주주서한을 통해 투자 철학을 투명하게 공유했고, 스스로 낮은 연봉과 검소한 생활을 유지하며 주주 신뢰를 쌓았다. 버크셔는 보통주 배당을 거의 하지 않았지만(1967년 1회 소액 배당 예외), 장기 보유의 가치를 강조했다. 또한 A주(BRK.A)는 분할하지 않은 반면, 유동성 확대를 위해 B주(BRK.B)는 도입 이후 액면분할(2010년 50대1)을 실시했다.

현재 버핏은 자산의 대부분을 생전 기부하겠다고 공언하고 매년 대규모 기부를 이어가고 있다. 그의 생애는 돈의 크기보다 돈을 다루는 사람의 태도가 중요하다는 사실을 일깨워준다.

리더의 인생을 바꾼 터닝 포인트

워렌 버핏 회장의 삶에서 가장 상징적인 터닝 포인트는 1965년 '버크셔 해서웨이'를 인수해 방향을 전환한 결정이었다. 당시 버크셔는 섬유 산업 침체로 존폐 위기에 놓인 낙후 기업이었고, 그의 초기 전략은 저평가 기업을 사서 고쳐 쓰는 방식이었다. 그러나 섬유 사업이 구조적으로 쇠퇴한다는 사실을 깨달은 그는 손절 대신 '껍데기 지주회사'로의 전환을 택했다.

그는 보험 업계(1967년 내셔널 인뎀니티 인수)에서 '보험 부당금(플로트)'을 안정적·저비용 자금으로 활용하는 구조를 만들고, 이를 바탕으로 미국익스프레스·코카콜라·애플 같은 상장주식과 시즈캔디·네브래스카 퍼니처 마트·BNSF 철도 등 훌륭한 비상장 기업을 장기 보유했다. 이 과정에서 버핏은 '싸게 산 평범한 회사'보다 '합리적 가격의 훌륭한 회사'를 오래 보유하라는 철학으로 진화했는데, 찰리 멍거의 영향을 크게 받은 전환이었다.

그의 전환은 단순한 스타일 변경이 아니라, 사람과 평판을 중시하는 투자 관점으로 이어졌다. 경영자의 성품과 자본배분 철학, 브랜드의 지속력, 소비자 신뢰를 수치만큼이나 중요하게 보았고, 버크셔 주총을 '자본주의의 학교'로 만들었다. 장기간에 걸쳐 버크셔의 주당 가치와 시장가치는 연 20% 안팎의 복리 성과를 기록해 왔고, 그 출발점이 된 결정이 바로 낙후된 섬유회사를 금융 제국의 허브로 재구성한 1965년의 선택이었다.

거인의 어깨와 나란히 하려면

워렌 버핏 회장에게서 배워야 할 능력은 단연 '복리 사고력'이다. 그는 단기 차익보다 장기 축적의 힘을 믿었고, '복리가 작동하도록 기다리는 것'을 최고의 전략으로 실천했다. 이 원칙은 돈에만 국한되지 않는다. 신뢰·지혜·인내·습관 같은 무형 자산도 매일의 작은 선택이 쌓여 복리로 성장한다.

이를 삶과 일에 적용하려면, 단기 성과보다 지속 가능성에 집중하는 습관이 필요하다. 오늘의 판단이 5년·10년 후 자산, 인간관계, 평판에 어떤 복리 효과를 낳을지 스스로 묻는 것이다. 버핏의 조언처럼 '좋은 사람과 함께하고, 매일 조금씩 배우고, 꾸준히 읽는 태도'는 장기적으로 압도적 격차를 만든다. 복리적 삶의 태도야말로 그가 남긴 가장 실용적인 유산이다.

리더도 사람이다?!

버핏 회장은 수십 년째 같은 집에 살고, 햄버거·콜라를 사랑하는 '서민 부자'로 유명하다. 어느 날 인터뷰 중 기자가 "마지막으로 집에 새 가구를 들인 게 언제냐"고 묻자, 그는 "레이건 대통령이 집권할 때쯤?"이라고 답했다. 검소함이 거의 예술의 경지다.

상상을 현실로 바꾼 괴짜

일론 머스크
테슬라 CEO

"나는 세상을 바꾸기 위해 이 일을 한다"

스페이스X의 로켓 폭발 직후,
기자들의 비난 속에서 머스크가 남긴 말이다.
실패에도 불구하고 미래를 향한 비전을 포기하지 않겠다는 의지였다.

세계를 뒤흔든 리더의 생애

일론 머스크는 1971년 남아프리카공화국 프리토리아에서 태어났다. 아버지는 엔지니어, 어머니는 모델이자 영양사였다. 내성적이고 책벌레이던 그는 10세 무렵 독학으로 프로그래밍을 익혔고, 12세에 자신이 만든 게임 '블라스타(Blastar)'를 잡지에 판매했다.

17세에 어머니의 캐나다 국적을 통해 캐나다로 이주해 퀸즈대학교에 입학했으며, 이후 미국 펜실베이니아대학교로 편입해 물리학(문리대)과 경제학(와튼스쿨)을 전공했다. 스탠퍼드 대학원 응용물리/재료과학 박사과정에 등록했지만 단 이틀 만에 자퇴하고 창업에 뛰어들었다. 첫 창업은 온라인 도시가이드·지도 소프트웨어를 제공한 Zip2로, 1999년 컴팩에 약 3억 달러에 매각되며 그는 20대 중반에 '수천만 달러대'의 자산을 거머쥔다(억만장자 등극은 훗날이다).

이후 온라인 금융서비스 X.com을 창업해 컨피니티(페이팔)와 합병, 2002년 페이팔을 이베이에 약 15억 달러에 매각했다. 이후 그는 민간 우주기업 스페이스X(2002), 전기차 기업 테슬라에는 2004년 공동창업자급 초기 투자자이자 이사회 의장으로 합류(이후 '공동 창업자' 직함을 보유)했고, 태양광 회사 솔라시티에는 2006년 의장으로 참여해 사촌 형제들이 경영을 맡았다(2016년 테슬라가 인수). 2016년엔 뉴럴링크와 더 보링컴퍼니를 공동 설립했다. '하이퍼루프'는 그의 2013년 제안서에서 출발한 개념으로, 직접 운영 회사가 아니라 개방된 아이디어로 남아 있다.

테슬라는 로드스터(2008)에 이어 모델 S(2012), 모델 3(2017) 등으로 대중시장 확장을 이끌며 전기차 전환의 상징이 됐다. 스페이스X는 2008년 네 번째 발사에서 팰컨 1 성공 후 2008년 말 NASA 정기 보급(CRS) 계약을 따냈고, 2020년에는 민간기업 최초로 유인 우주선을 발사해 NASA 우주비행사를 국제우주정거장에 보냈다. 그는 인류의 다행성 생존, 지속가능 에너지 전환, 사람과 AI의 공존을 장기 비전으로 내세워 다양한 프로젝트를 추진 중이다.

리더의 인생을 바꾼 터닝 포인트

2008년은 일론 머스크에게 모든 것을 잃을 뻔한 해였다. 글로벌 금융위기 속에서 테슬라는 자금난에 빠졌고, 스페이스X는 연속된 로켓 발사 실패로 존속 자체가 위태로웠다. 그는 페이팔 매각 대금으로 쌓은 개인 재산 대부분을 테슬라와 스페이스X에 재투자하며 급여도 받지 못할 정도로 유동성이 막혔다.

포기는 없었다. 2008년 9월 스페이스X의 네 번째 발사가 성공하면서 신뢰를 회복했고, 이어 그해 말 NASA 화물 수송 대형 계약을 확보했다. 테슬라는 2009년 다임러의 전략적 투자 유치로 숨통을 틔웠고(이후 2010년 美 에너지부 대출 승인), 모델 S 양산 기반을 다졌다. 벼랑 끝에서의 연쇄 반전은 두 회사를 '생존'에서 '성장' 궤도로 올려놓았다.

이 경험은 그가 위험을 감수하며 비전을 집요하게 밀어붙 방식의 정수를 보여준다. 다수의 창업자가 구조조정이나 축소를 택할 상황에서, 그는 기술과 인재, 계약 구조를 끝까지 엮어 돌파구를 만들었다. 그 결과 스페이스X는 재사용 로켓으로 발사 비용 구조를 재정의했고, 테슬라는 OTA 업데이트·배터리 내재화 등으로 자동차의 정의를 소프트웨어 중심으로 바꾸었다.

거인의 어깨와 나란히 하려면

일론 머스크에게서 배워야 할 CEO로서의 능력은 '먼 미래를 실행 가능한 단계로 쪼개는 집요한 설계력'이다. 그는 '비현실적'으로 보이던 목표를 물리 법칙·원가·타임라인으로 환원해 테스트 가능한 실험으로 만든다. 상상력이 아이디어에 그치지 않고, 공학적 검증—제품화—사업 모델—자본 조달의 연쇄로 이어지도록 끝까지 끌고 간다.

이 능력은 어느 산업에나 적용된다. 내일 필요한 것을 상상하되, 오늘 당장 검증할 최소 단위를 정의하라. 가설을 수치와 프로토타입으로 바꾸고, 피드백을 즉시 반영하는 루프를 조직의 기본 동작으로 삼아야 한다. 머스크는 미래를 '설명'하기보다 '작동'하게 만든다. 그 집요한 실행력이야말로, 거대한 비전이 실제 산업을 바꾸는 순간까지 이어지는 유일한 다리다.

리더도 사람이다?!

머스크는 스페이스X 로켓 이름을 '팔콘(Falcon)'이라 지었다. 이유는 스타워즈의 '밀레니엄 팔콘'이 멋있어서였다. 발표 후 기자가 "기술보다 이름을 먼저 정한 건가요?"라고 묻자, 그는 "멋진 이름이 있어야 기술도 멋져질 거 아닌가요?"라며 웃었다. 괴짜는 역시 괴짜다.

해가 지지 않는 브랜드 제국의 황제

베르나르 아르노
LVMH 회장

"럭셔리는 영원하지 않으면 아무 의미가 없다"

LVMH의 하우스 브랜드 정체성을 정의하는 철학을 설명하던 중 아르노 회장이 한 말이다.

세계를 뒤흔든 리더의 생애

베르나르 아르노 회장은 1949년 프랑스 북부 루베에서 태어났다. 아버지는 토목·건설 회사 '페레 사(Ferret-Savinel)'를 운영했고, 어머니는 피아니스트였다. 아르노는 수학과 공학에 강점을 보였고, 예술과 비즈니스 모두에 관심을 드러냈다.

1971년 에콜 폴리테크니크를 졸업한 뒤 가업에 합류한 그는, 회사의 중점 분야를 공공 건설에서 부동산 개발로 전환하도록 주도했다. 산업

부문을 매각하고 개발회사 '페레넬(Férinel)'을 키우며 기업 체질을 바꿨다. 1984년에는 파산관리 아래 있던 방직·유통 대기업 '부삭 생 프레르(Boussac Saint-Frères)'를 인수했다. 이 그룹에는 '크리스티앙 디오르(Christian Dior)'와 백화점 '르 봉 마르셰(Le Bon Marché)' 등이 포함돼 있었다. 이를 계기로 그는 본격적으로 럭셔리 산업에 뛰어든다.

이후 아르노는 LVMH의 설계를 본격화한다. 1987년 합병으로 탄생한 LVMH(루이 비통과 모엣 헤네시)에 영향력을 넓히는 한편, 디오르를 그룹의 핵심 축으로 재정비했다. 그의 철학은 '패션은 창의성, 경영은 조직'이었다. 그는 창조성과 수익 사이의 균형을 중시하며, 루이 비통·모엣 헤네시를 중심으로 지방시, 겐조, 셀린느(Céline), 펜디, 불가리(2011), 태그호이어·제니스(시계), 티파니(2021) 등 수십 개의 메종을 편입해 전례 없는 럭셔리 제국을 구축했다.

그의 방식은 과감한 인수·통합과 동시에 크리에이티브에 대한 장기 투자였다. 디자이너와 크리에이티브 디렉터를 전면에 세우되, 본사 차원의 유통·재무·부동산·브랜드 거버넌스로 뒷받침하는 구조를 확립했다. 2023년에는 세계 최고 부호 반열에 오르며 글로벌 명품 산업의 상징적 인물로 자리매김했다.

리더의 인생을 바꾼 터닝 포인트
베르나르 아르노 회장의 전환점은 1989년 LVMH 지배권을 둘러싼 권력투쟁이다. 그는 자신의 지주회사(피나시에르 아가슈 등)를 통해

LVMH 지분과 의결권을 단계적으로 확보했고, 루이 비통 측의 방어에 맞서 공개매수와 연합전선을 병행했다. 당시 그는 약 43% 수준의 지분·의결권을 장악하며 이사회 주도권을 가져왔고, 루이 비통 공동 창업자 앙리 라카미에를 경영 일선에서 물러나게 했다.

이 사건은 단순한 주주싸움을 넘어 프랑스 산업계의 판도를 바꿨다. 아르노는 '여러 메종을 보유하되, 각 메종의 창조성은 독립적으로 보존한다'는 운영 원칙을 제도화했다. 이후 LVMH는 본사 차원의 장기 투자·부동산·리테일 네트워크를 공유하면서도, 하우스별 크리에이티브 정체성을 극대화하는 모델로 성장했다. 이 '중앙 통제 + 현장 자율' 구조는 글로벌 럭셔리 업계의 표준이 되었다.

그 한 번의 승부로 그는 '디오르의 인수자'에서 '럭셔리 제국의 설계자'로 격상됐다. 통찰과 타이밍, 지배구조 설계가 결합될 때 브랜드 포트폴리오가 어떻게 지수적으로 가치가 커지는지 증명한 순간이었다.

거인의 어깨와 나란히 하려면

베르나르 아르노 회장에게서 배울 핵심은 '브랜드의 영속성을 설계하는 안목'이다. 그는 단기 매출이 아니라 100년짜리 자산을 만든다는 관점에서 디자인·장인정신·유통 동선·리테일 부동산·가격정책·희소성 관리까지 전 과정을 통합했다. 동시에 각 메종의 헤리티지와 크리에이티브는 철저히 보호해, 자본과 예술의 균형을 이루었다.

이 안목은 과잉 생산과 속도 경쟁의 시대에 더 빛을 발한다. 스타트업이든 대기업이든, 지속 가능한 가치를 위해서는 '의미'와 '정체성'을 중심에 둔 설계가 필수다. 단기 실적보다 시간에 닳지 않는 품격을 목표로, 고객의 감성과 브랜드의 세계관을 정밀하게 구축해야 한다. 아르노가 보여준 것처럼, 훌륭한 브랜드는 제품을 넘어 문화와 정체성으로 확장될 때 비로소 제국이 된다.

리더도 사람이다?!

아르노 회장은 신제품 런칭 회의 중 한 디자이너가 "이건 너무 고리타분하다"고 하자, "고리타분이란 단어 자체가 벌써 너무 트렌디하다"며 웃었다. 직원들은 농담인 줄 알았지만, 그는 진지했다. 그의 유머는 언제나 명품처럼 은근하고 날카롭다.

작은 차고를 거대한 쇼핑몰로 바꾼 고집 센 경영자

제프 베이조스
아마존 CEO

"우리는 고객을 집착 수준으로 생각합니다"

*아마존의 모든 전략은 고객 중심으로 돌아간다는 철학을
설명하던 자리에서 베이조스가 한 말이다.
그의 비즈니스 결정 기준은 철저히 '고객 관점'이었다.*

세계를 뒤흔든 리더의 생애

제프 베이조스는 1964년 미국 뉴멕시코주 앨버커키에서 태어났다. 어린 시절부터 과학과 컴퓨터에 큰 관심을 보였고, 여름이면 외조부의 텍사스 목장에서 시간을 보내며 직접 고치고 만들며 손재주를 익혔다. 프린스턴 대학교에서 전자공학과 컴퓨터공학을 전공했다.

졸업 후 월스트리트에서 커리어를 시작한 그는 금융기술 기업 D.E.

쇼에서 최연소 수석부사장(Senior Vice President)까지 오르며 빠르게 두각을 나타냈다. 1994년, 인터넷 사용자가 연간 약 2,300%씩 증가한다는 데이터를 보고 평생의 방향을 바꾼다. 고속 성장하는 인터넷에서 '책이 온라인에 가장 적합한 초기 상품'이라 판단해 회사를 나와, 시애틀 인근 벨뷰의 차고에서 아마존을 창업했다.

아마존은 온라인 서점에서 곧 종합 쇼핑몰로 확장되었다. 베이조스는 '고객 집착', '장기 관점', '끊임없는 실험'을 원칙으로 전자책(킨들, 2007), 구독 서비스(프라임, 2005), 클라우드 컴퓨팅(AWS, 2006~)로 사업을 넓혔다. 아마존 웹서비스는 글로벌 클라우드 인프라 시장의 최대 사업자로 자리 잡았고, 프라임은 구독 모델의 대표적 성공사례가 되었다.

2021년 그는 아마존 CEO에서 물러나 이사회 의장(Executive Chairman)으로 역할을 전환하며 "가장 좋은 시절은 아직 오지 않았다"는 메시지를 남겼다. 한편 2000년 설립한 우주기업 블루 오리진을 통해 민간 우주 산업에도 도전하고 있으며, 여전히 세계에서 가장 영향력 있는 기업가 중 한 명으로 평가받고 있다.

리더의 인생을 바꾼 터닝 포인트

제프 베이조스의 결정적 터닝 포인트는 1994년 월가의 안정적인 커리어를 내려놓고 '차고 창업'을 선택한 순간이었다. 당시 그는 D.E. 쇼에서 유망한 수석부사장이었지만, '인터넷 이용자가 매년 폭발적으로 증가한다'는 사실을 보고 '회한 최소화 프레임워크(Regret Minimization Framework)'를 세웠다. "80세의 내가 지금을 돌아볼 때 덜 후회할 선택은 무엇인가?"라는 질문 끝에 그는 창업을 택했다.

그는 사표를 내고 서부로 이동하며 사업계획을 구체화했다. 초기 아마존은 온라인 서점으로 출발했는데, 재고 다양성·검색 편의성·가격 경쟁력에서 오프라인을 능가할 수 있다고 보았기 때문이다. 이후 베이조스는 아마존을 '전자상거래 회사'가 아니라 '소프트웨어·인프라 회사'로 바라보고, 시스템 자동화와 데이터 기반 의사결정에 집착했다. 그 관점이 전자책 생태계 구축, 구독 기반의 고객 락인, 그리고 AWS라는 인프라 사업으로 이어졌다. 단기 수익보다 미래 기반을 선점하려는 전략적 선택이었다.

이 터닝 포인트의 교훈은 분명하다. 지금의 안락함보다 나중에 덜 후회할 결정을 하라는 것, 그리고 기회를 데이터와 구조적 설계로 현실화하라는 것이다. 베이조스의 선택은 '차고'에서 시작됐지만, 본질은 장기적 구조를 설계한 결단이었다.

거인의 어깨와 나란히 하려면
제프 베이조스에게서 배울 점은 '장기적 사고와 집요한 실행력'이다. 그는 수년간 수익성 논란을 감수하면서도 '10년 뒤 고객이 원하는 것'을 미리 준비했다. 주주 서한에서 반복한 '고객 집착-혁신-장기 전략'은 프라임과 AWS가 가치로 증명해냈다.

이 원칙은 오늘의 일에도 적용된다. 빠른 성과 압박 속에서도, 자신이 지향하는 큰 방향을 정하고 그에 맞는 작은 실험을 끊임없이 반복해야 한다. 장기 관점은 인내심이 아니라 설계된 확신에서 나온다. 베이조스가 보여준 것처럼, 비전은 하루아침에 이루어지지 않지만, 올바른 구조 위에 꾸준히 쌓일 때 시장을 재편하는 힘이 된다.

리더도 사람이다?!

한 회의에서 직원이 "프라임 회원 할인율을 줄이면 수익이 나아질 것 같다"고 하자, 베이조스는 커다란 웃음을 터뜨리며 "그럼 고객을 더 화나게 하겠군요. 멋진 전략입니다!"라고 했다. 모두 웃었지만, 그는 진심이었다. 고객 사랑엔 유머조차 무기였다.

PC로 세상을 장악한 사람들의 이야기

빌 게이츠, 제프 베이조스, 일론 머스크. 이 세 사람의 이름을 들으면, 누구나 세계를 움직 거물로 떠올린다. 그들은 단순한 기업인이 아니다. 새로운 산업을 만들고, 기존 질서를 바꾸며, 전 세계인의 삶에 영향을 미친 인물들이다.

하지만 이 세 사람의 시작을 거슬러 올라가면, 공통된 한 지점을 발견하게 된다. 바로 'PC'다. 그들에게 컴퓨터는 단순한 기계가 아니었다. 그 안에는 무한한 가능성과 세계가 있었고, 이 작은 네모난 기계는 이들의 호기심과 상상력을 자극한 가장 위대한 도구였다.

빌 게이츠는 어릴 때부터 '책벌레'로 유명했지만, 진정한 전환점은 레이크사이드 중학교에 설치된 컴퓨터였다. 그 당시 컴퓨터는 기업이나 정부 기관에나 있을 법한 귀한 존재였지만, 빌 게이츠는 친구들과 함께 그 컴퓨터에 푹 빠졌다. 그는 시간이 날 때마다 컴퓨터 앞에 앉아 프로그램을 짰고, 버그를 고치며 시스템을 해킹하는 방법까지 터득했다.

어린 시절부터 프로그래밍에 몰두한 그는 고등학생 시절 교통 흐름을 예측하는 소프트웨어를 만들어 팔기도 했다. 하버드에 입학한 이후에도 컴퓨터에 대한 열정은 식지 않았다. 결국 그는 학업을 중단하고 폴 앨런과 함께 마이크로소프트를 창업한다. 이 결정은 세계 IT 산업의 지형을 바꾸는 시발점이 된다. '모든 책상 위에, 모든 가정에 컴퓨터를 한 대씩'이라는 그의 비전은 이후 현실이 되었고, 그는 PC 대중화의 상징으로 떠오르게 된다.

제프 베이조스 역시 컴퓨터와 함께 자랐다. 그는 어린 시절부터 전자기기 분해에 흥미를 느꼈고, 10대 시절에는 컴퓨터에 흥미를 느껴 직접 프로그램을 만들기도 했다. 대학에서는 전자공학과 컴퓨터공학을 전공했고, 금융회사에서 근무하던 시절에도 컴퓨터 알고리즘을 활용한 자동화 트레이딩 시스템을 개발했다.

하지만 그가 컴퓨터의 힘을 가장 극적으로 활용한 건 아마존 창업 때였다. 1990년대 초, 그는 인터넷이 매년 2,000%씩 성장하고 있다는 데이터를 접한 뒤, 이 새로운 기술을 활용한 사업을 고민하기 시작했다. 결국 그는 아마존이라는 온라인 서점을 열고, 컴퓨터 네트워크를 통해 전 세계에 책을 판매하는 시스템을 구축한다.

그가 생각한 것은 단순한 서점이 아니었다. 그는 처음부터 아마존을 '모든 것을 파는 온라인 플랫폼'으로 설계했고, 그 중심에는 항상 컴퓨터가 있었다. 아마존의 핵심은 물류가 아니라 데이터였고, 지금의 클라우드 시장을 만든 AWS 역시 컴퓨터 기술에 대한 베이조스의 이해에서 비롯된 결과였다.

일론 머스크는 어린 시절 남아프리카공화국에서 자라며 책과 컴퓨터에 빠져 있었다. 그는 10살에 첫 컴퓨터를 접하고, 독학으로 프로그래밍을 배웠다. 12살에는 'Blastar'라는 게임을 직접 코딩해 500달러에 판매하며 어린 나이에 이미 컴퓨터를 통한 수익 모델을 만든 경험을 한다.

그의 인생에는 늘 '기술'이 중심에 있었고, 특히 소프트웨어와 하드웨어를 연결하는 감각이 뛰어났다. 미국으로 건너온 그는 인터넷이라는 신기술의 물결 속에서 ZIP2라는 온라인 지도 기반 광고 서비스를 개발해 첫 성공을 거둔다. 이후 그는 페이팔(PayPal)의 전신이 되는 X.com을 창업해 전자결제 시장을 개척했고, 이 회사를 이베이에 매각하며 막대한 자본을 쥐게 된다.

이후 스페이스X, 테슬라, 뉴럴링크 등으로 영역을 확장하지만, 그 기반에는 언제나 '컴퓨터를 통한 시스템적 사고'가 존재한다. 특히 테슬라의 자율주행 기술, 스페이스X의 로켓 회수 시스템은 모두 고도의 컴퓨팅 능력이 뒷받침되었기에 가능했다.

이 세 사람은 단순히 컴퓨터를 잘 다룬 사람이 아니다. 그들은 컴퓨터를 '세상을 연결하고 바꿀 수 있는 도구'로 이해한 선구자다. 그들에게 컴퓨터는 엔터테인먼트의 수단도, 단순한 생산성 향상의 도구도 아니었다. 그 안에서 새로운 세계를 설계하고, 사람들의 삶을 근본적으로 변화시키는 방법을 고민했다. 그리고 그들은 실제로 그 꿈을 현실로 만들었다.

오늘날 수많은 청소년이 스마트폰을 손에 쥐고 있다. 하지만 과연 몇 명이나 그것을 단순 소비가 아닌 창조의 도구로 활용하고 있을까. 빌 게이츠, 제프 베이조스, 일론 머스크는 그 작은 화면 안에서 기회를 발견했고, 그 기회를 현실로 만들었다.

그들에게 컴퓨터는 '작은 화면 속 거대한 세상'이었다. 당신은 지금 그 화면을 어떻게 쓰고 있는가? 당신의 손에 쥔 그 기계가, 어쩌면 당신 인생의 전환점을 만들어줄지도 모른다. 성공은 거창한 계획이 아니라, 손끝에서 시작된다는 것을 이들 세 사람은 몸소 증명해 보인다.

투자로 세계를 장악한 전략가

손정의
소프트뱅크그룹 회장

"성공하는 데 필요한 건 단 한 발의 총알이다"

손 회장이 미국 유학 시절, 하루 5분씩 아이디어만 떠올리는 습관 속에서 발명 특허로 10억 원을 벌고 일본으로 돌아오며 남긴 말이다.

세계를 뒤흔든 리더의 생애

손정의 소프트뱅크 회장은 1957년 일본 사가현에서 한국계 가정에 태어났다. 이민 배경의 집안에서 성장하며 "언젠가 세계적인 사업가가 되겠다"는 포부를 사주 입에 올렸다고 전해진다.

10대에 '세계의 중심에서 사업을 배우자'며 미국 유학을 결심했다. 고등학교를 조기 졸업하고 캘리포니아 버클리대 경제학과에 입학해 기술과 기업가정신을 익혔다. 유학 중 일본어-영어 전자번역기를 고안해 샤

5장. 세계를 장악한 현재진행형 CEO

프에 약 1억 엔 규모로 기술을 양도했고, 이 자금을 씨앗으로 사업 기반을 다졌다.

1981년 도쿄에서 소프트웨어 유통회사 '소프트뱅크'를 세워 사업을 시작했다. 하드웨어 중심이던 시장에서 그는 정보화의 핵심이 '소프트웨어'라 보고, 해외 소프트웨어의 일본 유통망을 체계화해 빠르게 성장시켰다. 이후 인터넷 시대의 부상을 누구보다 일찍 읽고 야후재팬(1996) 합작, 알리바바 초기 투자(2000), ARM 인수(2016), 비전펀드 조성(2017) 등 대담한 베팅을 이어 갔다. 특히 알리바바에 대한 초기 투자는 세계적 명성을 확고히 한 사례다.

오늘의 소프트뱅크는 AI, 반도체, 로봇, 위성통신 등 미래 기술에 초점을 맞춘 투자·지주형 그룹으로 진화했고, 손 회장은 '정보 혁명의 투자자'로서 글로벌 벤처 생태계의 큰손으로 자리 잡았다.

리더의 인생을 바꾼 터닝 포인트

손 회장의 결정적 터닝 포인트는 2000년 알리바바에 대한 과감한 투자다. 닷컴 버블의 열기 속에서 수많은 인터넷 기업이 난립하던 시기, 항저우에서 만난 젊은 창업자 마윈은 실적도 미미했고 서비스 완성도도 높지 않았다. 그러나 손 회장은 짧은 미팅에서 창업자의 비전과 추진력을 읽고 약 2천만 달러 투자를 신속히 결정했다. 내부의 보수적 시각과 중국 인터넷 시장의 불확실성 우려에도 그는 "지금은 도약대(스프링보드)를 만드는 시기"라며 베팅을 밀어붙였다.

이 선택은 시간이 지나며 그의 통찰을 입증했다. 2014년 알리바바의 뉴욕증시 상장 당시 소프트뱅크가 보유한 지분 가치는 수십조 원대로 평가되며(환율·지분 변동에 따라 수치는 달라지지만 초기 투자 대비 수천 배 수익으로 거론된다) 투자 역사상 손꼽히는 성공 사례가 됐다. 핵심은 '기술'보다 '사람'과 '비전'을 본 안목이었다. 손 회장은 "사업은 숫자가 아니라 사람을 믿는 일"이라고 말해 왔고, 알리바바 투자는 소프트뱅크가 단순 IT 유통사를 넘어 '정보혁명의 투자 플랫폼'으로 변신하는 분기점이 되었다.

거인의 어깨와 나란히 하려면

손정의 회장에게서 배울 가장 큰 자질은 '비전을 보는 능력'이다. 그는 기술 지표보다 기술이 사회를 어떻게 바꿀지에 주목했고, 그 미래를 이야기로 설계해 사람과 자본을 움직였다. "감정을 이해하는 로봇이 등장할 것"이라는 선언을 구호에 그치지 않고, 감정 인식 로봇 '페퍼' 개발과 AI 집중 투자로 실천에 옮긴 태도가 이를 증명한다.

이 능력을 삶에 적용하려면, 눈앞의 트렌드 자체보다 그 트렌드가 낳을 구조적 변화를 상상하는 연습이 필요하다. AI·블록체인·우주·에너지·로봇 등 어떤 분야든 손 회장은 기술 그 자체보다 기술이 만들어 낼 '인간 중심의 변화'를 먼저 본 리더였다.

리더도 사람이다?!

버클리 대학 시절, 손 회장은 하루에 단 5분만 아이디어를 짜는 시간을 정했는데, 이때 매일같이 "돈 버는 방법"만 생각했다고 한다. 친구가 "너무 노골적인 거 아니냐"고 묻자, 그는 "그게 내 전공이야"라고 답했다. 교수는 그를 '현대 자본주의 전공자'라고 불렀다.

노련한 세계 최연소 억만장자

마크 주커버그
메타 CEO

"빠르게 움직이고 과감하게 부숴라"

초기 페이스북 성장 시절, 혁신과 실험을 두려워하지 말라는 뜻에서 회사 슬로건으로 내세운 말이다.

세계를 뒤흔든 리더의 생애

마크 주커버그는 1984년 미국 뉴욕주 화이트플레인스에서 태어났다. 아버지 에드워드 주커버그는 치과의사, 어머니 캐런 켐프너는 정신과 의사였다. 그는 어린 시절부터 프로그래밍에 몰두했으며, 12세 무렵 가족과 아버지 치과 진료실 간 메시지를 주고받는 소프트웨어 '주크넷(ZuckNet)'을 만들어 실제로 활용했다.

고교 시절에는 인공지능 기반 음악 추천 플레이어 '시냅스(Synapse)'

를 개발해 관심을 받았고, 마이크로소프트와 AOL의 스카우트 제의를 받았다는 보도가 나왔지만 이를 택하지 않고 하버드대학교에 진학했다. 2004년 하버드 기숙사에서 더스틴 모스코비츠, 에두아르도 사베린, 크리스 휴스, 앤드루 맥컬럼 등 동료와 '더 페이스북'을 출시했고, 서비스는 하버드를 넘어 미국 대학가 전역으로 빠르게 확산됐다.

그는 학업을 중단(휴학 후 미복귀)하고 실리콘밸리로 거점을 옮겼다. 이후 '뉴스피드'(2006) 도입과 '좋아요' 버튼(2009) 등 제품 경험을 핵심 지표로 삼아 플랫폼을 고도화하고, 모바일 전환과 정교한 광고 시스템 구축으로 수익화를 확립했다. 인수 전략도 결정적이었다. 인스타그램(2012), 왓츠앱(2014), 오큘러스 VR(2014)을 잇달아 품으며 '사람을 연결하는 네트워크'의 외연을 넓혔다. 2021년에는 사명을 '메타'로 변경하고 장기적으로 확장현실·메타버스 중심의 기술 로드맵을 천명했다.

그는 2008년 포브스가 선정한 당시 최연소 자수성가 억만장자 중 한 명으로 이름을 올렸고, 엔지니어 출신 CEO로서 과감한 제품 결단과 장기 지향의 전략으로 21세기 디지털 사회의 흐름을 이끈 인물로 평가받는다.

리더의 인생을 바꾼 터닝 포인트

마크 주커버그에게 가장 결정적인 터닝 포인트는 하버드에서의 학업을 접고(휴학 후) 창업에 전력하기로 한 선택이다. 초창기 '더 페이스북'이 캠퍼스 단위의 사이드 프로젝트에 머물던 시기, 사용자가 기하급수적으로 늘자 그는 "이건 학교에 다니면서 병행할 일이 아니다"라고 판단했다.

2004년 말 실리콘밸리로 옮긴 뒤, 그는 여러 유혹과 압박 속에서도 장기 비전을 고수했다. 2006년 '뉴스피드' 도입은 사생활 침해 논란과 거센 반발을 불러왔지만, 그는 신속히 개인정보 설정을 보완하면서도 핵심 방향은 꺾지 않았다. 2006년 야후의 인수 제안(약 10억 달러 규모)을 거절한 결정 역시 '사람을 연결한다'는 비전을 기업의 최우선 가치로 둔 선택이었다.

이 '학위보다 확신'을 택한 판단은 단지 학교를 떠난 사건을 넘어, 자신의 속도와 원칙에 책임지는 창업자의 탄생을 의미했다. 익숙한 안전지대 대신 불확실성을 받아들인 그 결단이 세계 최대 규모의 소셜 네트워크로 이어졌다는 점에서, 이 터닝 포인트는 '불확실성은 기회의 다른 이름'임을 보여준다.

거인의 어깨와 나란히 하려면

마크 주커버그에게서 배워야 할 핵심은 '실행 중심의 사고방식'이다. 그는 복잡한 기획서보다 '만들고-테스트하고-개선한다'는 루프를 조직문화로 정착시켰다. 창업 초기부터 직접 코드를 쓰며 프로토타입을 빠르게 내고, 피드백을 즉시 반영해 기능을 다듬는 방식이 페이스북의 성장 엔진이 됐다. 완벽주의로 출발선을 늦추기보다, 작은 단위로 실험하고 빠르게 학습하는 태도—실패를 비용이 아닌 데이터로 해석하는 태도—가 변동성이 큰 시장에서 가장 실용적인 전략임을 증명했다.

독자 역시 새로운 시도 앞에서 주저하기보다 최소기능제품(MVP)으로 시작해 검증-개선-확장의 사이클을 돌려보자. 실행이 곧 전략을 앞당기고, 학습이 리스크를 줄인다. 주커버그가 보여준 것은 '말'이 아니라 '만듦'으로 설득하는 리더십이었다.

리더도 사람이다?!

마크 주커버그는 CEO가 된 후에도 항상 후드티에 청바지를 입고 다녔다. 어느 날, 월스트리트 애널리스트 앞에서 발표할 때도 늘 그 복장이었는데, 한 기자가 "정장 입을 생각은 없냐" 묻자, 주커버그는 "난 매일 같은 옷을 입어서 중요한 결정에 더 집중할 수 있다"며 웃었다. 똑똑한 꾀돌이 같다.

검색 엔진 세계를 장악한 정복자

래리 페이지 & 세르게이 브린
구글 창업주

"우리는 사용자가 생각조차 못한 것을 제공하고 싶었다"

검색 엔진을 넘어 새로운 세상을 만들겠다는 비전을 밝히며 한 말이다.

세계를 뒤흔든 리더의 생애

래리 페이지는 1973년 미국 미시간주 랜싱에서 태어났고, 컴퓨터 과학자였던 아버지(칼 페이지 Sr.)와 컴퓨터 프로그래밍을 가르치던 어머니 밑에서 자라며 자연스럽게 기술 환경에 노출됐다. 세르게이 브린은 1973년 소련 모스크바에서 태어나 유대인에 대한 제도적 차별을 피해 여섯 살이던 1979년 가족과 함께 미국으로 이주했다. 수학자 집안에서 성장한 그는 일찍부터 수학·컴퓨팅에 강점을 보였다.

두 사람은 스탠퍼드대 컴퓨터과학 박사과정에서 처음 만나 "웹의 방

대한 정보에서 '무엇이 중요한가'를 어떻게 가려낼 것인가"를 두고 논쟁하듯 토론을 시작했다. 당시 대부분의 검색엔진은 키워드 일치에 치우쳐 있었고, 이들은 웹페이지 간 하이퍼링크 구조를 그래프로 해석해 중요도를 평가하는 '페이지랭크(PageRank)'를 고안했다. 1996년 '백럽(BackRub)'이라는 연구 프로젝트로 구현된 이 기술은 1998년 9월 4일 '구글(Google Inc.)' 법인 설립으로 이어졌다.

구글은 배너가 없는 간결한 첫 화면과 정확·신속한 검색 결과로 신뢰를 빠르게 얻었다. 이어 검색광고 플랫폼 '애드워즈'(2000, 현 Google Ads)와 콘텐츠 네트워크 '애드센스'(2003)를 통해 수익모델을 확립했고, 모바일 운영체제 '안드로이드'(2005년 인수), 동영상 플랫폼 '유튜브'(2006년 인수), 웹브라우저 '크롬'(2008년 출시) 등으로 확장했다. 자율주행 프로젝트는 2009년 시작돼 2016년 알파벳 산하 '웨이모'로 분사했고, 인공지능 역량은 2014년 '딥마인드' 인수로 한층 강화됐다. 구글은 단순한 검색기업을 넘어 '정보 기반 인프라' 기업으로 체질을 넓혔다.

2015년에는 지주회사 '알파벳(Alphabet)'을 신설하고 구글을 자회사로 편제했다. 이때 래리 페이지가 알파벳 CEO, 세르게이 브린이 사장을 맡았다. 2019년 12월 두 사람은 각각 CEO와 사장 직에서 물러났고, 순다르 피차이가 구글과 알파벳의 CEO를 겸임하게 됐다. 페이지와 브린은 이사회 구성원·주요 주주로 남아 장기 과제와 개인 연구·창업 활동에 더 집중하고 있다.

리더의 인생을 바꾼 터닝 포인트

두 사람의 결정적 터닝 포인트는 2004년 기업공개(IPO)였다. 연구실 기반의 기술 스타트업에서 공공시장의 검증과 감시를 받는 기업으로 체질을 전환해야 했기 때문이다. 이들은 '네덜란드식 공개경매(Dutch auction)'라는 이례적 방식을 택해 광범위한 투자자 참여를 유도했고, 동시에 클래스B(주당 10표) 등 복수의결권 구조를 설계해 창업자의 장기 비전을 지킬 지배구조적 안전장치를 마련했다.

덕분에 단기 실적 압박을 상대적으로 줄이면서 검색광고를 넘어 유튜브·안드로이드·AI 등 미래 분야에 과감히 투자할 수 있는 자율성을 확보했고, 훗날 구글이 '기술기업의 제국'으로 불릴 수 있는 토대가 됐다.

거인의 어깨와 나란히 하려면

래리 페이지와 세르게이 브린에게서 배워야 할 가장 큰 능력은 '복잡한 문제를 근본적으로 재정의하는 힘'이다. 이들은 검색 품질을 단순 개선하는 대신, 웹 전체를 링크가 만들어내는 수학적 네트워크로 바라보고 "무엇이 신뢰받는가?"라는 질문으로 문제의 프레임을 바꿨다. 문제의 구조를 다시 그리면 해법의 공간도 달라진다.

스타트업 창업자든 기획자·교사·연구자든, 익숙한 규칙을 의심하고 원리를 탐색하는 습관인 데이터와 구조를 새롭게 모델링하려는 집요함이야말로 혁신의 출발점임을 두 사람의 행보가 증명한다.

리더도 사람이다?!

두 사람이 구글을 창업할 당시, 사무실은 친구 수잔 워치스키의 차고였다. 어느 날, 피자를 시켰는데 배달원이 주소를 못 찾자 "구글 지도랑 연결돼야겠다"며 농담 삼아 말했고, 이 말은 훗날 실제로 구글 맵 서비스의 영감이 되었다고 한다. 피자 한 판이 하나의 제품으로 이어진 셈이다. 당시 직원들은 "배달 실수도 구글에선 아이디어"라고 웃었다.

차기 AI 시장의 거대한 손

젠슨 황
엔비디아 회장

"지금의 실패는 다음 성공의 발판이 될 것이다"

그래픽칩 사업 초기, 시장의 반응이 냉담했던 시절
직원들을 다독이며 한 말이다.

세계를 뒤흔든 리더의 생애

젠슨 황 회장은 1963년 대만 타이난에서 태어나 9세에 가족과 함께 미국으로 이주했다. 영어가 서툴렀던 유년기, 그는 켄터키의 기숙학교(오나이다 배프티스트 인스티튜트)를 거쳐 오리건으로 이주했고, '살아남으려면 실력을 갖추라'는 다짐으로 공부에 매진했다.

대학교에선 오리건주립대에서 전기공학을 전공하고(1984), 스탠퍼드대학교에서 전기공학 석사 학위를 취득했다(1992). AMD와 LSI 로직에서 반도체 엔지니어·설계 및 제품 담당으로 일하며 컴퓨터 아키텍처의 병목을 체감했고, 고성능 그래픽 처리 수요는 커지지만 이를 전담할 범용 그래픽 프로세서는 부재하다는 점에 주목했다.

1993년, 젠슨 황 회장은 크리스 말라초스키(Chris Malachowsky), 커티스 프리엠(Curtis Priem)과 함께 엔비디아를 공동 창업했다. 초기 주력은 PC용 그래픽이었고, 1997년 RIVA 128로 성과를 내기 시작해 1999년 '지포스 256'을 발표, 'GPU'라는 개념을 전면에 내세우며 시장 판도를 바꾸었다. 이어 2006년 범용 병렬 컴퓨팅 플랫폼 'CUDA'를 도입해 GPU를 그래픽 전용 부품에서 대규모 연산 장치로 확장했다.

이 결정은 이후 AI 붐의 토대가 됐다. 2010년대 중반 딥러닝이 급부상하면서 엔비디아의 GPU는 학습·추론 인프라의 사실상 표준으로 자리 잡았고, 테슬라, 오픈AI, 메타, 마이크로소프트, 구글 등 글로벌 IT 기업들과의 협력으로 생태계를 넓혔다(다만 일부 기업은 자체 가속기나 TPU도 병행한다). 2020년대 들어 엔비디아는 AI 가속기 시장에서 압도적 점유와 데이터센터 플랫폼 경쟁력을 바탕으로 초대형 기업가치에 도달하며 실리콘밸리 최고 경영진 중 한 명으로 평가받는 회사가 됐다.

그는 현재도 CEO로 재직 중이며, 후계자 육성과 조직 문화 고도화에 힘을 기울이며 엔비디아를 'AI 시대의 풀스택 컴퓨팅 인프라 기업'으로 재정의하는 데 집중하고 있다.

리더의 인생을 바꾼 터닝 포인트

젠슨 황 회장의 가장 강력한 터닝 포인트는 GPU를 AI·과학계산용 슈퍼컴퓨팅 칩으로 '재정의'한 결정이었다. 2000년대 초만 해도 GPU는 주로 게임 그래픽용으로 인식됐고, 시장도 그 틀에 묶여 있었다.

그러나 그는 GPU 아키텍처의 방대한 병렬성에 주목했다. 그래픽 렌더링에 쓰이던 수천 개의 코어가 선형대수 연산에 적합하다는 통찰 아래, 2006년 CUDA를 공개해 연구자와 개발자가 C/C++ 등 익숙한 언어로 GPU를 프로그래밍할 수 있도록 했다. AI가 아직 주류가 아니던 시절의 이 선택은 내부·외부의 회의론을 동반했지만, 2010년대 중반 딥러닝의 폭발과 함께 정답으로 증명됐다.

알파고를 비롯한 초기 딥러닝 연구 다수가 GPU를 활용했고, 이후 초거대 모델 학습에서 A100·H100 등 엔비디아 가속기가 핵심 인프라가 되면서 그는 'AI 컴퓨팅의 설계자'로 불리게 됐다(한편 일부 빅테크는 자체 칩 TPU도 병행한다는 점은 유의할 필요가 있다). 이 결정은 단순한 제품 성공을 넘어 현대 컴퓨팅의 패러다임을 바꾼 사례로 평가된다.

거인의 어깨와 나란히 하려면

젠슨 황 회장에게서 배울 가장 중요한 덕목은 '비전에 대한 일관된 확신과 기술-비즈니스의 연결 능력'이다. 그는 시장보다 반 발 앞선 통찰을 단순한 아이디어로 두지 않고, 아키텍처·소프트웨어 스택(CUDA·라이브러리)·개발자 생태계·파운드리·시스템(서버·네트워킹)까지 수직으로 통합해 사업으로 구현했다. 단기 실적에 흔들리기보다 10년 뒤의 수요를 설계하고, 이를 견고한 플랫폼으로 만드는 집요함이 엔비디아를 그래픽 기업에서 AI 인프라 기업으로 바꿔 놓았다.

독자 역시 자신의 분야에서 단기 성과에 일희일비하기보다 구조와 생태계를 설계하는 관점으로 '큰 그림'을 그리고, 그 그림을 끝까지 밀고 나갈 내면의 확신을 길러야 한다. 리더란 눈에 보이지 않는 변곡점을 먼저 보고, 그것을 기술과 제품, 그리고 비즈니스 모델로 연결해 현실로 바꾸는 사람이다. 젠슨 황은 그 모범을 보여주고 있다.

리더도 사람이다?!

젠슨 황 회장은 발표장에 가죽 재킷을 입고 나오는 걸로 유명하다. 어느 컨퍼런스에서 그가 재킷을 벗으려다 마이크 선에 걸려 잠시 무대에서 꼼짝 못 하는 해프닝이 벌어졌는데, 본인이 능청스럽게 "AI가 이럴 땐 도와주질 않네요"라고 말해 관객들이 폭소를 터뜨렸다. 기술의 제왕도 마이크 줄엔 당한다.

인도 부의 황제

무케시 암바니
릴라이언스 인더스트리스 의장

"데이터는 새로운 석유다"

릴라이언스 인더스트리스가 '통신 사업(Jio)'에 진출하며
디지털 중심의 미래 비전을 밝히는 자리에서 나온 말이다.

세계를 뒤흔든 리더의 생애

무케시 암바니 회장은 1957년 예멘 아덴에서 태어났다. 부친 다히루바이 암바니는 훗날 릴라이언스 그룹을 일군 사업가였고, 가족은 그가 어릴 적 뭄바이로 이주했다. 그는 검소한 생활 속에서 성장하며 아버지의 창업 정신을 곁에서 지켜보았다.

뭄바이의 힐 그레인지 고등학교(Hill Grange High School)를 거쳐 대학에서는 당시 'UDCT'로 불리던 뭄바이 화학기술대학(현 인도공과대학이 아닌, Institute of Chemical Technology)에서 화학공학을 전공했다. 이후 미국 스탠퍼드대 경영대학원(MBA 과정)에 진학했으나 부친의 요청으로 학업을 중단하고 릴라이언스에 합류했다. 당시 릴라이언스는 섬유 중심의 중견기업이었으며, 젊은 무케시는 부친과 함께 석유화학·정유·인프라로 사업을 넓히는 데 참여했다. 그는 현장에서 기술 투자와 공급망 혁신을 추진하며 성장의 기반을 다졌다.

1990년대부터 경영 전면에 나선 그는 릴라이언스를 인도의 대표적 산업 그룹으로 키웠다. 석유 정제·석유화학·섬유·리테일에 이어 통신 분야까지 진출했고, 특히 2016년 상용 서비스를 시작한 '릴라이언스 지오(Jio)'는 인도 모바일 데이터 시장의 판도를 바꾸었다. 초기 무료(프로모션)와 초저가 데이터, 전국 단위 4G망 구축을 결합한 전략으로 수억 명의 인도인이 모바일 인터넷을 사용하게 되었고, 지오는 단기간에 인도 최대 이용자 기반의 통신사로 올라섰다.

이어 릴라이언스는 지오 플랫폼을 축으로 전자상거래·핀테크·클라우드·디지털 미디어 등으로 확장했다. 이 과정에서 2020년 메타(당시 페이스북)와 구글 등 글로벌 빅테크가 지오 플랫폼스에 전략적 투자를 단행하며 파트너십이 강화되었다. 현재 무케시 암바니 회장은 그룹 회장직을 유지하면서, 2022년부터 장남 아카시(통신), 장녀 이샤(리테일), 차남 아난트(신에너지)에게 각 축의 책임을 분담시키는 방식으로 승계를 단계화하고 있다. 환경·디지털 교육·의료 등 사회공헌에도 적극적이며, 인도 재계의 상징적 리더로 영향력을 이어가고 있다.

리더의 인생을 바꾼 터닝 포인트

무케시 암바니 회장의 결정적 전환점은 단연 2016년 '지오'의 상용화다. 당시 인도는 통신 요금이 높고 데이터 품질이 들쑥날쑥했으며, 디지털 격차가 뚜렷했다. 다수 사업자가 고가 요금제에 의존하던 상황에서 그는 전국 단위 4G 인프라를 선(先)투자하고, 초기 수개월간 무료·무제한에 가까운 (공정사용정책 적용) 프로모션을 통해 대규모 가입자를 일시에 흡수했다.

내부 반대와 외부의 회의론에도 그는 '지오는 단기 수익 사업이 아니라 인도의 디지털 인프라'라는 명확한 철학으로 밀어붙였다. 결과적으로 지오는 불과 수년 만에 가입자·데이터 트래픽 모두에서 최상위권 사업자가 되었고, 경쟁사들의 요금 구조와 네트워크 투자 전략을 전면 재편하도록 만들었다. 데이터 접근성이 급격히 높아지면서 전자상거래, 디지털 결제, 온라인 교육·헬스케어 등 인도 경제의 디지털 전환 속도도 크게 가속되었다.

이 선택은 릴라이언스를 제조·정유 중심의 전통 대기업에서 '플랫폼·데이터 기반' 기업으로 탈바꿈시키는 분수령이 되었다. 나아가 2020년 이후 글로벌 빅테크·국제자본의 대규모 투자를 끌어들 촉매가 되었고, 릴라이언스의 '다음 10년' 성장 스토리를 여는 계기가 되었다.

거인의 어깨와 나란히 하려면

무케시 암바니 회장에게서 배워야 할 핵심은 '산업의 다음 질서를 읽고 구조를 설계하는 통찰'이다. 그는 석유화학에서 정유, 다시 통신·데이터·

플랫폼으로 이어지는 가치사슬의 재편을 일찍부터 내다보고, 대규모 인프라 투자와 요금·유통·파트너십 구조를 한 묶음으로 설계했다. 단기 실적이 아닌, 인도 소비자와 산업 전반의 사용 행태를 바꿀 '접속(Access)'을 우선순위에 두었기에 가능한 전략이었다.

그의 통찰은 정보량이 아니라 '본질'에서 나온다. 기술 트렌드를 좇는 것을 넘어, 사회 구조와 사용자 행동의 변화를 상상하고 그에 맞는 인프라·가격·생태계를 동시에 설계해야 한다. 접속·경험·데이터의 흐름을 바꾸는 리더십이야말로, 시간이 지나도 경쟁력을 잃지 않는 전략임을 암바니의 행보가 증명하고 있다.

리더도 사람이다?!

한 직원이 회장님에게 "통신사업에서 왜 요금을 무료로 하냐"고 물었더니, 무케시 회장은 진지하게 말했다. "내가 통신 요금 내는 게 제일 싫었거든." 순간 좌중이 웃음바다가 되었고, 그는 덧붙였다. "싫으면 없애야지. 그게 회장의 권한 아냐?"라며 유쾌하게 넘겼다고. 현실을 바꾸는 유머였다.

6장.
세계 최정상을 향해가는 CEO

세계 경제의 다음 주인공들이 등장하고 있다. AI가 주도하는 새로운 기술 질서, 팬데믹 이후 재편된 글로벌 산업 구조, 그리고 미·중 간의 패권 경쟁 속에서, 이들은 세계 경제의 정점에 오르기 위해 치열하게 달리고 있다. 이 장에서는 지금 이 순간에도 '차기 글로벌 TOP10' 자리를 향해 도전하고 있는 10명의 경영인을 소개한다.

샘 올트먼은 오픈AI의 CEO로서 단순한 기술 리더를 넘어 'AI 윤리와 정책'이라는 인류적 의제를 산업 중심에 올려놓은 인물이다. ChatGPT를 통해 생성형 AI 대중화를 선도한 그는, 기술의 방향성과 공공성과의 균형을 고민하며 AI 산업의 미래를 설계하고 있다.

피터 틸은 팔란티어 테크놀로지스를 통해 '데이터 기반 국가 안보'라는 새로운 비즈니스 모델을 창출했다. 미국 정부와의 계약을 바탕으로 정보 해석, 예측 분석 분야에서 독보적 입지를 다졌으며, 동시에 철학적이고 정치적인 관점에서 '실리콘밸리의 반(反)질서'로서도 주목받는다.

리드 헤이스팅스는 넷플릭스를 DVD 대여 서비스에서 글로벌 스트리밍 제국으로 바꿔놓았다. 오리지널 콘텐츠 전략과 AI 기반 추천 알고리즘은 미디어 산업의 본질을 재정의했고, 현재는 교육 플랫폼, 게임, 인터랙티브 콘텐츠로 확장을 꾀하며 또 한 번의 도약을 준비 중이다.

래리 엘리슨은 오라클의 창업자이자 CEO로, 클라우드 기반 데이터 관리와 보안 솔루션을 무기로 AI 시대의 인프라를 장악하고 있다. 이미 전통 IT 기업을 넘어 미래형 기업으로의 대전환을 이끈 그는, 실리콘밸리의 고전적 리더십이 아직 유효함을 입증하고 있다.

마화텅은 중국의 인터넷 제국 '텐센트'를 만든 창업자이자 회장이다. 메신저 '위챗' 하나로 중국인의 디지털 생활 전반을 장악했으며, 게임·콘텐츠·핀테크 등으로 영역을 확장해 아시아 최대 플랫폼 기업으로 자리잡았다. 그는 중국 디지털 패권의 상징이자, 미국 중심 질서에 도전하는 대표 주자다.

장이밍과 량루보는 바이트댄스를 이끌며 숏폼 콘텐츠 플랫폼 틱톡으로 전 세계 Z세대의 일상과 여론을 사로잡았다. AI 기반 콘텐츠 추천 기술을 무기로 글로벌 플랫폼 패권에 도전하고 있으며, 서구 빅테크를 위협하는 새로운 질서의 핵심에 있다.

장중머우는 TSMC를 세계 반도체 파운드리 1위 기업으로 키운 주역이다. 전 세계 반도체 공급망의 핵심을 쥔 그는 기술력뿐 아니라, 글로벌 정치와 안보의 키 플레이어로 떠올랐다. 그의 존재는 단순히 한 기업인을 넘어, 전 세계 산업 질서의 향방을 결정짓는 인물로 부상하고 있다.

조 게비아와 브라이언 체스키는 에어비앤비를 통해 '공유경제'라는 새로운 소비 패러다임을 만들었다. 단순한 숙박 플랫폼을 넘어, 여행 경험 자체를 큐레이션하는 문화 기업으로 진화 중이며, 전통 호텔 산업의 질서를 송두리째 흔들고 있다.

파벨 두로프는 텔레그램을 만든 러시아 출신 기업가로, 전 세계 사용자들에게 프라이버시와 검열 없는 소통을 보장하는 메신저 플랫폼을 제공하고 있다. 특히 중동, 동유럽, 남미 등지에서 막강한 영향력을 지니며, 정보 자유와 디지털 주권에 대한 새로운 논의를 촉발했다.

마지막으로, 트래비스 캘러닉과 개럿 캠프는 우버를 통해 온디맨드 경제와 모빌리티 혁신의 상징이 되었다. 단순한 차량 호출 앱에서 시작해, 물류, 배달, 자율주행 등으로 비즈니스 영역을 넓혔고, 도심 이동 방식의 패러다임을 바꾸었다.

이 10인의 리더는 각기 다른 산업에서 출발했지만, 기술과 데이터, 플랫폼과 연결성이라는 공통 언어 위에 새로운 질서를 세우고 있다.

이들의 선택과 사고는 향후 10년간 세계 경제의 판도를 결정지을 것이다. '당신을 바꿀 리더의 가르침'은 이제 과거를 넘어, 이들의 현재 속에서 미래를 함께 상상하고자 한다.

*리더의 목차 순서는 우선순위가 아님을 안내합니다.

지옥에서 돌아온 천재 사업가

샘 올트먼
오픈AI CEO

"AI가 인류에게 어떤 영향을 미칠지는
우리가 어떻게 행동하느냐에 달려 있다"

2023년 미국 상원 청문회에서 AI의 윤리적 활용과 안전성에 대해
증언하며 나온 말이다.

세계를 뒤흔든 리더의 생애

샘 올트먼은 1985년 미국 일리노이주 시카고에서 태어나 미주리주 세인트루이스에서 자랐다. 어린 시절부터 컴퓨터에 깊이 몰두해 초등학생 무렵부터 프로그래밍을 익혔고, 기술과 창업 이야기에 자연스럽게 관심을 키웠다. 스탠퍼드 대학교 컴퓨터과학과에 진학했지만, 스스로의 아이디어를 현실로 만들기 위해 학업을 중단했다.

재학 중이던 2005년 그는 친구들과 위치 기반 소셜 네트워크 서비스 'Loopt'를 공동 창업해 Y Combinator(이하 YC) 1기 배치에 선발됐다. Loopt는 2012년 그린닷(Green Dot)에 약 4,400만 달러에 인수되며 그의 첫 엑시트가 되었다. 이 경험은 그를 실리콘밸리에서 주목받는 청년 창업가로 자리매김하게 했다.

이후 올트먼은 투자자로도 활동 폭을 넓혔다. Airbnb, Stripe, Reddit, Pinterest 등 여러 유망 기업에 초기 투자자로 참여하며 안목을 인정받았다. 2014년에는 폴 그레이엄의 뒤를 이어 YC의 대표로 선임되어, 성장 단계 투자를 위한 'YC Continuity'와 장기 기술 연구를 지원하는 'YC Research'를 출범시키며 액셀러레이터의 외연을 확장했다.

2015년에는 일론 머스크 등과 함께 비영리 인공지능 연구소 'OpenAI'를 공동 설립했다. "인류 전체에 이익이 되는 AGI"라는 목표 아래, 연구와 안전성, 사회적 대화를 병행하는 방향을 잡았다. 2019년에는 영리 활동을 가능케 하되 수익 상한을 두는 구조가 도입되었고, 올트먼이 이 체제의 최고경영자로서 연구와 제품화를 동시에 이끌었다. 2022년 말 공개된 대화형 모델 'ChatGPT'는 전 세계적 반향을 일으키며 OpenAI를 대표적 AI 기업으로 부상시켰다.

2023년 11월, 그는 이사회 결정으로 전격 해임되었다가 임직원의 집단 반발과 파트너사의 지지 속에 불과 닷새 만에 복귀했다. 이 과정에서 이사회가 재편되며 거버넌스 논의가 본격화되었고, 기술기업의 공공성·

상업성 균형 문제를 전 세계적 화두로 떠올렸다.

현재 올트먼은 AGI의 안전한 개발, AI 거버넌스와 규제, 인류와 기술의 공존을 주제로 산업계·정책 현장에서 목소리를 내고 있다. 그는 창업가·투자자·가속기 운영자·연구조직 리더를 두루 거친 이력으로, 기술과 사회를 함께 설계하는 경영자의 모델을 제시하고 있다.

리더의 인생을 바꾼 터닝 포인트
올트먼 인생의 결정적 전환점은 2023년 OpenAI에서의 해임과 복귀였다. 비영리 감독 아래 영리 조직이 운영되는 독특한 구조에서, ChatGPT 성공 이후 상업화 속도가 빨라지자 공익성과 의사결정 방식에 대한 이사회와의 충돌이 표면화되었다. 전격 해임 결정은 조직과 산업계에 큰 파장을 일으켰다.

곧바로 수백 명의 임직원이 공동 성명으로 복귀를 요구했고, 주요 파트너들도 연쇄적으로 지지를 표했다. 며칠간의 혼란 끝에 이사회가 재편되고 올트먼이 복귀하면서, 조직의 신뢰·비전·실행력이 리더십의 정당성을 다시 확인해 주는 장면이 연출되었다. 기술의 속도만큼이나 그 기술을 다루는 거버넌스와 소통, 구성원의 결속이 얼마나 중요한지 보여준 사건이었다.

이 경험은 올트먼을 단순한 기술 창업가가 아닌, 공공성·상업성·안전성의 균형을 설계하는 리더로 자리매김시켰다. 이후 그는 제품 전략과 함께 조직 구조와 사회적 책임의 기준을 정교화하는 데 주력하고 있다.

거인의 어깨와 나란히 하려면

올트먼에게서 배워야 할 핵심 역량은 '장기 시계로 구조를 설계하는 능력'이다. 그는 단기 실적보다 5~10년 뒤를 기준으로 문제를 정의하고, 그 시간축에 맞춰 자본·조직·규칙을 함께 설계했다. YC에서 성장 투자와 연구조직을 병행 구축했고, OpenAI에서도 비영리 감독과 영리 실행이 공존하는 틀을 통해 장기 연구와 제품화를 동시에 추진했다.

또한 그는 기술, 시장, 정책의 접점을 끊임없이 탐색했다. 안전과 신뢰, 상업화 속도 사이의 균형을 제도적으로 담아내려는 시도는 최전선 기술 분야에서 특히 유효하다. 아이디어가 지속 가능한 영향력으로 확장되려면, 기술 그 자체뿐 아니라 이를 받쳐 줄 거버넌스와 사회적 합의가 필요하다는 점을 일관되게 증명해 왔다.

독자에게 주는 교훈은 분명하다. 트렌드를 좇기보다 트렌드의 규칙을 설계하라. 단기 성과에 매몰되지 말고, 장기적 방향을 세운 뒤 그에 맞는 조직·자본·의사결정 구조를 먼저 마련하라. 그럴 때 비전은 일회성이 아닌, 축적되는 영향력으로 현실이 된다.

리더도 사람이다?!

샘 올트먼은 YC 시절 '타임캡슐'을 만든 적이 있다. 스타트업 졸업생들에게 "10년 후 이걸 열어보며 우리가 어디까지 왔는지 보자"며 아이디어를 넣게 했는데, 정작 자신은 '닭고기 타코 레시피'를 넣었다. 누군가 이유를 묻자, 그는 "그때는 AI가 요리도 하게 될 테니, 맛 비교 좀 하려고"라며 웃었다.

미국의 실질적인 지배자 중 한 명

피터 틸
팔란티어 테크놀로지스 의장

"경쟁은 루저들이나 하는 것이다"

*실리콘밸리에서의 극심한 경쟁을 비판하며,
차별화와 독점을 강조하는 맥락에서 나온 말이다.*

세계를 뒤흔든 리더의 생애

피터 틸 의장은 1967년 독일 프랑크푸르트암마인에서 태어나 어린 시절 미국으로 이주했다. 수학과 체스에서 두각을 나타냈고, 스탠퍼드대학교에서 철학을 전공한 뒤 스탠퍼드 로스쿨에서 법학박사(J.D.) 학위를 받았다. 법조계 진출보다는 창업과 투자에 관심이 컸다.

대학 시절 그는 자유지상주의 성향의 교지 《The Stanford Review》를 공동 창간해 권력과 규제에 비판적인 시각을 공개적으로 펼쳤다. 졸업

후엔 뉴욕에서 증권·기업 법무 업무를 거쳐 금융권에서 파생상품 트레이더로도 일했지만, 기술이 금융과 사회를 바꿀 수 있다는 확신이 그를 창업가로 이끌었다.

1998년 그는 맥스 레브친, 루크 노섹 등과 함께 '컨피니티(후일 페이팔)'를 공동 창업했다. 온라인 결제의 보안·편의성을 높이며 전자상거래 인프라의 대표 주자로 성장했고, 2000년 일론 머스크의 X닷컴과 합병한 뒤 2002년 이베이에 매각되면서 '페이팔 마피아'로 불리는 창업가 집단을 배출했다.

이후 틸은 벤처투자자로 전환해 2004년 페이스북의 첫 외부 투자자로 50만 달러를 투자, 이사회 일원으로 참여해 큰 수익을 올렸다. 동시에 2003년에는 알렉스 카프 등과 함께 '팔란티어 테크놀로지스'를 공동 창업해 정부·기업의 대규모 데이터 분석 플랫폼을 개발했다. 팔란티어는 정보·국방 분야를 중심으로 사업 기반을 다진 뒤 민간 분석 솔루션으로 확대했고, 2020년 뉴욕증시에 직상장으로 데뷔했다.

틸은 현재도 팔란티어 이사회 의장을 맡고 각종 스타트업 투자에 나서고 있다. 2016년 미국 대선에서 도널드 트럼프를 공개 지지하는 등 보수 진영과의 연결로 주목받았으며, 이후에도 공화당 성향 후보·의제에 대한 후원을 이어왔다(시기별 방식과 강도는 달라졌다).

리더의 인생을 바꾼 터닝 포인트

피터 틸 의장의 전환점은 '경쟁을 피하고 독점하라'는 자신의 철학을 실물 사업으로 구현한 팔란티어 창업이었다. 실리콘밸리의 다수 기업이 B2C 플랫폼에 집중하던 때, 그는 테러 이후 복잡한 데이터가 제대로 통합·활용되지 못하는 공공안전·국가안보 영역을 문제로 규정했다.

2003년 출범한 팔란티어는 초기에 수익성보다 임무 수행을 중시하며 미국 내 정보·국방 기관과의 협업을 통해 테러 대응·범죄 분석 등 고난도 과제를 해결하는 데 집중했다. 진입장벽이 높아 '작고 비효율적'이라 여겨지던 B2G/B2B 시장에서 데이터 통합·분석을 표준화하며 틈새를 독점 가능한 영역으로 바꿨고, 이후 금융·제조·보건 등 민간 부문으로 확장하면서 수십억 달러 규모의 기업 가치를 창출했다.

그가 『제로 투 원』에서 강조한 바와 같이, 이미 붉은 바다에서 경쟁하는 대신 새로운 문제 정의와 기술적 차별화로 '0에서 1'을 만드는 전략이 실제로 작동함을 보여 준 사례였다. 팔란티어는 기술(데이터 모델링·보안·거버넌스)과 가치관(자유민주적 규범 하의 데이터 활용)을 결합해, 실리콘밸리의 주류 문법과는 다른 비즈니스 모델을 정립했다.

거인의 어깨와 나란히 하려면

'경쟁을 피할 시장을 설계하라'는 관점은 피터 틸 의장의 가장 강력한 도구다. 남들이 치열하게 가격·기능 경쟁을 벌 곳에서 생산성을 소모하기보다, 문제의 재정의로 규칙을 새로 쓰는 영역을 찾아 선점하고 두꺼운 해자를 구축한다는 사고다.

회피가 아니라 본질적 선택이다. 완전경쟁에 가까울수록 가격은 하향 압력을 받지만, 독점적 지위를 확보하면 장기 R&D, 보안·규제 준수, 인재 유치를 위한 초과수익을 재투자할 수 있다. 틸이 강조하는 '0→1'의 창의력은 곧 '아무도 제대로 규정하지 못한 문제를 최초로 정의하는 능력'이다.

우리에게 주는 교훈도 명료하다. 남의 게임판에서 이길 전략을 고민하기보다, 아예 다른 게임판을 설계하라. 고객이 이미 쓰는 대체재와 정면승부하기보다, 미충족 수요·규제 공백·데이터 비대칭이 존재하는 곳에서 기술·거버넌스·유통을 통합 설계하라. 그때 비로소 '경쟁'이 아닌 '독점적 가치'가 만들어지고, 장기적 우위가 가능해진다.

리더도 사람이다?!

피터 틸은 한 인터뷰에서 "불로장생이 가능하다면 영원히 팔란티어를 운영하고 싶다"고 말했다. 실제로 그는 노화 방지를 위한 스타트업에 투자하면서, 생명 연장을 연구하는 기업을 설립하거나 지원하고 있다. 회의 중에도 '불로장생 이야기'를 진지하게 꺼내 직원들을 당황시켰다는 후문이 있다.

영화광이 지구인의 시간을 장악하다

리드 헤이스팅스
넷플릭스 의장

"우리는 실패를 두려워하지 않는다.
오히려 실패를 빨리 해야 성공도 빨라진다"

*DVD 대여 모델에서 스트리밍으로 전환하며 불확실성과
내부 저항에 직면했을 때, 직원들에게 직접 했던 말이다.*

세계를 뒤흔든 리더의 생애

리드 헤이스팅스는 1960년 미국 매사추세츠주 보스턴에서 태어났다. 수학과 컴퓨터에 깊은 흥미를 가졌고, 비교적 보수적인 가정 분위기와 달리 도전과 실험을 즐기는 기질을 어릴 적부터 보여 주었다.

보우도인 칼리지를 졸업한 뒤 '피스코어(Peace Corps)'로 당시 스와질란드(현 에스와티니)에서 수학 교사로 활동한 경험은 그에게 인간 중심

의 사고를 키워 주었다. 이후 스탠퍼드대학교에서 컴퓨터공학 석사를 취득하고 1991년 첫 번째 회사 '퓨어 소프트웨어'를 창업했다. 그는 이 회사를 인수·합병을 거쳐 1997년 래셔널 소프트웨어에 매각하며 기술 경영의 기본을 체득했고, 새로운 도전을 모색했다. 비디오 대여점의 연체료 일화로 널리 알려진 계기는 있으나, 그는 훗날 "전자상거래의 가능성과 DVD-by-mail 모델에 대한 판단이 결합된 상징적 이야기"라고 설명했다. 1997년 마크 랜돌프와 함께 넷플릭스를 공동 창업한다.

넷플릭스는 처음엔 우편으로 DVD를 대여해 주는 서비스로 출발했다. 1999년 도입한 정액 구독과 연체료 없는 정책, 초창기 추천 시스템 '시네매치'는 기존 비디오 대여 산업을 빠르게 잠식했다. 2007년 그는 디지털 전환의 흐름을 읽고 'Watch Now'로 스트리밍 서비스를 시작했다. 당시 대역폭·권리 확보의 난관으로 회의적 시선이 많았지만, 리드 헤이스팅스는 클라우드·콘텐츠 인프라에 공격적으로 투자하고 오리지널 제작에 나섰다.

'하우스 오브 카드'(2013), '기묘한 이야기', '더 크라운' 등으로 글로벌 팬층을 확보했고, 2016년에는 단숨에 190여 개국으로 서비스를 확대하며 2020년대 초반 2억 명이 넘는 가입자를 보유한 스트리밍 플랫폼의 대표 주자로 자리 잡았다.

리드 헤이스팅스는 2023년 공동 CEO 자리에서 물러나 이사회 의장으로 전환하며 경영 일선에서 한발 물러섰다. 여전히 그는 교육·사회적 기업·환경 분야에 기부와 투자를 이어 가며 '지적 자본가'의 삶을 실천하고 있다.

리더의 인생을 바꾼 터닝 포인트

리드 헤이스팅스의 인생을 바꾼 터닝 포인트는 2007년 스트리밍으로의 전환 결정을 내릴 때였다. DVD 대여만으로도 넷플릭스는 안정적 수익과 높은 점유율을 확보했지만, 그는 이를 '성공의 함정'으로 보았다. 디지털로의 변화가 가속화되고, 미래 소비자는 콘텐츠의 '즉시 시청'을 원할 것이란 예측 아래 전사적 전환을 단행했다.

문제는 외부보다 내부였다. DVD 물류·운영에 투자한 인력과 조직은 급격한 스트리밍 전환을 위험하다고 봤고, 스튜디오들 역시 스트리밍 라이선스에 소극적이었다. 인터넷 속도와 사용자 경험도 미흡했다. 그러나 그는 "내부의 불편은 곧 외부 변화가 도착했다는 신호"라며 밀어붙였고, 기술·권리·제품을 동시에 전진시키는 선택으로 OTT 시대를 선도했다. 결과적으로 디즈니·워너·HBO 등 전통 미디어보다 앞서 구독형 스트리밍의 표준을 정립하며 넷플릭스를 글로벌 플랫폼으로 도약시켰다.

리드 헤이스팅스가 남긴 교훈은 '자기부정'의 용기다. 잘 되던 사업을 스스로 대체하는 선택, 즉 익숙함과의 결별을 실행으로 옮겨 위기를 선제적으로 관리했다. 변화의 징후를 일찍 감지하고 가장 먼저 움직인 리더만이 다음 질서를 정의할 수 있음을 그는 증명했다.

거인의 어깨와 나란히 하려면

리드 헤이스팅스에게서 배워야 할 가장 큰 덕목은 '끊임없는 자기 혁신'이다. 그는 한 번의 성공에 안주하지 않고, 스스로 만든 시스템을 과감히 업데이트했다. DVD 대여에서 스트리밍으로, 스트리밍에서 오리지널 제작으로, 그리고 글로벌 확장으로 이어지는 여정은 단 한 번도 정체되지 않았다.

이 성향은 현대 조직이 요구하는 '민첩성'과 직결된다. 기술과 소비자 변화를 빠르게 감지해 선제적으로 움직 사고방식은 핵심 경영 역량이다. 기존 성공 방정식은 언제든 무효화될 수 있기에, '스스로를 지속적으로 버전 업하는 습관'이 필요하다.

독자들도 이 교훈을 일상에 적용할 수 있다. 익숙한 루틴에 머물기보다, 자신의 일과 삶을 주기적으로 점검·리뉴얼하자. 작은 실험과 폐기, 재설계를 반복하는 조직과 개인만이 다음 변곡점에서 기회를 선점한다. 이것이 리더로서 지속 가능성을 높 가장 현실적인 방법임을 리드 헤이스팅스는 보여 주었다.

리더도 사람이다?!

리드 헤이스팅스는 사내 회의에서 종종 "오늘도 회사 망하는 법을 연구해보자"고 말하곤 했다. 어느 날 신입 사원이 진지하게 "회사를 망하게 하면 왜 승진하나요?"라고 물었고, 그는 웃으며 "망하게 할 법을 알면, 망하지 않을 법도 알게 돼"라며 분위기를 유쾌하게 반전시켰다.

전설적인 IT 신화 속 괴짜

래리 엘리슨
오라클 CEO

"나는 언제나 승리를 원했다. 그게 전부다"

실리콘밸리의 치열한 경쟁 환경 속에서 기술적 난관을 돌파하고자 팀원들을 독려하는 자리에서 나온 말이다.

세계를 뒤흔든 리더의 생애

래리 엘리슨은 1944년 뉴욕 브롱크스에서 태어났고, 생후 9개월에 폐렴을 앓은 뒤 시카고의 이모·이모부에게 맡겨져 입양되었다. 그는 어릴 적부터 숫자와 논리에 강했고, 독학에 가까운 기질로 기술에 몰두했다.

일리노이대학교 어배너-샴페인(UIUC)에 입학했으나 양부모 중 한 분의 별세와 진로 변화로 중퇴했으며, 이후 시카고대학교에서 한 학기 수학하며 컴퓨터와 수학을 접한 뒤 실리콘밸리로 향했다. 아멕스(Ampex)와

암달(Amdahl) 등에서 프로그래머로 일하던 그는 IBM의 연구자 에드가 F. 코드가 발표한 관계형 데이터베이스 논문을 접하고 큰 충격을 받는다.

이때 그는 '데이터를 다루는 방식'을 근본적으로 바꾸겠다는 목표를 세웠고, 1977년 밥 마이너, 에드 오츠와 함께 '소프트웨어 디벨롭먼트 랩(Software Development Laboratories)'을 창업한다. 이 조직이 훗날 오라클의 모태가 된다.

엘리슨과 동료들은 코드의 이론을 토대로 상업용 관계형 데이터베이스 'Oracle'을 개발했다. '세계 최초의 상용 SQL RDBMS 중 하나'라는 포지셔닝으로 참전한 오라클은 그의 공격적 영업과 제품 로드맵을 발판 삼아 빠르게 성장했다. 1986년 나스닥 상장에 성공했고, 1990년대 회계 파동과 구조조정의 위기를 넘긴 뒤 오라클7 등으로 기술 신뢰를 회복하면서 인포믹스·사이베이스 등 경쟁사를 제치고 1위 사업자로 올라섰다. 그는 제품 기획, 기술 전략, 마케팅까지 깊숙이 관여하는 '오너-프로덕트 리더'의 면모를 보였다.

또한 피플소프트(2005), 시벨(2006), BEA 시스템즈(2008) 등 굵직한 인수를 성사시키며 기업용 애플리케이션 포트폴리오를 확장했다. IT 버블 붕괴와 여러 논란에도 회사를 생존·확장시켰고, 이후 클라우드 전환 흐름에 맞춰 애플리케이션(SaaS)·플랫폼(PaaS)·인프라(IaaS) 전반으로 제품군을 재구성했다. 엘리슨은 '1등 아니면 의미가 없다'는 철학으로 경쟁과 언론전까지 마다하지 않는 강력한 리더십을 보여 왔다.

2014년 그는 CEO에서 물러나 CTO 겸 이사회 의장으로 옮겼다. 핵심 기술과 인수 전략에 여전히 관여하며 회사의 '두뇌' 역할을 지속하고 있다. 요트 경기, 인디언웰스 테니스 대회 운영, 하와이 라나이 섬 매입 등으로도 대중의 관심을 받아 왔다.

리더의 인생을 바꾼 터닝 포인트

엘리슨의 결정적 전환점은 '오라클8i'를 앞세운 인터넷 중심 데이터베이스 전략과, 그 연장선에서의 클라우드 전환 선언이었다. 1990년대 후반, 마이크로소프트는 윈도우 서버와 SQL 서버로 기업 시장을 파고들었고, 일부 대형 고객은 플랫폼 이전을 저울질했다.

엘리슨은 위기 신호를 '웹이 곧 애플리케이션의 기본 환경이 된다'는 징후로 읽었다. 1999년 출시된 오라클8i는 데이터베이스를 웹 애플리케이션의 심장으로 위치시키는 전략 제품이었고, 애플리케이션 서버·툴체인과의 결합을 강화해 'DB 중심 인터넷 컴퓨팅'을 내세웠다. 오라클의 리더십을 다시 공고히 하는 데 중요한 분기점이 됐다.

여기서 멈추지 않고 2000년대 후반부터는 구독형 소프트웨어와 퍼블릭 클라우드 흐름을 본격적으로 준비했다. 전통 라이선스 모델에서 벗어나 인수로 확보한 애플리케이션을 '퓨전' 제품군으로 재설계하고, PaaS·IaaS까지 단계적으로 확장하는 대수술을 단행했다. 내부 반발과 단기 실적 부담이 컸지만, 2010년대 후반 기업 IT가 클라우드로 이동하자 오라클 클라우드의 존재감은 점차 강화됐다.

이 시기의 선택은 기술 스택만의 변화가 아니라 비즈니스 모델 자체의 전환이었다. 한때 왕좌를 지킨 기업이 스스로를 부정하고 다시 태어날 수 있는가라는 질문에, 엘리슨은 '그렇다'는 답을 실적으로 증명했다. 변화 앞에서 '이끌 것인가, 끌려갈 것인가'라는 과제를 마주한 경영자에게 깊은 시사점을 남긴 장면이다.

거인의 어깨와 나란히 하려면

엘리슨에게서 배울 가장 큰 덕목은 '계산된 승부 근성'이다. 단순한 공격성이 아니라, 이기기 위해 문제를 정의하고 전술을 설계하며 최적의 팀과 자원을 배치하는 집요함이 그의 리더십 핵심이었다. 그는 경쟁자를 과소평가하지 않았고, 기술·영업·인수·규제·여론의 판을 동시에 읽으며 약점을 찌르는 전략을 택했다. 특정 산업을 넘어 어디에서나 통용된다.

우리에게 적용되는 방식은 명확하다. 어떤 경쟁 상황이든 '왜 이겨야 하는가'(목적)와 '어떻게 이길 것인가'(수단)를 명료히 하라. 청중·대안·차별점을 역으로 설계해 준비하고, 필요 자원을 과감히 배치하라. '열심'이 아니라 '이기기 위한 열심', 즉 목표 지향의 집중이 결정적 차이를 만든다. 엘리슨의 방식은 공격적이되 계산적이고, 치밀하면서도 유연한 승부사의 전략이었다.

리더도 사람이다?!

엘리슨은 한때 억만장자 CEO 중 '가장 빠른 차를 가진 사람'이란 타이틀에 집착했다. 포르쉐 컬렉션을 자랑하던 그는 정부 청문회 출석 때마저 포르쉐로 등장해 언론의 집중 조명을 받았다. 당시 기자가 "왜 하필 이 차냐"고 묻자 "왜 안 되냐"며 웃었다고.

중국 디지털 플랫폼 제국의 황제

마화텅
텐센트 회장

"좋은 제품이 최고의 마케팅이다"

텐센트가 광고보다 제품 개발에 집중하던 시기,
사내 임직원들과의 회의에서 마 회장이 반복해서 강조한 말이다.

세계를 뒤흔든 리더의 생애

마화텅 텐센트 회장은 1971년 중국 광둥성 산터우(산터우시 차오양구)에서 태어나 선전에서 성장했다. 어린 시절부터 숫자와 컴퓨터에 관심이 많았고, 내성적이지만 집중력이 뛰어났다. 대학에 진학해 컴퓨터공학을 전공하며 기술적 기초를 다졌다.

마 회장은 선전대학교에서 컴퓨터 관련 전공을 마친 뒤, 페이저·통신 소프트웨어를 다루던 중국 런쉰(China Motion Telecom Development,

润迅通讯)에서 근무하며 위성통신 및 소프트웨어 개발 업무를 맡았다. 이 시기 인터넷의 가능성을 감지한 그는 1998년 장즈둥·천이단·쉬천예·쩡리칭과 함께 텐센트를 공동 창업했다. 초기 텐센트는 ICQ에서 영감을 받은 'OICQ(후일 QQ)' 메신저로 출발했으며, 빠른 현지화와 서비스 안정화로 중국에서 드문 대규모 인터넷 커뮤니케이션 툴로 자리 잡았다. 텐센트는 외부 기술을 단순 도입하는 데 그치지 않고 핵심 모듈을 내재화하며 서비스 품질과 보안을 고도화했고, 마 회장은 실용적 의사결정과 재무 건전성으로 투자자들의 신뢰를 얻었다.

QQ의 성공 이후 텐센트는 게임, 포털, SNS 등으로 사업을 확장했다. 2003년부터 온라인 게임 퍼블리싱과 자체 개발을 병행하며 수익 모델을 강화했고, '던전앤파이터' '크로스파이어' 등의 라이선스 게임을 중국 시장에서 대성공으로 이끌었다. 마 회장은 사용자 경험을 중시해 기본 사용을 낮은 진입장벽으로 제공하고, 아이템·서비스에 과금하는 방식의 BM을 정착시켰다.

2011년 출시된 모바일 메신저 '위챗(WeChat)'은 텐센트를 글로벌 기술 기업 반열에 올려놓았다. 위챗은 메신저를 넘어 결제, 쇼핑, 뉴스, 게임, 공공서비스를 아우르는 '미니 프로그램'과 '위챗페이'를 갖춘 플랫폼으로 성장했고, 마 회장은 생태계 전략을 통해 중국 내 생활 인프라급 서비스로 키웠다. 동시에 인공지능, 클라우드, 핀테크 등으로의 확장을 추진하며 텐센트는 아시아 시가총액 상위권의 기업으로 부상했다.

마화텅은 현재도 텐센트의 이사회 의장 겸 최고경영자로 재직 중이며, 조직 거버넌스와 기술 전략, 사회공헌에 대한 관심을 높이며 경영을 이어가고 있다.

리더의 인생을 바꾼 터닝 포인트
마화텅 텐센트 회장의 결정적 터닝 포인트는 '위챗'의 탄생과 플랫폼화 전략이었다. 2010년대 초, 텐센트는 PC 기반 QQ로 큰 성공을 거뒀지만, 스마트폰 확산은 기존 플랫폼의 한계를 드러냈다. 알리바바 등 경쟁자와 신생 스타트업들이 모바일을 선점하려는 상황에서 빠른 전환이 절실했다.

마 회장은 내부 태스크포스에 '모바일에 최적화된 완전히 새로운 메신저'를 주문했고, 2011년 위챗이 출시됐다. 중요한 점은 단순 메신저를 넘겨 '생활 전반을 담는 플랫폼'으로 확장한 선택이었다. 위챗페이 도입, 공공서비스 연동, 미니 프로그램 생태계, 게임·커머스 통합으로 이어진 전략은 당시 기준에서도 선제적이었다.

이 과정에서 위챗은 중국 내에서 일상 인프라로 자리 잡았고, 해외에서는 일부 지역과 커뮤니티 중심으로 사용층을 넓혔다. 텐센트는 메신저 트래픽을 결제·콘텐츠·서비스로 연결하는 구조를 완성하며, 커뮤니케이션 기업을 넘어 '디지털 플랫폼 제국'으로 확장했다. 기입의 모바일 전환을 넘어, 중국인의 디지털 라이프스타일 자체를 바꾸는 분기점이 된 결정이었다.

거인의 어깨와 나란히 하려면

마화텅 회장에게서 배울 수 있는 핵심은 '기술 중심의 실용적 리더십'이다. 그는 기술을 비즈니스의 중심에 두되, 그것이 사람들의 삶에 어떤 가치를 주는지에 초점을 맞췄다. 최신 기술 자체에 집착하기보다, 사용자 여정과 편의성을 기준으로 기술을 구현하고, 생태계를 설계했다. 개발자와 밀도 높은 소통을 통해 현장의 문제를 경영 언어로 번역하고, 규제·보안·신뢰 같은 비기술 변수까지 함께 고려하는 태도가 강점이었다.

이 자세는 모든 리더에게 유효하다. 기술을 멀게만 느끼기보다 핵심 원리와 가능성에 대한 감각을 유지하고, 그것을 전략으로 연결하는 연습이 필요하다. 실용적으로 기술을 바라보고, 기술과 사람을 잇는 관점을 견지한다면, 변화의 속도가 빨라질수록 오히려 중심을 단단히 잡을 수 있다. 마화텅이 보여준 것은 바로 그 균형감이다.

리더도 사람이다?!

마화텅 회장은 기자회견 자리에서 "QQ나 위챗이 다 제가 직접 만든 줄 아는 분들이 많은데, 사실 전 코딩은 못합니다"라고 말한 적이 있다. 이어 "저는 기능 요청만 합니다. 만들 사람은 따로 있습니다"라고 말해 좌중을 웃게 만들었다. 겸손함과 유머가 넘치는 순간이었다.

중국의 틱톡이 세계를 사로잡다

장이밍, 량루보
바이트댄스 창업주

"좋은 제품은 광고가 아니라 사용자로부터 입소문이 난다"

장이밍이 틱톡의 빠른 글로벌 확장 전략을 설명하면서 언급한 말이다.

세계를 뒤흔든 리더의 생애

장이밍은 1983년 중국 푸젠성 룽옌에서 태어나 톈진으로 올라가 대학에 진학했다. 어린 시절부터 기계 조립과 컴퓨터를 좋아했으며, 부모의 지원 아래 난카이대학교에서 전공을 미전자공학에서 소프트웨어 공학으로 전환해 학위를 마쳤다. 량루보 역시 난카이대학교 동문으로, 대학 시절부터 장이밍과 가까운 동료이자 훗날의 창업 파트너로 성장했다.

장이밍은 졸업 후 마이크로소프트 리서치 아시아에서 잠시 경험을 쌓고, 여행 검색 서비스 '쿡순(Kuxun)'에서 엔지니어·CTO로 일하는 등 여러 IT 기업을 거치며 대규모 사용자 서비스를 설계·운영하는 역량을 키웠다. 2009년에는 부동산 검색 스타트업 '99fang'을 창업해 검색·추천 기술을 실제 비즈니스로 연결하는 감각을 다졌다. 이 과정에서 그는 "사용자 맞춤형 추천이 미디어 소비 방식을 재편할 것"이라는 확신을 굳혔다.

2012년, 그는 량루보 등과 함께 바이트댄스를 창업했다. 첫 핵심 서비스는 2012년 공개한 뉴스 추천 앱 '진르터우탸오'였다. 대규모 행동 데이터를 학습한 알고리즘이 개인화된 뉴스를 실시간으로 큐레이션하며 빠르게 성장했고, 중국 모바일 뉴스 생태계를 재정의했다. '모든 미디어는 알고리즘으로 운영될 것'이라는 신념 아래 동영상, 교육, 게임 등으로 사업을 넓히며 '콘텐츠 × AI' 확장 전략을 전개했다.

2016년에는 중국 내수용으로 '더우인(Douyin)'을 선보였고, 글로벌 진출을 가속화하기 위해 2017년 미국의 짧은 동영상 앱 '뮤지컬리(Musical.ly)'를 약 10억 달러 규모로 인수해 2018년 '틱톡(TikTok)'과 통합했다. 틱톡은 15초 단위에서 출발해 60초 등으로 확장된 짧은 영상, 손쉬운 편집 도구, 강력한 추천 알고리즘으로 Z세대를 사로잡았다. 특히 'For You' 피드는 이용자 체류 시간을 폭발적으로 늘리며 유튜브·인스타그램의 대응을 촉발했다.

장이밍은 '우리는 글로벌 기업'이라는 기조로 각국에 현지 법인과 팀을 구축해 운영 자율성과 규제 대응 역량을 강화했다(바이트댄스 본사는 베이징에 둔 채 글로벌 거버넌스를 다변화). 코로나19 시기 사용자 수가 급증하며 틱톡은 세계에서 가장 영향력 있는 플랫폼 중 하나로 부상했고, 2023년 기준 바이트댄스의 기업가치는 2,000억 달러 안팎으로 거론됐다.

장이밍은 2021년 CEO에서 물러나 공동창업자 량루보가 CEO를 이어받았다. 장이밍은 "더 창의적인 프로젝트에 집중하겠다"며 연구·신사업에 전념하고 있고, 두 사람 모두 중국 빅테크 최전선에서 여전히 큰 영향력을 미치고 있다.

리더의 인생을 바꾼 터닝 포인트

그들의 최대 터닝 포인트는 '뮤지컬리(Musical.ly)' 인수와 그 후속 통합이었다. 초기 더우인은 중국 내에서 급성장했지만, 글로벌 확장에는 문화·규제 장벽이 높았다. 미국 10대에 뿌리내린 로컬 플랫폼을 확보해야 한다고 판단한 장이밍과 량루보는 2017년 뮤지컬리 인수라는 승부수를 던졌다. 당시 중국 인터넷 기업으로서도 과감한 베팅이었다. 데이터 거버넌스, 콘텐츠 정책, 브랜드 재정비 등 넘어야 할 과제가 산적해 있었기 때문이다.

그러나 그들은 단순 M&A가 아니라 '글로벌과 로컬의 동시 최적화'에 초점을 맞췄다. 뮤지컬리와 틱톡의 기능·커뮤니티를 2018년 하나의 틱톡으로 통합하고, 현지 규정과 문화에 맞춘 콘텐츠·운영 정책, 미국·유럽 등지의 인재 충원과 조직 분권화를 병행했다. 그 결과 틱톡은 Z세대가 열광하는 문화 플랫폼으로 재탄생했고, 유튜브 쇼츠와 인스타그램 릴스를 촉발한 '카테고리 메이커'가 되었다. 문화 충돌을 회피하기보다 정교한 현지화와 제품 역량으로 해소한 전략이 세계 시장에서 통했다.

거인의 어깨와 나란히 하려면

장이밍과 량루보에게서 배울 핵심 교훈은 "데이터와 기술에 대한 일관된 신념"이다. 이들은 에디터의 감이나 선형 편집보다, 실시간 피드백을 반영하는 알고리즘과 실험을 신뢰했다. 그 신념은 실행 원칙으로 구체화되었다.

명확한 지표(KPI)를 중심으로 한 데이터 기반 의사결정, 대규모 A/B 테스트와 신속한 폐기·개선 루프, 창작자·이용자 양면의 참여를 촉진하는 인센티브 설계, 사람의 편견을 최소화하는 추천 시스템의 지속 튜닝이 그것이다.

오늘날 경쟁력은 직감이 아니라 '검증된 예측'에서 나온다. 독자들도 중요한 결정을 앞두고 가설을 세우고, 데이터를 수집·분석해 실험으로 확인하는 습관을 들인다면 자신만의 '틱톡 효과'를 만들 수 있다. 결국 기술은 사람을 더 잘 이해하기 위한 도구다. 데이터를 통해 사람을 정밀하게 읽고, 그 통찰을 제품과 경험으로 되돌려 주는 팀만이 다음 시장을 연다.

리더도 사람이다?!

장이밍은 틱톡 초창기 개발 당시, 추천 알고리즘을 직접 테스트하느라 하루 종일 강아지 영상만 보며 "이제 내 피드는 개 천국이다"라고 웃으며 말했다. 덕분에 직원들은 '장이밍 피드는 애완동물 AI 특화 버전'이라며 농담을 주고받았다고 한다.

준비됐던 대만의 경제 대통령

장중머우
TSMC 회장

"나는 운이 좋았던 것이 아니다. 준비된 사람이었을 뿐이다"

TSMC의 설립과 급성장에 대해 '운이 좋았다'는 언론의 평가에 대해
장 회장이 정색하며 남긴 말이다.
그는 '운'이 아닌 '준비'와 '판단'으로 이루어 낸 결과임을 강조했다.

세계를 뒤흔든 리더의 생애

장중머우 회장은 1931년 중국 저장성 닝보에서 태어났다. 어린 시절 중일전쟁과 내전을 피해 가족과 함께 홍콩과 충칭 등을 거쳤고, 1949년 미국으로 유학을 떠났다. 가난했지만 수학과 과학에 탁월한 재능을 보였다.

장 회장은 하버드대학교에 잠시 재학한 뒤 MIT로 옮겨 기계공학을 전공해 학사(1952)·석사(1953)를 받았다. 이어 스탠퍼드대학교에서 직장

생활과 병행해 전기공학 박사 학위를 취득(1964)했다. 그는 1955년 실바니아(반도체 부문)에서 일한 뒤 1958년 '텍사스 인스트루먼트(TI)'로 옮겨 약 25년간 재직했다.

생산 공정과 수율 개선에서 탁월한 성과로 TI의 반도체 경쟁력을 끌어올렸지만, 최고경영진으로의 승진에는 한계를 체감했고 더 큰 무대를 모색했다. 1983년 TI를 떠나 제너럴 인스트루먼트 반도체부문 사장으로 잠시 일한 뒤, 1985년 대만 공업기술연구원(ITRI)의 제안을 받아 대만 산업 고도화 프로젝트에 참여하기로 결심한다.

1987년, 장 회장은 대만 정부 ITRI와 네덜란드의 필립스(Philips)와 함께 TSMC를 공동 설립했다. 그가 제안한 '순수 파운드리(반도체 위탁생산 전업) 모델'은 당시 업계 주류였던 '설계+제조' 통합 구조를 뒤집는 발상이었다. 초창기에는 회의적 시선도 있었지만, 그는 설계 회사의 초기 투자·리스크를 낮추고 TSMC가 제조의 정밀도와 수율을 책임지는 분업 체계를 정교화해 고객을 빠르게 확보했다.

특히 애플, AMD, 엔비디아, 퀄컴, 미디어텍, 브로드컴 등 글로벌 팹리스·IDM이 TSMC에 핵심 칩 생산을 맡기면서 매출과 기술력이 가파르게 상승했다. 장 회장은 단기 수익보다 품질과 납기를 우선했고, 미세공정 전환 속도와 수율에 집착했다. 그렇게 '장중머우 표 공정'에 대한 신뢰를 만들어냈고, 대만은 그의 경영 아래 '세계 반도체의 심장'으로 자리매김했다. TSMC는 대만 경제에서 한 자릿수 후반~10% 안팎에 이르는 비중을 차지할 만큼 핵심 기업으로 성장했다.

2005년 그는 CEO에서 물러나 이사회 의장으로 남았고, 글로벌 금융위기 여파로 업계가 흔들리자 2009년 CEO로 복귀해 체질을 재정비했다. 이후 2018년 의장직에서 은퇴하며 후계 체계를 안착시켰다. 현재는 반도체 산업과 대만 경제외교의 상징으로 남아 있다.

리더의 인생을 바꾼 터닝 포인트

장중머우 회장의 인생을 바꾼 터닝 포인트는 '세계 최초의 순수 파운드리 사업 모델'을 세운 판단이었다. 1980년대 후반, 대만 정부는 산업 고도화의 핵심 축으로 반도체를 지목했다. 미국에서 수십 년간 공정과 경영을 익힌 그는 대만의 제안을 받아들이되, 단순 조립공장이 아닌 '기술 중심의 생산 전문기업'을 구상했다.

그가 선택한 길은 기존의 '설계+제조' 일체형이 아니라, '제조만 하는 기업'이었다. 당시 삼성, 인텔, TI 등은 자체 설계와 생산을 통합하는 IDM 모델이 표준이었다. 그러나 그는 '설계사는 설계에 집중하고, TSMC는 전 세계에서 가장 신뢰받는 제조 파트너가 되자'는 전략을 택했다. 이 판단이 반도체 분업 생태계를 열었고, 팹리스 혁신을 촉진하는 촉매가 됐다.

TSMC는 고객과의 공동개발(코디자인) 체계, 최고 수준의 품질관리, 빠른 공정 전환을 무기로 시장을 장악해 갔다. 고객이 원하는 칩을 제때, 목표 수율로 양산하는 원칙이 실리콘밸리와 아시아 전역에서 신뢰로 이어졌다. 초기에는 파운드리 지속 가능성에 의구심을 품던 기업들도, 막대한 설비투자의 부담과 공정 난도를 앞에 두고 결국 TSMC의 문을 두드렸다.

그는 '공정의 장인'인 동시에 '산업 설계자'였다. 파운드리라는 표준을 만든 이 결정은 기술을 넘어 산업의 질서를 바꾸었고, 대만 경제의 지도를 새로 그렸다. 경영적 혁신이 산업 전체의 구조를 어떻게 전환시키는지 보여준 사례다.

거인의 어깨와 나란히 하려면

장중머우 회장에서 우리가 배워야 할 핵심 역량은 '데이터와 현장에 기반한 판단력'이다. 그는 남들이 가지 않은 길을 택했지만, 그것은 즉흥적 직감이 아니라 고객 니즈·원가 구조·수율 곡선·학습효과(learning curve)를 냉정하게 분석한 결과였다. 파운드리 모델 역시 고객의 부담을 줄이고 제조의 복잡도를 전문화해 총가치를 극대화하는 구조적 해법이었다.

우리는 대개 안전한 길을 선택한다. 그러나 그는 불확실성을 기회로 바꾸었다. 실패 가능성을 두려워하기보다, 장기 파급력과 생태계 효과를 계산해 결정을 내렸다. 그 판단력의 근원은 '현장에 발을 둔 이해'와 '끊임없는 학습'이었다.

문제에 맞닥뜨렸을 때 감정이 아닌 구조로 사고하고, 가능한 대안을 수치와 데이터로 검증하며, 장기적인 파급효과까지 고려해 선택하는 힘이 장 회장이 증명한 리더의 기본기다. 그의 경력은 '판단은 훈련되는 힘'이라는 사실, 그리고 한 번의 올바른 구조적 결단이 산업 전체를 바꿀 수 있음을 분명히 보여준다.

리더도 사람이다?!

한 번은 장 회장이 미국 출장 중, 엔지니어들에게 "우리 공정엔 '마법'이 있어야 한다"고 강조했다. 이를 들은 젊은 직원이 진지하게 "정말 마법사가 필요합니까?"라고 물었고, 장 회장은 잠시 정적 후 "응, 그런 마법사가 너였으면 좋겠네"라고 대답했다. 모두가 빵 터졌다고 한다.

쉬어가기 6

세계를 휘어잡을 중화권의 파괴력

세계 경제의 무게추는 조용히, 그러나 확실하게 중화권으로 이동하고 있다. 한때 미국과 유럽이 주도하던 산업의 중심이 이제는 동북아시아, 그중에서도 중화권의 강력한 파워를 중심으로 재편되고 있다. 과거 일본이 1980년대 경제 버블 속에서 한껏 치솟았다가 몰락한 뒤, 아시아의 경제 리더 자리를 물려받은 것은 바로 중국이었다. 그리고 지금, 중국은 단순한 추격자가 아닌 전 세계 산업의 설계자이자 플레이어로 성장하고 있다.

중국은 원래 자원이 풍부한 국가였다. 광활한 국토와 노동력, 그리고 대규모 제조 기반을 바탕으로 1차 산업과 2차 산업에서 엄청난 성장을 이뤄냈다. '세계의 공장'이라는 타이틀은 오랫동안 중국의 대외적 정체성이었다. 하지만 이 말은 더 이상 유효하지 않다. 오늘날의 중국은 산업 전환에 성공한 국가다. 단순 생산을 넘어, 첨단 기술과 디지털 서비스, 플랫폼 주도권을 장악한 디지털 대국으로 변모했다.

그 선봉에 선 기업이 바로 텐센트와 바이트댄스다. 텐센트는 게임, 메신저, 콘텐츠 플랫폼을 아우르는 중국의 IT 공룡으로, 위챗 하나만으로도 중국인의 일상과 경제 흐름을 바꾸어놓았다. 단순한 커뮤니케이션 도구를 넘어서, 결제·쇼핑·업무·게임까지 모두 이 플랫폼에서 이루어진다.

6장. 세계 최정상을 향해가는 CEO

글로벌 시장에서도 텐센트는 영향력을 확대하고 있으며, 게임 산업에서는 이미 세계 최대 규모를 자랑한다.

바이트댄스는 그보다 더 극적이다. 틱톡(TikTok)은 미국과 유럽의 10대들 사이에서 일상이 되었고, 이제는 Z세대가 가장 오래 머무는 앱으로 자리 잡았다. 바이트댄스는 AI 기반 추천 알고리즘을 활용해 사람들의 시선을 사로잡는 데 성공했고, 단순한 콘텐츠 소비를 넘어 '시간의 독점'이라는 새로운 패러다임을 만든다.

틱톡은 단순한 짧은 영상 앱이 아니라, 문화와 유행을 주도하는 새로운 무기다. 이 무기는 지금 미국과 유럽 시장의 한복판을 조용히, 그러나 맹렬하게 장악하고 있다. 중국의 소프트파워는 이제 콘텐츠 플랫폼이라는 무형의 전장에서 진가를 발휘하고 있다.

중화권의 파괴력은 중국에만 국한되지 않는다. 대만이라는 조그마한 섬은 오늘날 전 세계 반도체 산업의 심장으로 떠올랐다. 그리고 그 중심에는 TSMC가 있다. 장중머우 TSMC 회장은 대만의 '경제 대통령'으로 불릴 정도로 막대한 영향력을 가지고 있다.

TSMC는 애플, 엔비디아, AMD, 퀄컴 등 세계 최고의 IT 기업에 칩을 공급하며, 첨단 파운드리 기술력에서 세계 1위를 자랑한다. '반도체 없

하루도 못 사는 시대'라는 말을 증명하듯, TSMC 없 전 세계 IT 기기가 멈출 수밖에 없는 구조다. 그리고 그 핵심은 TSMC가 세계에서 유일하게 구현 가능한 초미세 공정 능력에 있다. 장중머우는 이를 전략적으로 키웠고, 지금의 대만을 세계 경제의 핵심으로 만든 인물이다.

중화권의 경제적 영향력이 강력해진 배경에는 몇 가지 공통점이 있다. 장기적 관점에서의 기술투자다. 중국과 대만은 각각 국가와 기업 차원에서 기술 개발에 막대한 투자를 지속해왔다. 특히 중국은 정부가 산업을 전략적으로 육성하며, 산업과 정책이 유기적으로 맞물려 움직 체계를 구축했다.

내수 시장의 규모도 자체적으로 인구 14억 명의 거대 시장을 보유하고 있으며, 제품의 실험, 수요 창출, 자본 유입을 동시에 이끌어내는 성장 촉진 장치로 작동한다. 중국은 과거 선진국의 모델을 복제하는 데 주저하지 않았고, 그 위에 자신들만의 방식으로 혁신을 더했다. 이를 통해 단기간에 글로벌 기업들과 어깨를 나란히 하게 됐다.

세계 경제는 이제 중화권을 빼고 이야기할 수 없다. 과거에 산업의 질서를 이끌었던 유럽과 미국은 여전히 막강하지만, 중화권의 파괴력은 새로운 차원에 있다. 특히 기술과 문화, 콘텐츠와 하드웨어, 플랫폼과 유통망을 동시에 쥐고 있는 중국의 대형 기업들은 어느덧 '글로벌 기준'을 만드는 단계에 진입하고 있다. 더 이상 후발주자가 아니다. 그들은 게임의 룰을 바꾸는 존재가 되어가고 있다.

중화권의 도전은 현재진행형이다. 알리바바는 세계 최대의 이커머스 플랫폼을 구축했고, 테무는 글로벌 유통시장을 다시 쓰고 있다. 이들은 미국 시장을 직접 겨냥하며 새로운 소비 문화를 선도하고 있다. 물론 규제와 정치적 마찰, 보안 이슈라는 리스크도 상존하지만, 그것이 이들의 전진을 막지는 못하고 있다. 오히려 글로벌 무대에서 더 치열하게 경쟁하며, 스스로의 생존력을 증명하고 있다.

이제 우리는 산업의 중심이 어디에 있는지 다시 물어야 한다. 여전히 실리콘밸리인가? 아니면 심천과 항저우, 타이중과 타이베이인가? 중화권은 더 이상 조연이 아니다. 세계는 이미 중화권을 중심으로 재편되고 있다. 그리고 그 흐름은 이제 돌이킬 수 없다. 기술, 인프라, 자본, 인재, 플랫폼이 모두 이곳에 몰리고 있기 때문이다.

우리는 그 변화의 방향을 예의주시해야 하며, 그 안에서 기회를 찾을 준비를 해야 한다. 왜냐하면, 다음 산업의 중심은 아마도 중화권 어딘가에서 시작될 것이기 때문이다.

숙박의 패러다임을 제시하다

조 게비아, 브라이언 체스키, 네이선 블레차르지크
에어비앤비 창업주

"디자인은 단지 외형이 아니라,
그것이 어떻게 작동하는가에 관한 것이다"

체스키가 디자인 전공자로서 에어비앤비의 사용자 경험을 혁신하며
투자자들에게 제품의 철학을 설명할 때 자주 사용한 문구다.

세계를 뒤흔든 리더의 생애

조 게비아는 1981년 미국 조지아주 애틀랜타에서, 브라이언 체스키는 1981년 뉴욕주 니스카유나에서 자랐다. 두 사람은 로드아일랜드디자인스쿨(RISD)에서 산업디자인을 전공하며 인연을 맺었다. 네이선 블레차르지크는 1983년 보스턴 인근에서 성장했고, 하버드대에서 컴퓨터공학을 전공한 개발자다. 세 사람 모두 평범한 가정환경에서 자랐지만, 디자인과 기술을 매개로 상상력을 현실로 바꾸는 데 강점이 있었다.

2007년, 샌프란시스코에서 룸메이트였던 게비아와 체스키는 집세를 내기 어려운 상황에서 도시의 디자인 컨퍼런스 기간에 숙소가 부족하다는 점에 주목했다. 이들은 거실에 에어 매트리스를 놓고 조식까지 제공하는 'AirBed & Breakfast'를 구상·실행했다. 이듬해 플랫폼을 본격화하기 위해 블레차르지크가 합류하며 창업팀이 완성됐다. 세 사람은 '우리가 손님으로 머무르며 기꺼이 대화하고 싶은 집'이란 기준으로 서비스 경험을 설계했다.

2008년 글로벌 금융위기 속에서 'Airbedandbreakfast.com'이 가동됐지만 초기 투자자 다수는 '낯선 사람에게 집을 빌려주는 모델'에 회의적이었다. 팀은 같은 해 미국 대선 시즌을 활용해 민주·공화 후보 지지자들의 도심 숙박 수요를 흡수하며 초기 이용자를 모았고, 게비아의 디자인 감각·체스키의 집요한 고객 관찰·블레차르지크의 기술력이 맞물려 제품을 빠르게 다듬었다.

2011년 이후 유럽·아시아로 확장한 에어비앤비는 '게스트-호스트' 중개 수수료 모델을 기반으로 급성장했다. 회사는 빠르게 이용 규모를 키웠으나, 수익성은 장기간 투자 국면을 거친 뒤에야 본격 개선됐다. 2010년대 중반에는 서비스 범위를 전 세계 '220여 개 국가와 지역'으로 넓히며 공유숙박의 상징이 되었다. 2020년 IPO 직전 팬데믹 충격으로 대규모 구조조정과 제품 재편(장기 숙박·청결 기준 강화 등)을 단행했고, 같은 해 12월 상장 당일 기업가치는 단숨에 글로벌 빅테크 반열로 뛰어올랐다.

현재 체스키는 CEO로서 제품·브랜드·정책을 총괄하고, 블레차르지크는 공동창업자이자 최고전략책임자(CSO)로 사업 전략과 파트너십을 맡고 있다. 게비아는 이사회 멤버로 남아 'Airbnb.org' 등 사회공헌과 신규 프로젝트에 집중하며 안팎에서 영향력을 이어가고 있다.

리더의 인생을 바꾼 터닝 포인트

에어비앤비의 궤도를 바꾼 결정적 순간은 2009년 Y Combinator(W09) 참여와 그 직전의 '시리얼 상자' 에피소드였다. 자금난에 봉착한 팀은 미국 대선 시즌에 'Obama O's'와 'Cap'n McCain's'라는 한정판 풍자 시리얼을 제작·판매해 수만 달러의 운영자금을 마련했다. 상자 디자인은 게비아, 홍보와 실행은 체스키, 웹 연동과 주문 처리는 블레차르지크가 분담했다. 이 기발한 실행은 팀의 집념과 크리에이티브를 증명하며 투자자들의 관심을 끌었다.

Y Combinator에서 폴 그레이엄은 "책상 앞에 앉아 트래픽만 보지 말고, 고객이 있는 곳으로 가라"고 조언했다. 창업팀은 곧장 뉴욕으로 건너가 호스트와 게스트를 직접 만나 숙소 사진 품질, 신뢰·평판 체계, 결제·취소 경험 등을 현장에서 점검·개선했다. 이 '현장 몰입'이 오늘날의 UX, 신뢰·안전 정책, 리뷰 시스템의 뼈대를 만들었다. 결과적으로 에어비앤비는 단순 중개 플랫폼을 넘어 '사람과 장소를 연결하는 여행 방식'이라는 정체성을 구축했다. 그 출발점이 시리얼 박스와 YC에서의 전환이었다.

거인의 어깨와 나란히 하려면

세 공동창업자에게서 배울 핵심은 '현장으로 파고드는 집착'이다. 체스키는 사용자 불편을 이해하려고 직접 게스트로 여러 도시에서 머물며 경험을 기록했고, 팀은 '고객 인터뷰' 수준을 넘어 스스로 고객이 되어 문제를 겪고 해결책을 설계했다. 기술·디자인·운영을 하나의 경험으로 엮어, 신뢰와 즐거움이 반복되도록 만든 점이 차별점이었다.

이 태도는 오늘의 어떤 제품·서비스에도 유효하다. 고객을 수치로만 보지 말고 실제 맥락에서 바라보자. 발로 뛰며 확인하고, 스스로 사용자가 되어보며, 데이터와 관찰을 결합해 빠르게 실험·개선하는 루프를 돌릴 것. 기술을 제공하는 데서 멈추지 않고 '경험'을 설계하는 관점이야말로, 소비자 중심 시대의 지속 가능한 경쟁력이다.

리더도 사람이다?!

에어비앤비 창업 초기에 '고객을 직접 만나야 한다'는 철학을 실천하겠다며, 브라이언 체스키는 뉴욕에서 실제 숙소를 예약하고 묵으면서 호스트와 아침을 같이 먹었다. 그런데 그날따라 너무 배가 고파 아침 식사를 두 번 달라고 했더니, 호스트가 "에어비앤비 직원 아니냐?"며 바로 눈치챘다고 한다.

전 세계 메신저는 '그'를 통한다

파벨 두로프
텔레그램 CEO

"자유는 우리 시대의 가장 귀중한 자산이다"

정부의 검열 압박과 협박에도 불구하고
텔레그램의 사용자 정보를 넘기지 않겠다고 선언하며 했던 말이다.

세계를 뒤흔든 리더의 생애

파벨 두로프는 1984년 러시아(당시 레닌그라드, 현 상트페테르부르크)에서 태어났다. 아버지 발레리 두로프는 언어학자이자 대학 교수로, 가족은 한때 그가 재직하던 이탈리아 토리노에서 생활하기도 했다. 지적 환경 속에서 성장한 파벨은 형 니콜라이와 함께 일찍부터 프로그래밍에 몰두했다.

두로프는 상트페테르부르크 국립대에서 언어학·영어학을 전공했다. 학창 시절 각종 학생 포럼과 웹서비스를 직접 만들어 운영하며 코딩 실력을 인정받았고, 러시아 언론은 그를 '루네트의 주커버그'라 부르기 시작했다. 2006년 그는 초기 투자자들과 함께 러시아판 SNS '브콘탁테(VK)'를 공동 창업했다.

VK는 단기간에 러시아 최대 SNS로 성장했지만, 두로프는 국가 기관의 검열 요구와 이용자 데이터 제공 요청을 거부하며 정치적 압박에 직면했다. 2014년 그는 경영권에서 축출되고 보유 지분을 처분한 뒤 러시아를 떠났다. 그보다 앞선 2013년, 파벨은 형 니콜라이와 함께 메신저 '텔레그램'을 공개했다. 텔레그램은 기본적으로 서버-클라이언트 암호화를 적용하고, '시크릿 채팅' 모드에서 종단간 암호화(E2EE)를 제공하는 보안 설계를 내세워 전 세계 사용자층을 빠르게 확보했다. 특히 일부 지역의 시위와 검열 환경에서 통신 대안으로 각광받았다.

그는 이후 여러 나라를 거점으로 활동하다가 두바이에 정착해 텔레그램을 키워 왔다. 텔레그램은 오랫동안 창업자 자금과 회사 채권 발행 등으로 운영되었고, 2022년에는 '텔레그램 프리미엄'을 도입해 일부 유료 기능을 추가했다(대규모 공개 채널에는 제한적 '스폰서드 메시지'가 노출된다). 파벨 두로프는 여전히 텔레그램의 CEO로서 프라이버시와 표현의 자유를 핵심 가치로 강조한다.

리더의 인생을 바꾼 터닝 포인트

파벨 두로프의 인생을 가른 가장 큰 전환점은 VK에서의 축출과 '독립적 플랫폼'으로의 방향 선회였다. 2011년 이후 러시아 당국은 반정부 시위 확산과 관련해 VK에 데이터 제공과 콘텐츠 통제를 요구했으나, 두로프는 협조를 거부했다. 그는 소환 요구에 응하지 않으며 조롱 섞인 이미지를 올리는 등 공개적으로 압박에 맞섰고, 갈등은 장기화됐다. 결국 2014년 그는 CEO 자리에서 물러났고, 보유 지분도 매각하게 된다.

대부분의 창업자라면 체제와 타협하거나 회사를 떠난 뒤 영향력을 잃기 쉽다. 두로프는 반대로 '프라이버시 우선' 원칙을 구현할 새 제품에 베팅했다. 2013년 발표된 텔레그램은 MTProto라는 자체 프로토콜과 '시크릿 채팅'의 종단간 암호화를 무기로, 검열 회피가 필요한 환경에서 빠르게 존재감을 넓혔다. 회사는 특정 국가에 종속되지 않도록 법인을 다변화하고, 지배구조를 외부 지분에 의존하지 않는 형태로 설계했다(다만 운영자금 조달을 위한 회사채 발행은 병행했다). 이 선택은 상업화 유혹과 규제 압박 사이에서 서비스의 독립성을 최대한 지켜내려는 전략이자, 창업자가 공언한 원칙을 실제 사업 구조로 구현한 사례였다.

거인의 어깨와 나란히 하려면

파벨 두로프에게서 배울 점은 '원칙을 지키기 위한 구조 설계'다. 그는 보안·프라이버시·자유라는 가치를 슬로건이 아니라 제품 기능과 조직 운영 방식에 새겨 넣었다. 기본 대화와 '시크릿 채팅'의 보안 모델을 구분해 이용자 선택권을 부여했고, 수익화 역시 유료 구독과 제한적 스폰서 메시지 등 비교적 '덜 침습적인' 방식으로 채택했다.

실무와 창업 현장에서도 원칙은 선언이 아니라 설계의 문제다. 데이터를 최소 수집하도록 제품을 설계하고, 규제·검열 리스크에 대비한 인프라와 지배구조를 마련하며, 자금조달 역시 독립성을 해치지 않는 방식을 찾는 것—이 모든 것이 '원칙 경영'의 실천이다. 수익의 유혹과 압박이 큰 환경일수록, 왜 시작했는지를 잊지 않게 해 주는 기준점이 필요하다. 두로프의 사례는 그 기준점을 제품·조직·거버넌스로 끝까지 일치시킬 때 비로소 '신뢰'가 만들어진다는 사실을 보여준다.

리더도 사람이다?!

러시아 경찰이 두로프를 체포하려고 집을 포위하자, 그는 창문 너머로 손에 든 '개밥 그릇' 사진을 올리며 트위터에 이렇게 썼다. "오늘은 개밥 주는 날이라 바쁩니다." 경찰도 포기하고 돌아섰다고 한다. 고집도 철학도 유머도 남다른 창업자다.

교통 패러다임 제시한 두 사람

트래비스 캘러닉, 개럿 캠프
우버 창업주

"우리는 단순히 교통수단을 만든 게 아니다.
세상을 움직이는 방식을 다시 정의한 것이다"

우버가 글로벌 서비스를 확장하면서, 기업 철학을 설명하며 한 말이다.

세계를 뒤흔든 리더의 생애

트래비스 캘러닉은 1976년 미국 로스앤젤레스에서 태어나, 어린 시절부터 컴퓨터에 남다른 관심을 보였다. 개럿 캠프는 1978년 캐나다 캘거리 출신으로, 과학기술과 발명에 열정을 가졌다. 두 사람 모두 학창시절부터 창업가 정신을 키웠다.

캘러닉은 UCLA에서 컴퓨터공학(및 경영·경제 관련 과목)을 공부하다가 중퇴했고, 1998년 캠퍼스 동료들과 검색·파일공유 스타트업 '스카워

(Scour)'를 공동 창업했다. 이후 피어투피어 파일 전송 회사 '레드 스우시(Red Swoosh)'를 2001년에 세워 기술적 안목을 넓혔고, 이 회사는 2007년 아카마이 테크놀로지스에 약 1,900만 달러 규모로 인수되며 1차 성공을 거뒀다. 한편 게럿 캠프는 대학원 시절 웹 추천 엔진 '스텀블어폰(StumbleUpon)'을 창업해 2007년 이베이에 매각하며 자본과 네트워크를 확보했다. 두 사람은 실리콘밸리에서 여러 차례의 도전과 성취를 거치며 기술 통찰과 시장 감각을 다져 갔다.

2008년, 캠프가 파리 여행 중 '택시를 잡기 어렵다'는 불편에서 착안해 '버튼 하나로 차를 부르는 서비스' 구상을 시작했고, 컬러닉이 이를 사업으로 구체화했다. 2010년 샌프란시스코에서 '우버캡(UberCab)'으로 베타 서비스를 열었고, 이내 '우버(Uber)'로 사명을 바꿔 공식 출범했다. 스마트폰 앱 기반의 차량 호출이라는 새로운 교통 패러다임은 빠르게 확산했다.

우버는 실시간 수요·공급 매칭 알고리즘과 앱 내 결제의 간편함을 무기로 성장했다. 초기 블랙카(우버블랙)에서 시작해 '우버X', '우버풀', 음식 배달 서비스 '우버이츠' 등으로 모델을 넓히며 단순한 택시 호출을 넘어 도시 이동·물류 인프라 플랫폼으로 진화했다.

컬러닉은 공격적인 글로벌 확장을 주도해 2017년 무렵까지 전 세계 70여 개국으로 서비스를 넓혔고, 기업가치는 약 680억 달러 수준까지 치솟았다. 굵직한 투자 유치로 실리콘밸리를 대표하는 상징적 창업자로 주목받았다.

그러나 2017년 조직문화와 윤리 이슈가 불거지며 컬러닉은 CEO 자리에서 물러났고, 캠프 역시 이후 이사회에서 점차 역할을 줄였다(캠프는 창업 스튜디오 '엑스파(Expa)'에 집중). 그럼에도 우버는 여전히 세계 최대 모빌리티 플랫폼으로 자리하며, 컬러닉은 이후 클라우드키친 등 새로운 사업에 도전하고 있다.

리더의 인생을 바꾼 터닝 포인트

그들에게 가장 결정적인 터닝 포인트는 2009~2010년, '스타트업적 사고'를 도시 교통의 현실 문제에 맞붙인 순간이었다. "버튼 하나로 차를 부를 수 있다면?"이라는 캠프의 질문을 컬러닉이 실행력으로 이어붙였고, 두 사람은 '기존 산업과 정면 승부'라는 선택을 했다.

이때 우버가 취한 전략은 '선 출시·후 협상'에 가까웠다. 기존 택시업계와 지방정부, 규제 당국의 반발을 예상하면서도 먼저 서비스를 내고, 규제가 뒤따르면 법·정책 협상으로 풀어가는 방식을 택했다. 이 대담한 전술은 도시마다 치열한 논란을 불러왔지만, 동시에 폭발적 확장을 견인했다. 샌프란시스코를 시작으로 뉴욕, 파리, 서울, 도쿄 등 주요 도시에 우버 차량이 빠르게 등장했다.

한편 급성장 이면의 그늘도 드러났다. '성희롱'·차별 문제 제기, 비밀리 규제 회피 도구 논란, 자율주행 기술 분쟁 등 일련의 사안은 '성과 중심' 리더십의 부작용을 적나라하게 보여줬고, 2017년 컬러닉의 사임으로 귀결됐다. 터닝 포인트는 우버의 확장 능력을 입증함과 동시에, 성장 방식과 조직 문화가 어떻게 기업의 지속 가능성을 가를 수 있는지 각인시킨 사건이었다.

거인의 어깨와 나란히 하려면

그들에게서 배울 핵심은 '일상의 불편을 데이터와 기술로 재배열하는 감각'이다. 우버가 만든 것은 전혀 새롭고 난해한 기술이 아니라, 이미 존재하던 GPS·스마트폰·결제를 사용자 경험(UX) 중심으로 정교하게 통합한 서비스였다. 그들은 '지금 당장 더 나은 이동 경험을 만들 수 있는가?'에서 출발해, 설계·실험·확장을 반복한 실행이 승부를 갈랐다.

동시에 교훈은 분명하다. 과감한 확장과 규제 혁신은 필요하지만, 조직 문화와 거버넌스의 설계가 뒷받침되지 않으면 성장의 속도만큼 리스크도 커진다. 현장을 집요하게 관찰해 문제를 정의하고, 합법성과 신뢰를 해치지 않는 선에서 기술을 조합해 해답을 내는 것—그리고 그 해답을 지탱할 원칙과 문화를 초기에 함께 설계하는 것. 이것이 '버튼 하나'를 바꿔 도시에 영향을 미친 우버가 남긴 가장 현실적인 수업이다.

리더도 사람이다?!

우버가 막 샌프란시스코에 진출했을 때, 컬러닉은 앱이 먹통이 되자 직접 자신이 기사로 나섰다. 블랙카를 렌트해 손님을 태우고, 목적지까지 데려다 준 것. 손님이 "당신이 만든 앱인가요?" 묻자 그는 씩 웃으며 "아뇨, 전 그냥 오늘 기사입니다"라고 답했다고 한다.

끝맺으며

지금까지 우리는 총 60명의 리더를 함께 살펴보았다. 각기 다른 시대, 다른 환경, 다른 산업 속에서 이들은 한결같이 '결정의 순간'을 마주했고, 그때마다 남들과는 다른 길을 선택했다. 누군가는 위기를 기회로 바꾸었고, 누군가는 실패에서 통찰을 길어올렸다. 이 책에 담긴 그들의 삶은 단지 성공의 공식이 아니라, 방향을 잃은 우리에게 길을 비춰주는 이정표다.

이제 당신의 차례다. 이 60명의 이야기 중 당신에게 가장 강하게 다가온 리더는 누구였는가? 단 한 명의 말이라도 당신의 마음에 남았다면, 그 사람의 가르침을 삶에 적용해보길 바란다. 그가 선택한 가치, 그는 어떻게 행동했는지, 무엇을 중요하게 여겼는지를 자신에게 비춰보자. 당신의 고민, 당신의 결심, 당신의 하루가 조금 더 분명한 방향을 가지게 될 것이다.

리더는 태어나는 것이 아니라 만들어지는 것이다. 지금 당신이 겪고 있는 갈등과 불확실함도, 언젠가는 누군가에게 '좋은 리더가 되는 법'을 말해줄 자산이 될 수 있다. 그래서 우리는 남의 이야기에서 배우고, 그 배움을 나의 이야기로 바꾸는 훈련을 해야 한다. 이 책의 목적도 거기에 있다. 성공한 리더를 따라하는 것이 아니라, 당신만의 리더십을 구축할 재료를 건네주는 것이다.

세상은 빠르게 바뀌고 있다. 앞으로 또 어떤 리더들이 등장할까? 기술의 경계를 허무는 사람, 공동체를 이끄는 사람, 전통을 새롭게 해석하는 사람. 우리는 앞으로도 더 많은 위대한 리더들을 만나게 될 것이다. 그들이 어떤 결정을 내리는지, 어떤 방향으로 사회를 움직이는지 함께 관찰하고 배워나가야 한다. 그들을 통해 우리는 또다시 스스로 돌아보게 될 것이고, 그 과정에서 당신 역시 누군가에게 리더가 되어 있을 것이다.

『당신을 바꿀 리더의 가르침』은 여기서 끝나지만, 진짜 여정은 지금부터 시작이다. 지금 이 순간 당신이 내리는 선택, 그 단 하나의 결단이 언젠가 누군가의 인생을 바꿀 '리더의 가르침'이 될 것이다. 이제, 당신 차례다.

당신을 바꿀 리더의 가르침

초판 1쇄 발행	2025년 11월 20일
지은이	최재혁
펴낸이	배수현
펴낸곳	가나북스 www.gnbooks.co.kr
디자인	이윤진
인쇄·제작	황금자
출판등록	제393-2009-12호
대표전화	031-959-8833
대표팩스	031-959-8834
ISBN	979-11-6446-132-5(03190)

* 책값은 뒤표지에 있습니다.
* 파본은 구입하신 서점에서 교환해드립니다.
* 이 책은 저작권법에 의하여 보호를 받는 저작물이므로 무단 전재와 복제를 금합니다.